聚

艺术设计学科产教合作创新性人才培养模式
实践

Polymerizing

Exploration-Practice of New Cultivating Mode to Combine
Industry with Education in Design Discipline

赵宇 潘召南 杨邦胜 等著

Zhao Yu, Pan Zhaonan, Yang Bangsheng, et al.

中国建筑工业出版社
CHINA ARCHITECTURE & BUILDING PRESS

《四川美术学院设计学科校企联合研究生培养工作站的探索与实践》成果

Achievement of Discovery and Practice of the college and Enterprises Joint Training for Postgraduates of Design from Sichuan Fine Art Institute

四川美术学院 · YANG 设计集团

校企联合培养研究生工作站（环境设计学科）

Sichuan Fine Arts Institute & YANG & Associates Group
The College and Enterprises Joint Postgraduates Training Studio (Environmental Design)

项目管理：四川美术学院研究生处、四川美术学院设计学院

Project Managers: Postgraduates Office of Sichuan Fine Arts Institute
　　　　　　　　Design College of Sichuan Fine Arts Institute

学术委员会 Academic Council

（按姓氏拼音排序　In alphabetical order by pinyin of last name）

郝大鹏　Hao Dapeng

姜　峰　Jiang Feng

琚　宾　Ju Bin

龙国跃　Long Guoyue

潘召南　Pan Zhaonan

庞茂琨　Pang Maokun

王天祥　Wang Tianxiang

肖　平　Xiao Ping

张宇峰　Zhang Yufeng

赵　宇　Zhao Yu

段胜峰　Duan Shengfeng

苏永刚　Su Yonggang

周炯焱　Zhou Jiongyan

彭　军　Peng Jun

工作站负责人 Studio Directors

潘召南（校方站长）College Director: Pan Zhaonan

杨邦胜（企方站长）Enterprise Director：Yang Bangsheng

导师团队 Tutors

校方导师

（四川美术学院）郝大鹏　潘召南　龙国跃　赵　宇　杨吟兵

（清华大学美术学院）张　月

（西安美术学院）周维娜

（天津美术学院）彭军

（四川大学艺术学院）周炯焱

College Tutors：
（Sichuan Fine Arts Institute）Hao Dapeng, Pan Zhaonan, Long Guoyue, Zhao Yu, Yang Yinbing
（Academy of Arts&Design, Tsinghua University）Zhang Yue
（Xi'an Academy of Fine Arts）Zhou Weina
（Tian Jin Academy of Fine Arts）Peng Jun
（Arts College of Sichuan University）Zhou Jiongyan

工作室导师

杨邦胜　肖　平　张　青　程智鹏　颜　政　孙乐刚

刘　波　严　肃

Enterprise Tutors:
Yang Bangsheng, Xiao Ping, Zhang Qing, Cheng Zhipeng
Yan Zheng, Sun Legang, Liu Bo, Yan Su

工作组 Administration Group

校方管理人员 -刘珊珊　钱星烨
College Group: Liu Shanshan, Qian Xingye

企业管理人员 -刘丽方
Enterprise Group: Liu Lifang

进站学生：

（四川美术学院）徐铭苑　李林泽　张亚婷　张　超　刘洪琴

（清华大学美术学院）胡易知

（西安美术学院）于静林

（天津美术学院）代诗敏

（四川大学艺术学院）叶　澜

Participating Postgraduates:
（Sichuan Fine Arts Institute）Xu Mingyuan, Li Linze,
Zhang Yating, Zhang Chao, Liu Hongqin
（Academy of Arts&Design, Tsinghua University）Hu Yizhi
（Xi'an Academy of Fine Arts）Yu Jinglin
（Tian Jin Academy of Fine Arts）Dai Shimin
（Arts College of Sichuan University）Ye Lan

聚
艺术设计学科产教合作创新性人才培养模式实践

Polymerizing
Exploration - Practice of New Cultivating Mode to Combine Industry
with Education in Design Discipline

"川美·深圳校企联合培养工作站"项目简介

Introduction of the College and Enterprises Joint Postgraduates Training Studio of
Sichuan Fine Arts Institute & Shenzhen Grandland Decoration Group Co.,Ltd

校企联合培养研究生工作站（环境设计学科·深圳站）简介

Sichuan Fine Arts Institute & Shenzhen Grandland Decoration Group Co.,Ltd
About the College and Enterprises Joint Postgraduates Training Studio (Environmental Design · Shenzhen)

　　四川美术学院·深圳校企联合培养研究生工作站（环境设计学科），简称"川美·深圳研究生工作站"。工作站本着"互惠共享、互利共赢、共同发展"的原则，于2014年5月在中国深圳市正式挂牌成立，是中国环境设计学科第一个跨区域、跨行业、跨校际的联合培养研究生平台。

　　The Joint Sichuan Fine Arts Institute & Shenzhen School-Enterprise Training Workstation of Graduate Students(Environmental Design subject), is also abbreviated to " Sichuan Fine Art & Shenzhen Graduates Workstation". Based on the principle of "reciprocal sharing, mutual winning, common developing", the workstation was formally founded in China, Shenzhen in May 2014, which is the first domestic cross-regional, cross-discipline and intercollegiate joint training platform of graduates in the subject of Environmental Design.

宗旨 Aim

　　充分发挥四川美术学等5所参与院校设计学科优势和YANG设计集团的行业优势，双方共建发展平台，共享信息资源、人力资源、科技资源，创新学校人才培养模式，提升企业综合发展实力，实现"跨区域、跨行业、跨校际"的远程培养新模式，以"育人、用人、塑人"的培养路径，搭建了创新与共享一体化的培养平台。

By taking full advantage of five academic institutes including Sichuan Fine Arts Institute etc., and combining with the leading position of the design group YANG, we have achieved development collaboration in sharing enormous resources of information, manpower and scientific-technologies. To improve corporate comprehensive development strength, we have realized cross-regional, cross-discipline and intercollegiate new patterns of talent cultivation. Through the cultivation-employment-characterization mode for talents, an innovation-sharing integrated training platform is established.

运作方式 Operating Mode for Environmental Design Postgraduates

整合高校学科资源和企业社会资源，建立高校与企业合作的平台，通过设计企业的优秀设计师带项目课题进站，成为驻站导师；在校研究生通过遴选进站的方式，成为进站学员。驻站导师在企业里指导研究生参与实际项目或者进行课题研究，将最前沿、最实用的经验传授给学生；进站研究生进入到企业实际的工作环境中，实现在校生与企业员工身份的磨合与过渡，通过这种身份的转换实现真正意义的产、学、研结合的目标，并获得在校园里无法学习到的知识与能力。

By integrating college academic resources with enterprise social resources and by building the platform of cooperation between colleges and enterprises, excellent designers will bring in projects to become residency tutors, while postgraduates in school will become residency students after selection. Residency tutors teach students cutting-edge and most practical experiences by mentoring them in doing actual projects or researches in companies; residency postgraduates fully achieve the goal of combining manufacturing, learning and researching and gain knowledge as well as capabilities that are not taught in school during the transition from a student to an employee in a real working environment.

每期进站研究生培养时间为一学期，每年9月1日至寒假前，每期于下学期的5月至6月在工作站（深圳）或学校（重庆）举行进站学习成果汇报展览。

Each season, the practice in workstation will last one semester, from September 1 to start of winter vacation. Each season, report exhibition of learning achievement will be held in workstation(Shenzhen) or at school(Chongqing) from May to June.

建站意义 The Significance of Postgraduates Training Studio

作为环境艺术设计学科国内第一个校企联合培养研究生工作站，针对目前高校设计学科研究生培养与社会企业需求脱节的问题，为高校培养高层次人才创建全新的平台和专业环境，并为建站及进站企业所需高层次、核心竞争人才及核心队伍建设提供坚实和可持续保障。

As the first college and enterprises joint postgraduates training studio of environmental design in China, the Studio gives attention to the gap between design postgraduate education in college and the demand of enterprises in society and then provides a new platform with professional environment for colleges to cultivate advanced talents so as to give firm and sustainable supply of advanced talents and teams with core competitive capacities to meet the demand of residency enterprises.

川美·深圳研究生工作站将通过建立院校、企业联盟的方式，促进企业与高校的广泛合作与交流；创新设计教育高端人才培养模式，推动设计教育与设计行业接轨；传承中国设计精神，激发青年学子实现设计强国的梦想与热情。

Through the cooperation between colleges and enterprises, SCFAI · Grandland Postgraduates Training Studio will promote cooperation and communication between enterprises and colleges, create a new mode for high-end design talents training to promote the integration between design education and design industry, inherit the Chinese design spirit and stimulate young students' dream and passion to make China a strong country of design.

校企联合培养研究生工作站（环境设计学科·深圳站）站长简介

Sichuan Fine Arts Institute & YANG Associates Group
Studio Directors of the College and Enterprises Joint Postgraduates Training Studio (Environmental Design · Shenzhen)

潘召南
Pan Zhaonan

毕业院校：四川美术学院
工作单位：四川美术学院
职务：四川美术学院创作科研处处长
专业职称：教授、硕士生导师、资深室内设计师、国际 A 级景观设计师

代表性作品与获奖经历

■ 2010 年 10 月，作品"丽江古城民居风貌旅游度假酒店（五星级）建筑、环境、室内设计"获首届中国国际空间环境艺术设计大赛"筑巢奖"铜奖。

■ 2012 年 10 月，设计作品"重庆中国当代书法艺术生态园规划设计"获中国美术家协会环境艺术委员会主办第五届"为中国而设计"最佳创意奖。

■ 2014 年 1 月，参与主研科技部"十二五重大国家科技支撑项目——中国传统村落民居营建工艺保护、传承与利用技术集成"。

■ 2014 年 5 月，完成重庆科技学院艺术馆建筑方案设计。

■ 2014 年 11 月，合作作品"四川美术学院校园环境设计"获第十一届全国美展铜奖。

■ 2016 年 6 月主持重庆市教委研究生教改重大项目"艺术设计学科产教合作创新性人才培养模式实践"。

■ 2016 年 12 月主持重庆市艺科联重点项目——"西部美丽乡村建设中的地方性立场与民族性视域"16ZD033。

■ 2016 年 12 月主持重庆市社科联重点项目——"西部乡建的设计伦理重构研究"2016WT31。

著作与教材

《生态水景观设计》，西南大学出版社；《室内设计师培训考试教材》，中国建筑工业出版社；《景观设计师培训考试教材》，中国建筑工业出版社；《寻、行、拓——环境设计学科研究生校企联合培养的探索与实践》。

个人荣誉

■ 2004 年 8 月，被中国建筑装饰协会评为首届全国杰出中青年室内建筑师。

■ 2005 年 4 月，被感动中国建筑设计高峰论坛评为"中国最具影响力的设计师"。

■ 2006 年 3 月，被中国建筑装饰协会评为"全国资深室内建筑师"。

■ 2006 年 9 月，劳动部与国际商业美术设计协会授予"A 级景观设计师"。

■ 2007 年 12 月，光华龙腾奖"中国设计业十大杰出青年"全国评委。

■ 2011 年 1 月，任重庆市设计委员会主任委员。

■ 2012 年，中国建筑装饰协会学术委员。

■ 2015 年 3 月，获"2014 中国设计年度人物"荣誉。

■ 2015 年 11 月，光华龙腾奖"中国设计业十大杰出青年"全国评委，国科奖。

■ 2015 年 12 月，被聘为吉林艺术学院兼职教授。

■ 2016 年 4 月，被聘为教育部人文社科项目评审专家。

■ 2017 年 2 月，被聘为国家社科基金艺术学项目评审专家。

设计主张

设计的社会角色

设计师都有自己的理想，但我们要清醒地认识到设计在社会工作中的任务和角色。设计不能给人们创造幸福和快乐，设计只能通过设计师理解的方式创造让人们找到快乐的条件，只有通过自己在体验环境条件的同时才能感受到是否快乐。这要求设计师在设计时必须拟己化，打动自己、体验到快乐，才能打动他人，让他人感到快乐。这是设计的伦理，也是设计的方法。

关于创新

设计最可贵的是创新，但不是凭空想象，不是所有的新事物都是有价值的，我们之所以感到责任之重、工作之艰苦，是因为限制太多、条件相同、要求相似、方式相近，而教条一样。因此，我们要通过自己的认识、体验、理解、判断，去寻求突破、创新。这是最艰辛，也是最有价值的劳动。

四川美术学院 · YANG 设计集团

校企联合培养研究生工作站（环境设计学科 · 深圳站）2017 年轮值站长

Sichuan Fine Arts Institute & YANG Associates Group
Studio Directors of the College and Enterprises Joint Postgraduates Training Studio (Environmental Design · Shenzhen)

杨邦胜

Yang Bangsheng

YANG 设计集团创始人、总裁、创意总监

社会职务

亚太酒店设计协会副会长

中国建筑学会室内设计分会全国副理事长

中国室内装饰协会设计委员会副主任

中国陈设艺术专业委员会副主任

中国装饰设计业十大杰出青年评审委员会执行主席

个人简介

　　中国最具影响力的室内设计师之一，中国文化个性酒店设计倡导者。从业 20 余年，于 2007 年成立"杨邦胜设计公司"，正式开启国际品牌酒店设计之路。率领近 600 人的国际设计团队，为万豪、凯悦、洲际、凯宾斯基、希尔顿、卡尔森、雅高、硬石、安娜塔拉等国际品牌，设计超过 400 家高品质的酒店。杨邦胜先生善于挖掘东方美学的独特意境，融历史、文化、艺术与空间之中，执着追求设计的完美境界。以前瞻的理念和无畏的精神带领 YANG 荣登 2017 年度美国《INTERIOR DESIGN》世界酒店设计百大排名全球第十，并揽获国际国内 200 余项专业大奖，其中包括全球最高酒店大奖——美国 IIDA"全球卓越设计大奖之最佳酒店设计奖"，以及素有酒店设计"奥斯卡"之称的第 34 届美国金钥匙奖（Gold Key Award）"最佳度假酒店设计"大奖。

设计理念

1. 设计是解决问题，机电、灯光、景观、建筑、室内设计、酒店服务必须相互配合和谐统一，才会让人感到舒适。
2. 设计的价值不是简单的风格与创新，而是根植其中的文化属性。
3. 设计从来不是无中生有。对于传统文化，取其精髓，创新求变。唯有思变，方能传承。
4. 文化特性是酒店设计的核心，但文化的传达不应只触碰事物表面。
5. 风格是多变的，唯有文化恒存。
6. 中国酒店的设计方向应是站在民族、地方特色的本位，审视世界酒店的流行风向，这也是室内设计师的立足之本。
7. 做吝啬的设计。在地球资源有限的今天，设计师应力求通过简单、极致的设计，通过创意去改变空间的美感，创造项目的价值。
8. 保持内心的本真纯粹，才能做出无畏的作品。

项目荣誉

■ 石梅湾威斯汀度假酒店荣获 2017 中国室内设计年度评选"年度最佳酒店空间设计"。

■ 西安凯悦酒店荣获 2017 上海国际室内设计节暨第十二届"金外滩"最佳酒店设计大奖。

■ 南京金鹰精品酒店斩获 SIDA 新加坡室内设计大奖金奖。

■ 福州凯宾斯基酒店荣获第十五届现代装饰国际传媒奖"年度酒店空间大奖"。

■ 三亚海棠湾 9 号度假酒店荣获 2015-2016 年度 A'design Award 室内空间及展示设计类金奖。

个人成就

■ 2017 中国建筑学会室内设计分会"中国室内设计影响力人物"。

■ 中国室内设计二十年总评榜"室内设计行业杰出贡献奖"。

■ 第十届 Hall of Fame 名人堂黄金徽章。

■ 中国室内装饰协会"2016 中国室内设计十大年度人物"。

■ 深圳市室内建筑设计行业协会"2015-2016 年度杰出室内设计奖"年度杰出设计师。

■ 中国建筑装饰协会"2014 中国设计年度人物"。

■ 2012 亚太酒店设计协会"亚太十大领衔酒店设计人物"。

■ IAI-2012"全球十大杰出华人设计师奖"。

■ 2007 光华龙腾奖"中国设计业十大杰出青年"。

聚
艺术设计 学科产教合作创新性人才培养模式实践

Polymerizing
Exploration – Practice of New Cultivating Mode to Combine Industry
with Education in Design Discipline

肖 平
Xiao Ping

毕业院校：四川美术学院

工作单位及职务：广田集团设计院联合创办院长

1991 年毕业于四川美术学院油画系，1991~1995 年任重庆市涪陵区歌舞团美术设计，1995 年开始于深圳广田集团有限公司任设计师、设计部经理、创意设计总监；2010~2016 年任设计院院长、集团副总裁等职务；现为广田集团设计院联合创办院长。

行业荣誉

中国建筑装饰协会设计委员会执委会委员。

四川美术学院设计学（环境设计）专业硕士研究生导师。

中国建筑装饰协会专家库专家。

个人荣誉

■ 2014 年第九届中外酒店白金奖 2014 年度高端酒店终身荣誉设计师。

■ 2013 第五届"照明周刊杯"中国照明应用设计大赛特等奖（全国唯一金奖）。

■ 2013 年度中国室内设计卓越成就奖。

■ 2013 年度室内设计行业杰出贡献奖。

■ 2013 年中国酒店创新峰会 2013 年度杰出影响力酒店行业设计师。

■ 2012 年度全国有成就的资深室内建筑师。

■ 2012 年第七届中外酒店白金奖。

■ 2012 年度十大国际酒店设计师。

■ 2011~2012 年度第二届国际环艺创新设计大赛十大最具影响力设计师。

■ 2011~2012 年度第二届国际环艺创新设计大赛十大最具创新设计人物。

项目荣誉

■ 2014 年主持设计"遵义宾馆"荣获 2014 年亚太第五届中国国际空间环境艺术设计大赛"筑巢奖"酒店空间方案类金奖。

■ 2014 年主持设计"遵义宾馆"荣获 2014 年度中外酒店白金主题酒店设计白金奖。

■ 2013 年主持设计"成都太平洋国际饭店"荣获 2013 年亚太第四届中国国际空间环境艺术设计大赛"筑巢奖"酒店空间方案类金奖。

■ 2013 年主持设计"三亚亿隆温德姆至尊酒店"荣获 2013 年亚太第四届中国国际空间环境艺术设计大赛"筑巢奖"优秀奖。

■ 2013 年主持设计"月亮湾滨海旅游度假区一期建设项目展示中心工程项目"荣获 2013"居然杯"CIDA 中国室内设计大奖公共空间·商业空间奖。

■ 2012 年主持设计"三亚亿隆温德姆至尊酒店"荣获 2012 年度中外酒店最佳精品酒店设计白金作品奖。

■ 2012 年主持设计"天津恒大绿洲餐饮、娱乐、运动中心"荣获第七届中国国际设计艺术博览会"华鼎奖"餐饮娱乐空间类一等奖。

■ 2011 年主持设计"上海恒大会所"荣获 2011 年亚太第二届中国国际空间环境艺术设计大赛"筑巢奖"餐饮与娱乐空间方案类金奖。

设计主张

　　讲一个故事，先打动自己，再去感动别人；做一个产品，自己先试用，再推向市场。设计无优劣之分，只有不足之处，好用、好看，匠心精湛，别无他求。

刘 波
Liu Bo

酒店室内设计师、艺术家、收藏家、PLD 刘波
室内设计（深圳）有限公司创始人、PLD 刘波
设计顾问（香港）有限公司创始人、深圳室内设
计师协会（SZAID）会长、中国建设部建筑装
饰协会专家、中国杰出中青年室内建筑师

设计主张

确信有一种美可以在东方与西方、古代与现代、时尚和经典之间通行自由，并且以此为团
队和个人的追求目标。由于深知在专业的道路上，永无止境可言，在创造出能感动人心的作品
的过程中，得以深知，自由是源于自律，空间是来源于凝聚，而创造出能经历时间考验，无拘
于东方和西方形式的经典，必然是来自于人们内心深处的虔诚。

颜 政
Yan Zheng

YZED-梓人环境设计有限公司 设计总监
Le CNAM（法国国立工艺学院）设计管理

设计主张

颜政是一位有着良好服务意识的设计师，能赢得众多建设方及业主的信任，多从建设方
的角度出发，具有把作品个性与业主需要结合的较为出色的综合能力。这些都离不开她突出的
创新意识与艺术修养，并且擅长于项目的综合统筹。

设计主持过的项目范围广泛，注重完整空间中的细节探索，强调作品个性与精致的深度
表达。

除在环境设计方面，大学时代学习服装设计，涉猎多项设计领域的兴趣和经历奠定了她
综合全面的素养，这也使得她的作品从对气氛、灯光、材质、工艺及至家私布艺、配置品领域
都有较纯熟的把握，常能赋予作品鲜明独到的设计语言。

她的作品多次获得国内与国际室内设计大奖，她所获得的国际奖项主要有德国
"INTERIOR ARCHITECTURE INTERIOR DESIGN"（简称 IF）设计大奖、英国 SBID
"Finalist of New Build & Development Category" 及 "Best Residential Project under
1 Million" 国际设计大奖、英国 London Design Awards 两项国际设计大奖、意大利 A'
Design Award 三项国际设计大奖和美国 IDA Honorable Mention 荣誉奖。2018 年，她的
作品再次蝉联意大利 A' Design Award 金奖及银奖两项国际设计大奖。

聚
艺术设计学科产教合作创新性人才培养模式实践

Polymerizing
Exploration - Practice of New Cultivating Mode to Combine Industry
with Education in Design Discipline

孙乐刚
Sun Legang
毕业院校：法国 CNAM 学院
工作单位：广田装饰集团股份有限公司
职务：董事、副院长、一分院院长（兼）
专业职称：高级室内设计建筑师

设计主张

　　设计首先是实用美术的范畴，是要为人服务的，开展一项设计，再好的理念也应满足这项基本要求，设计师应站在生活的前沿，适度、适时地把新的生活方式和新的体验融入设计中，带给使用者全新感受。好的作品如一缕清风，吹及内心，好的设计也应体现投资方的价值需求，是艺术表达和使用要求的合体。

张　青
Zhang Qing
毕业院校 海南热带农业大学（现海大）
工作单位：深圳市筑奥景观建筑设计
有限公司创始人

设计主张

　　不断发现美，就是创造的过程。——让生命有温度！

　　绘画不只是画画，可能就是一种思维方式，也可能是一种解开问题的渠道，也可能是自我认知的一种方式。美是没有目的和功利的，美是一种无目的的快乐。美是看不见的竞争力，关键就是如何保持高度的创造力！蒙娜丽莎的微笑，看到与否？生命都存在遗憾！如果经由很大的信仰和渴望，他会很美。如果不是智慧的方法，就会让人痛苦。

　　当需求满足于感官的时候，会对身边的美失去审视和欣赏。这是一种扭曲，反自然的，其实感官世界一败涂地，包括了整个社会的感官世界的泛滥，人对人的不尊重和不信任，不能沉静下来领悟，更不会关照自己。找回自己的状态，安静下来，会听到很多声音，这是一种空的状态。美需要进入每个个体，各有各的领悟。领悟、领悟不到不是很重要。什么时候懂，什么时候领悟都是在发现美的过程。艺术有理论的部分和实践，但终究还是回到对美的欣赏与感受。王国维说阅读有三个境界：1. 昨夜西风凋碧树，独上高楼，望尽天涯路。2. 衣带渐宽终不悔，为伊消得人憔悴。3. 众里寻他千百度，暮然回首，那人却在灯火阑珊处。美需要积累和发现，大量的库存和积累，不经意间就会出现。美让生命对待压力、痛苦等，会以此释放情绪。我们现实中是不可能纯粹的，会有很多牵挂。美是现实生活的补充。春日在天涯，天涯日又斜。莺啼如有泪，为湿最高花。美不可旁观，一定要摄入，在其中，才会被感动。

严 肃
Yan Su
高级室内建筑师、高级景观设计师,清华大学高级建筑室内设计高研班,瑞士伯尔尼建筑科技大学硕士、北京林业大学景观设计研究生毕业。现任深圳市广田建筑装饰设计研究院副院长、罗湖区旧改项目设计师、中国饭店协会设计与工程委员会常务理事、中国饭店协会国家级评审会

设计主张

严肃从事设计行业二十多年,擅长建筑空间、园林景观,灯光、照明等设计领域,他主持设计的"百事达白金乐酒店"、"甘肃省陇能商务大酒店"、"百色右江景观带"、"宁波华诚花园样板房"、"成都世季映像小区售楼处景观项目"等项目包揽了全国建筑工程优质工程管理与设计奖、国际环艺创新设计大赛酒店设计工程的一等奖、国际环艺创新设计大赛景观设计类一等奖、中国国际空间空间环境艺术设计大赛"筑雀奖"、国际环境艺术创新设计"华鼎奖"景观类一等奖等知名设计奖项。他还被评为中国设计年度人物提名、中国国际世纪艺术博览会年度资深设计师、中外酒店白金奖中国十大室内设计师等。

在丰富的项目实践基础上,严肃深入研究、总结、撰写并公布发表了《环境心理学理论浅析对设计创作的影响》《中外室内装饰设计风格比较》《灯光在酒店空间的运用》《可持续性的景观设计》等多篇学术论文,在业界享有极高的声誉。

严肃以"注重人性化、平和中彰显个性"的独特设计风格,致力于可持续设计,在设计思考中平衡经济、环境、文化、道德因素。赋予建筑、景观可持久的生命力,让城市的发展保持活力。

程智鹏
Cheng Zhipeng
毕业学院:北京林业大学
工作单位:深圳文科园林股份有限公司
副总裁兼文科规划设计研究院院长
中国勘察设计协会理事
深圳市城市规划学会理事广东园林学会常务理事
武汉大学海绵诚实研究中心专家

设计主张

在风景园林行业多年的探索与实践中,深感风景园林行业应该高瞻远瞩,在生态文明建设的大背景下,发挥全面的主导作用。风景园林应当承担起多专业协作的组织者和践行者的角色,以更宏观的视野广泛吸纳并融合产业链上下游专业及平行专业的方法与工作,以地脉、文脉风景和绿色基础设施引导新一轮的城市化建设,这也赋予了新时代下的风景园林新的使命:

1.倡导生态评估及风景评价,发挥风景园林在生态文明建设中的先导作用。

2.深化"海绵城市"及"城市双修"实践,发挥风景园林在构筑绿色基础设施中的载体作用。

3.参与"田园综合体"建设,发挥风景园林在创造美好人居环境、提供优质生态产品中的保障作用。

4.着手"生态都市主义"探索,发挥风景园林在多学科协作中的融合作用。

风景园林应当从全球生态系统出发,在构建人类命运共同体的基础上,践行"探索生态命运共同体"的构想,统筹人居环境各行各业,树立包容、协同、可持续的生态观,共同、综合、合作、可持续的新安全观,主动担负起传承传统园林文化、引领科学创新的使命,为构建生态命运共同体贡献力量。

校企联合培养研究生工作站（环境设计学科 · 深圳站）校内导师

设计主张

　　多年从事对传统人居环境保护与利用的研究，从设计的角度对应使用的立场进行思考，今天城市、乡村人居环境所面临的种种问题。愈加深刻地意识到其中存在的复杂社会因素，认识到设计师必须掌握除设计以外更多的知识和面对社会的宏观视野，不再拘泥于项目本身。只有这样，设计才有价值与作为。

郝大鹏
Hao Dapeng
毕业院校：四川美术学院
四川美术学院教授、原常务副院长、
重庆市设计学科带头人、
现任重庆市美协副主席

设计主张

　　艺术源于生活而高于生活，艺术≠生活，设计亦如此。

　　设计为人的需要服务，比艺术更接近生活，更贴近个人。所以，设计容易被误认为是单纯满足用户需要的服务。当人的需要具体到个人的要求时，这种需要往往会变得无聊甚至可怕。无聊尚可忍受，然而，一旦可怕的个人选择能够左右设计的时候，设计的命运，设计之下的社会的、人类的命运，将是充满危机的冒险。因此，设计需要底线——为人服务的底线、可持续生存的底线、亲和友好的底线。

　　设计应该为生活树立表率！

赵　宇
Zhao Yu
毕业院校：四川美术学院
四川美术学院设计艺术学院环境设计系主任、
四川美术学院副教授、中国建筑装饰协会设计
委员会委员、重庆市建设工程勘察设计专家咨
询委员会园林景观和装饰装修专业委员会委员

张 月
Zhang Yue
毕业院校：中央工艺美术学院
清华大学 环境艺术设计系 教授
中国室内装饰协会设计委员会 副主任
中国建筑装饰协会设计委员会 副主任
北京人民大会堂室内设计专家评委
2015 年米兰世博会中国馆展陈设计项目负责
米兰理工大学客座教授

设计主张

　　设计的好坏应该考虑到它影响了多少人，很多所谓高大上的设计作品，虽然观念前卫，技术先进，但功能有限，影响范围有限。并不能成为社会生活的日常参与者，也就不可能成为改变生活的力量。设计应该保持生活的本色而不是装腔作势，"过度设计"不可取。空间环境是用来生活的，不是艺术品，也不是设计师的玩物。设计师是发现问题，寻找对策并解决问题，而不是不管三七二十一地做个作品。很多的设计者走入了误区，他们太想通过设计展现什么，太关注设计本身的专业问题，反而忽略了设计本来的目的——人的需求。设计师应该更多关注的是"人"而不是"设计"。把设计降低到服务于人的需求的主题之下，而不是设计一家独大。我们总在设计的语境里讨论问题会比较关注设计自身。但如果从生活的语境来说，人们更关注设计解决了什么生活的需求。

周维娜
Zhou Weina
毕业院校：西安美术学院
工作单位：西安美术学院
职　　务：西安美术学院建筑环艺系主任、教授
陕西省美术家协会设计艺术委员会委员、副秘书长
中国工艺美术学会展示艺术委员会常务副理事长
陕西省教学名师、西安市第十六届人大代表
中国室内装饰协会设计艺术委员会委员

设计主张

　　设计是有生命的。
　　设计本身是一个具有生命体征的系统性工程，设计的对象是有生命的，也是有生命周期的。所以从设计的认知角度来说，首先要对产品有一个生命体征、生命周期和所处环境多样性的系统性认知，每一件产品都是一个独立的生命体，同时它与周边环境具有必然的和谐共生关系。当今设计的基本目的已不再是追求外表的形式设计，而是建立人与自然和谐的共生关系，在满足人类健康生活方式基础上，倡导遵循客观规律和生态循环、探索生命持续发展与共生的一种生态设计。

聚
艺术设计学科产教合作创新性人才培养模式实践

Polymerizing
Exploration – Practice of New Cultivating Mode to Combine Industry
with Education in Design Discipline

彭 军
Peng Jun
毕业院校：天津美术学院
工作单位：天津美术学院
职　　务：天津美术学院环境与建筑艺术学院教授
　　　　　天津市级高校教学名师
　　　　　匈牙利佩奇大学客座教授
　　　　　中国建筑装饰协会设计委员会副主任
　　　　　中国室内装饰协会设计委员会副秘书长
　　　　　中国美术家协会会员

设计主张

创新是设计最本质的要求。

设计是创造美好生活、提高生活质量的重要环节。设计的创新不仅仅是简单的装饰美化、设计符号的堆叠，而是一种创造。没有创新的设计是无源之水，无本之木，设计创新要有与时俱进的理论支撑、设计实践的相互促进，才能使设计的创新达到更高的水平。创新性设计是一个设计师所要努力追求的能力高度。设计不是复制，而是要形成自己独特的设计语言与风格，而如何形成自己独有的设计语言，又和设计师本人的专业素养和文化修养息息相关，因此要不断地丰富生活经验，积累历史知识和专业能力储备。

周炯焱
Zhou Jiongyan
毕业院校：四川美术学院、俄罗斯国立师范大学博士
工作单位：四川大学
四川大学艺术学院艺术设计系主任、副教授，四川大学艺术研究院副院长、中国建筑装饰协会特聘专家，中国建筑协会室内设计分会理事、四川专委会副主任，四川省高校环境艺术研究会副会长

设计主张

做一个设计更多应该思考的是设计本身的问题，每个空间因为地理位置、环境、内部使用功能的不同，是独特而不可复制的，我们不能用现有的流行趋势去追随，设计的自洽也因此而产生。摒弃所谓的"风格"、"观念"与"样式"，做出最符合项目本身条件的设计，是设计最大的乐趣所在。就像医生看病，不是只用名贵药材，而是对症下药，药到病除就是价值的体现。

而在信息充斥的时代下，如何利用信息，挖掘背后的文化内涵与艺术价值，为用户创造符合他们个性的、最适宜的产品，并在此基础上引导正确的、朴素的、生态的价值观和审美观，是设计师的社会责任。

设计主张

　　设计驱动力源于创新，作为设计的灵魂，创新是设计的本质要求。设计教育的发展与社会的发展紧密相连，并随社会的变革而变革，没有创新就没有发展。设计教育专业作为研究生艺术教育的重要组成部分，理念的创新是其灵魂所在。设计创新理念的提升可以认知新趋势、求索新知识、创造新技术、追求新梦想。

杨吟兵
Yang Yinbing

四川美术学院教授，环境艺术设计专业硕士研究生导师，美术教育系主任。重庆市高校中青年骨干教师，美国华盛顿大学访问学者，中国会展经济研究会展览展示委员会专家委员，中国教育学会会员，重庆市美术家协会少儿艺委会副主任，重庆沙坪坝区侨联青年委员会副会长

设计主张

　　当下艺术设计教学呈现多元化的趋势，很难形成一种标准的尺度，对学生专业能力的培养一直是我们美术学院最为关注的，我认为艺术设计教学培养学生的审美创造力是非常重要的，也就是培养学生在艺术设计审美中能动创造的能力，艺术设计中的审美创造力是我们美术学院学生专业和非专业的一种基本能力，在一定程度上反映出学生创造新认知、新思维、新观念、新手法的能力和创造新审美意象的能力。

　　艺术设计的审美创造力决定其原创性创造力，再创性、整合性创造力等不同形态和层次，艺术设计教学培养学生的审美创造力有助于提高学生自身的审美感受力、判断力、概括力、想象力、审美意象创造力等形象思维能力以及意境创造力、艺术表现力、审美评价能力等综合艺术设计能力。

龙国跃
Luo Guoyue

四川美术学院环境艺术设计系教授、高级室内建筑师
中国美术家协会会员、中国建筑装饰协会设计委员、
中国室内装饰协会设计委委员、重庆市规划委员会专家

聚
艺术设计学科产教合作创新性人才培养模式实践

Polymerizing
Exploration – Practice of New Cultivating Mode to Combine Industry
with Education in Design Discipline

序　　**Preface**

在进行时中的实验

庞茂琨
Pang Maokun

　　川美·深圳校企联合研究生培养工作站已经持续第四季，进入第四年，回想起来真是时光荏苒。2015年工作站刚成立，那时我作为分管四川美术学院研究生教育的副院长，参加了工作站第一季在深圳广田集团的联合培养成果汇报展。目睹8名研究生在导师企业的培养、磨炼下，成长为一群有活力、有目标、有思想的学子。听取他们当时的学习汇报深有感触，与我们熟悉的在校学生有很大的不同。在状态上、在设计思考的方向上、在对专业的理解上，已经产生了明显的差别。而这种差别正是我们希望看到的，积极的一面。据悉，已经毕业的两期学生17人中，有7人在深圳的导师企业就职，这证明工作站的联合培养的探索，在方法与路径上符合学生未来成长的方向，也顺应企业对人才的需求，将育人和用人结合为一体，做到学为所用。让学生置身于市场的丰富项目活动之中，体验企业所处的激流勇进的状态，感受、理解鲜活的项目案例所代表的市场瞬息万变的需求，认识专业、了解职业、验证能力。应用学科的人才培养就应该立足于社会、市场和企业，人尽其才、用尽其能。

　　四川美术学院在深圳创建研究生培养工作站，不仅仅为本学科树立了一个行之有效的培养模式，为相关设计学科贡献了参照的经验，同时，也为兄弟院校的学科建设搭建了一个开放共享的平台。工作站培养对象从初期只接收四川美术学院研究生的单一生源，拓展到来自中央美术学院、清华大学美术学院、天津美术学院、西安美术学院、四川大学、中南大学等 7 所知名院校的研究生和导师共同参与，真正实现了"跨区域、跨校际、跨行业"的联合培养的目标。

2018 年，是我校重要的发展年，迎接本科教学评估、大力开展学科建设、重新蓄力申报博士点、加强创作与科研双轨并进等一系列重大举措，需要勇于探索、敢于挑战的改革和实验。适逢以深圳工作站为依托的、重庆教委研究生教改重大课题 "艺术设计学科产教融合创新性人才培养模式实践"的结题时间。川美·深圳工作站经过四年的努力，受惠于各方的关心与支持，已经取得了良好的影响和明显的成效。对应现行的研究生教育机制是一种积极的反思与修正，我们希望在具有中国文化特质背景上与西方发达国家的设计人才培养水平渐行渐近，这需要我们为此付出大量的精力、时间、智慧和热情。

在这里我代表学校，感谢这些年对川美·深圳校企联合研究生培养工作站支持与付出的校内外导师！感谢重庆市教委相关领导对我校研究生教改项目的支持与认同！感谢为年轻一代设计师的成长而辛勤工作的管理人员！感谢行业领导一直不懈的关注和支持工作站的发展！

四川美术学院将与大家一道，在人才培养与教育改革的路上继续前行，这是一个在进行时中的实验。

庞茂琨

2018 年 4 月于四川美术学院

目录 Contents

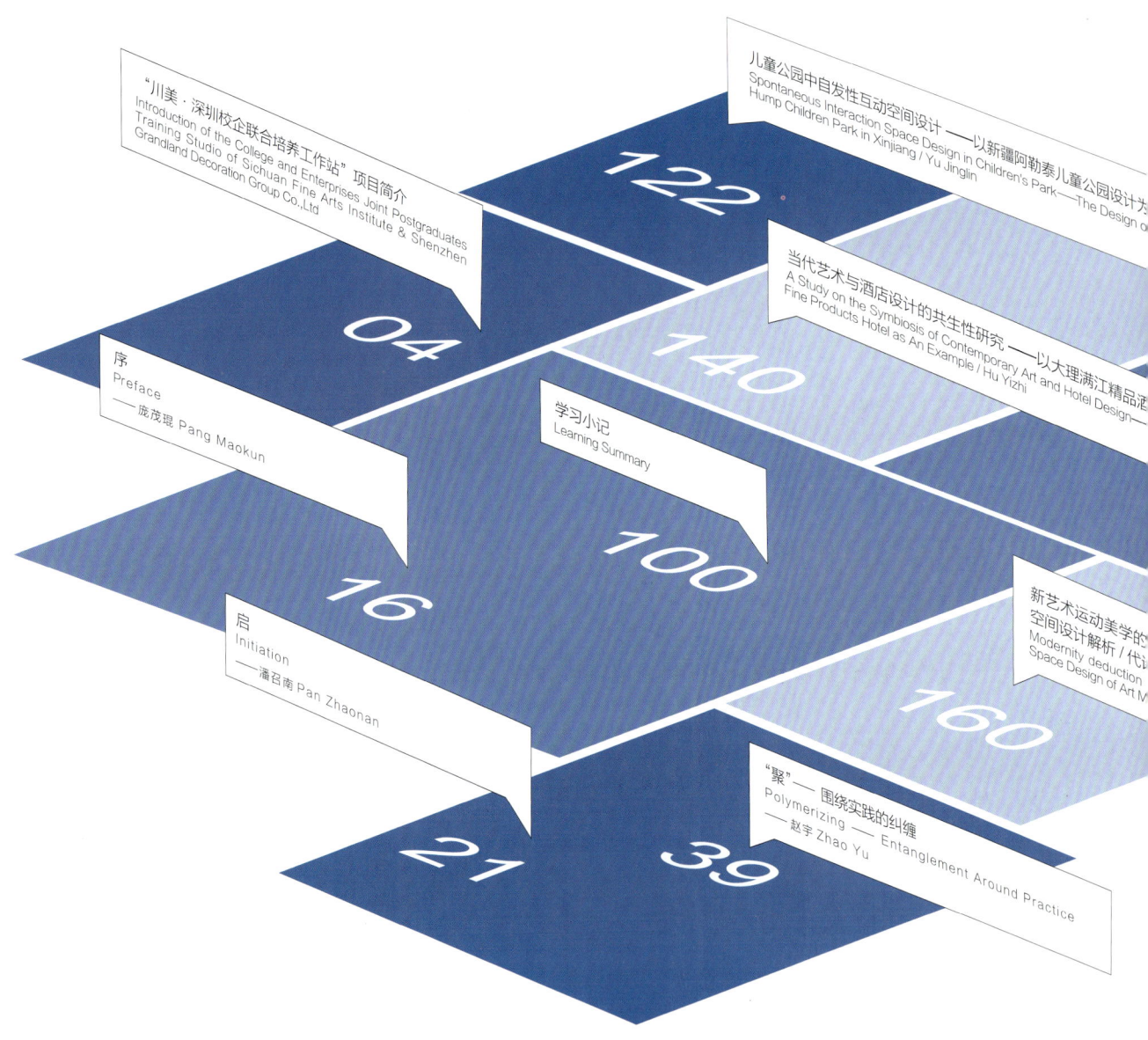

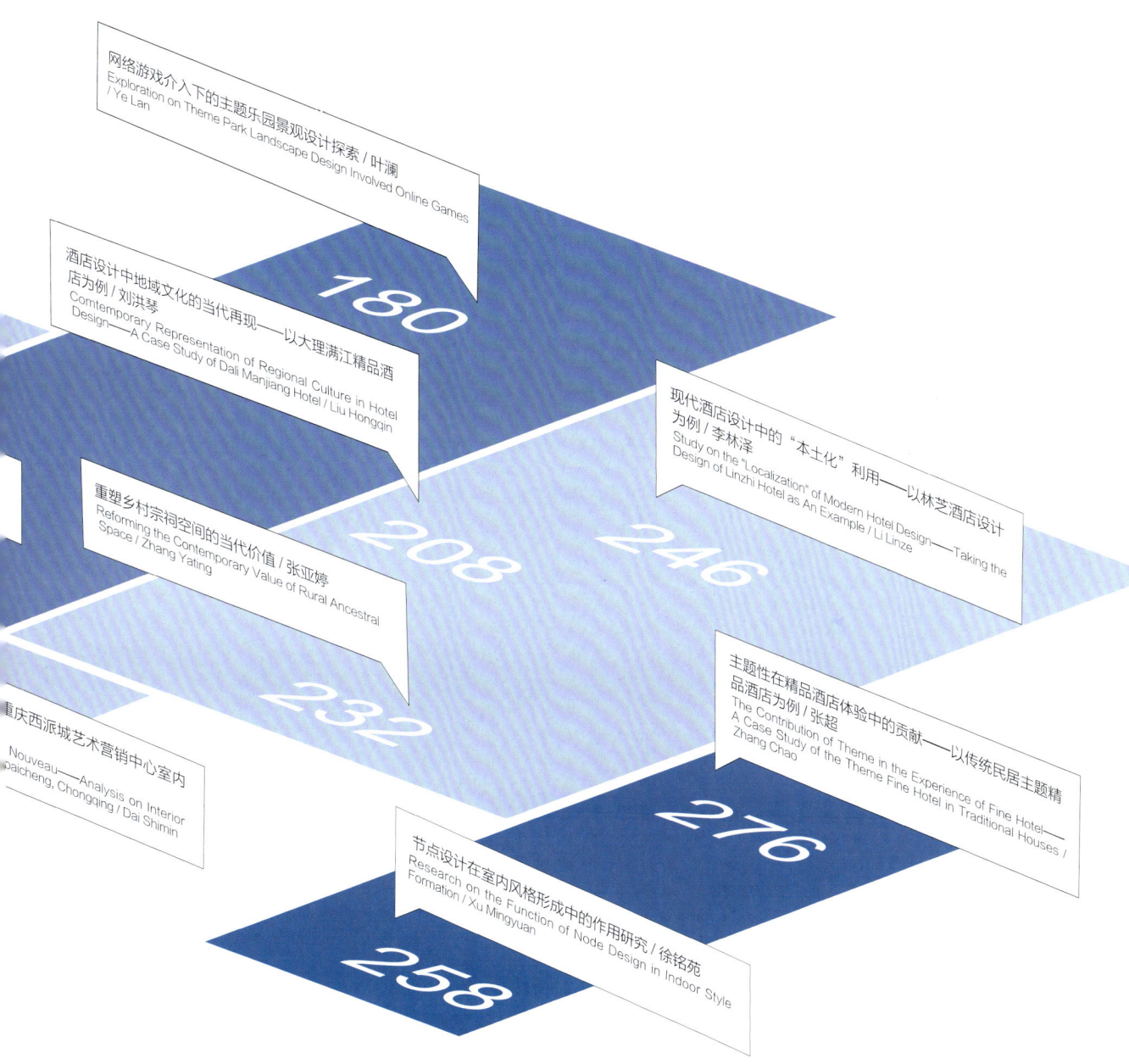

Polymerizing

Exploration – Practice of New Cultivating Mode to Combine Industry
with Education in Design Discipline

启 | **Initiation**

《聚》

潘召南
Pan Zhaonan
四川美术学院设计艺术学院教授

第四季又开始了，这也意味着深圳联合培养研究生工作站已经历了第四个年头，虽然辛苦了校企两方面的导师和众多幕后支持的人，但看到三十多名研究生充满好奇而来，收获满满而归，仍然感到些许欣慰。这个以重庆市教委重大教改项目为依托的研究生实验性教改载体，时逢今年即将面临项目结项的评审，工作站应该拿出怎样的成果来验证这四年探寻研究生教改的路径呢？四年、四季、四本书、四个展览、十余次研讨会，按照项目任务书上的要求已是超额完成，但我们想体现的不仅仅是简单意义上的表格和数据的达标。产教融合的工作站式培养方式，应该是对传统的表格管理、数据惯性教学的突破与挑战，从根本上还原设计教育紧随社会需求的多元化特性。

今天社会与市场的丰富多元，促使设计必须持有明确的立场去表明自身的态度，并针对设计对象去索取价值目标。设计教育如何培养学生能清楚地认识社会目标人群需求特征呢？如何理解专业、企业在此方面的成功经验呢？如何将文化

聚
艺术设计学科产教合作创新性人才培养模式实践

Polymerizing
Exploration – Practice of New Cultivating Mode to Combine Industry
with Education in Design Discipline

与历史价值转化为社会价值与商业价值？唯此一点，就是找到针对性，并表现独特性。我们通常把它说成创新，有针对性的创新。针对性是指设计对社会事务所采取的理解、态度、立场；而后才能表现其独特性，即作出的价值判断。这些看似抽象的、理论性的描述，离设计的现实性存在距离。其实，这仅仅是来自于经验总结基础上的方法研究，在每个企业导师的成功案例中都有存在，只是学校的人才教育与企业的用人培养是分裂的。学校不屑于关注建立在复杂市场因素和功利主义基础上的企业经验，因此，无法透过现象触及本质，使得理论与现实脱节，说的与做的不相关联，教学缺乏客观性，研究必然少了针对性；而企业成长大多都是逆水行舟，一路打拼过来的，设计项目成功经验来自于多种原因，一旦项目完成，立即进入新的项目竞争，无暇总结研究设计在项目中的利与弊、得与失，对于年轻设计师的培养多是注重技能和实操经验的传授，难以提升到理论的高度和方法论的指导。校企结合，教与学的交流，恰恰是改变两者习惯性割裂的问题，重新回归原本处于上下游的依存共同体关系，并在一个深度融合的环境中相互呈现价值关联。

鉴于结题任务要求，今年的出版著作应该有所不同。新书的内容应该从何构成？三季后的回顾需要总结、印证什么？第四季需要在哪些方面进行调整和改善？怎样为新书定名？作为重大教改项目，需要在研究与实践的方法论上进行梳理和归纳。在现行的研究生教育机制上的突破，形成一个与培养大纲密切相关的教学系统，并在校内与校外的互动中形成可借鉴的培养范式。由此看来，新书内容构成应该在原有的过程叙事和方法探索的基础上，加强培养理念的凝练，教学阶段的设置和系统管理的统筹执行。使其成为既具有叙事性介绍，又有目标、方法、路径、管理等方面特色培养探索的参考书，也是产教融合、跨区域、跨行业、跨校际合作培养研究生从初寻方法到不断改进实践，走向成熟的经验借鉴。

2017年9月，被重庆市教委学位办推荐给国务院学位办作为研究生教改优秀示范案例，使这一实验性研究生培养项目提升到一个新的层次。其影响力和项目的针对性、探索性意义已不再是初始阶段自我行走式的跌跌撞撞，它一定是聚集四年、四期的成果与不断改进建设的经验而形成的，具有创新性教改价值和培养实效的教学模式。而这一模式已经衍生了一个稳定的、多元化的培养平台，新的培养思路与方法都孕生于这个平台每一阶段的培养过程、每一次具体的讨论中。设计学科新的研究生教育教学方法论的研究，必须建立在大量实验、实践的数据积累和探索活动基础之上，以此为验证合理性与可行性的客观依据，并从中提炼出可供示范的培养模式。而这个模式不是作为简单复制的范本，如果是这样，它的独特性就完全失去了应有的价值。它是不可复制的，只能借鉴和启发。因为，形成这个平台的基础条件与资源关联，都有其特殊性，并由此生成特有的组织构架和运行管理机制。在四年的磨合中，已经在每个环节发挥了有效的作用，自成体系，简单的山寨很难达到首创的效果。但示范的作用与意义何在？这就是项目要研究与呈现的产教融合培养方法，也是我们一直致力于坚持教改探索的价值诉求。在教改项目立项的任务书中明确了对现行设计学科研究生教育体制的认识，并在前三本书中也叙述了关于设计教育认识论方面的问题。但更多的论述是围绕方法论展开的研究，因为，认识到问题的存在与改革的目标，这是一个显而易见的方向性问题。而实验的成功与否在于解决问题的方法和执行的过程，有好的认识思想但缺乏实现目标的方法，再好的愿望也会流于空谈。因此，示范的意义是在于我们如何去研究方法、实践方法、梳理方法，最后形成有效的方法成果。出版著作无疑是扩大方法影响力最为有效的途径，希望通过书中的研究思考、过程介绍、培养步骤整理、研讨会的交流、学生们的学习状况分析等方面的总结与呈现，为不同资源条件下的同行院校带来思路上的参考与创新启发。我们将其过程中发生的重要事件与进展情况真实地叙述出来，目的不是为了说一个个故事，而是将这个实验性的培养项目在实践过程中所遭遇到的问题，以及解决这些问题的结果告知读者，以便于对这个项目和平台有较为具体的了解并符合其借鉴作用。为了让进站学生能够多一些不同专长的导师选择，从 2016 年开始我们寻找、引进景观方面的导师，以加强这个学科方向的师资力量，因为，在研究生中学景观与室内的学生基本上各占一半，而专业从事景观设计的导师只有一个。因此，经业内朋友的推荐和见面交流，以及个人的资历审核和志愿，最终为工作站引进了两名新的导师。广东筑奥生态股份有限公司设计总监张青、深圳文科股份公司设计院院长程智鹏，他们长期从事专业景观设计，有丰富的经验和大量的项目。他们的加盟无疑使工作站导师力量得到充实，从第四季开始，选择景观方向学习的研究生就有 4 名。导师的解聘与引进是一个再正常不过的现象，尤其是针对企业负责人，解聘不是他们的能力问题，而是在于他们的精力与时间，实在无法兼顾，就不能两头为难，这样导致两方面工作都受影响。但通常人们容易把这个正常的事情转换到面子的问题上看待，再从脸面问题延伸到能力问题，这就更加深了误解。因此，为了避免类似的情面问题妨碍导师正常的进出，我们将这一方式用于两年一聘的制度上，并在导师们受聘进站时予以说明。导师的适量流动一方面可以沉积下真正有条件、有经验的导师队伍；另一方面可以在一次次教改

聚
艺术设计学科产教合作创新性人才培养模式实践

Polymerizing
Exploration - Practice of New Cultivating Mode to Combine Industry
with Education in Design Discipline

过程中强化他们的施教经验和提升导师们的理论思考能力，教学相长，这也是作为示范案例中贡献给大家的有用经验。

一、化囧为夷——困扰与思考

四川美术学院深圳校区研究生联合培养工作站第四季在 2017 年 9 月初，按照计划如期开始。9 位来自四川美术学院、清华大学美术学院、天津美术学院、西安美术学院、四川大学五所大学的学生们，像往届一样顺利地进入深圳工作站，跟随自己心仪的导师学习。而与以往不同的是，工作站从第四季开始，尝试导师企业轮值管理制，今年负责的企业是 YANG 酒店设计集团。该集团创始人杨邦胜先生是工作站发起导师，也是四川美术学院多年的老朋友，对工作站支持很大，并非常热心于设计教育的公益事业。

由于与广田集团三年合同期满，并与创基金开始新的合作，一切都将步入新的运行程序。而创基金作为一个新生机构，也在不断探索与社会各方合作路径和运行管理机制。这使得两个几乎在同一时间诞生的事物，本无必然的因果关联，却因种种偶然走向了必然的相遇。但在这个平静的表象下，却存在着一个严重的隐忧，也是自工作站建立以来所面临的一次最大的危机。创基金的两位发起人，也是四川美术学院深圳工作站的发起导师，深受研究生们的爱戴和尊崇。但从 2017 年开始，基金会为体现支助经费的公平使用，实行了理事不得参与支助项目的新规定，致使工作站不得不在经费与导师之间作出两难的选择；其次，便是创基金的每年两次（3 月、10 月）的经费申报时间，同工作站的立项申请与研究生进站时间产生规则上又产生了冲突。每年 3 月项目正在进行，无法结项就不能申请新一轮的经费支持，9 月新一届研究生进站所使用的经费必须到位，而新一轮的申报时间还要等到 10 月才能启动，还不知是否能获得立项支持。由于事出突然，介于研究生联合培养工作站希望与创基金形成长期良好的合作关系的愿望，以及考虑未来支助院校在人才培养对时间上的特殊要求。立即会同几位导师商议，并以工作站负责人和创基金专家顾问的身份致信创基金轮值理事长，希望基金会在以上两个方面作出政策上的调整，以便于这个具有良好影响力的合作项目能够持续开展下去。也许是基金会正处于探索的过程中，机制、规则的执行需要时间给以印证，我们所提建议没有产生期待的结果。临近放暑假的时间，第四季进站组织工作正在按部就班地展开，而经费尚未落实。拓展到五校联动的深圳校企联合研究生培养工作站，突然面临从未有过的资金问题，这便如何是好？焦虑与紧迫感随着进站时间的临近而与日俱增。等待、犹豫可能会导致最坏的结果，思考再二，决定找轮值站长杨邦胜先生商量此事。

邦胜和我是老友，近二十年的交往中从未有过经济上的合作，这次为学生们的成长和工作站的继续，我却要向他在经济上求助。这种事情不用拐弯抹角，一见面我便直奔主题，说明来意。邦胜的回应却让我有些意外，三个字"没问题"。这个让我们纠结了一段时间的事情，突然间化囧为夷。一时间不知道接下来还要谈什么，好像此次面谈目的已经完成。还是邦胜提出讨论一下轮值工作站的管理方式和经费使用的地方，才把我从木讷的状态中拽回到具体的事情发展逻辑上。

之后，我时时想到此事，这不是简单的情谊或是情怀可以解释的。从广田到 YANG 酒店设计集团，他们哪一个不是在行业中艰难拼打，成长到今天经历过许多市场险急，深知企业发展不易。恰恰在面对设计教育、面对一群求知的学生、面对一个求助的教师，他们却反映出同样简单而真诚、慷慨的态度。我从来都认为他们的智商、情商远高于我，但当他们面对共同关心的教育问题时，面对提出问题与要求的我时，这些在他们身上的优势都没派上用场。没有一丝的犹豫和怀疑，无一点折扣地应承所有的要求，我可以肯定这并非我的能力，而是在他们的内心都有一片净地。工作站能走到今天，主要得益于这些在天天忙碌中还要抽出时间去指导原本与自己没有任何关系的学生的导师们，不仅为学生们付出金钱，还有精力，就是在于他们都珍视内心这一片净地。我在做教改课题的这几年中，时常被许多的人与事所感动，感佩他们在多年久经战阵、世事通明与成熟练达之后，仍然保持一份纯真，想必这就是马克斯·韦伯所说的"神入"吧。

经历这次有惊无险的困扰，使我们不得不对工作站的去向前途进行系统考虑，这不仅仅是单纯的培养教学的问题。选择什么样的机构能够持续的支持工作站，同时还要兼备有行业的公信力，机构的决策者充分热情和持续的能力。这将是决定这个实验教学平台能走多远的重要因素之一，也将决定未来我们还能遇见怎样的实验现象和有价值的成果。

二、苦此不疲——现在进行时中的将来进行时

经历研究生教改项目研究进行五年，工作站的联合培养实践活动也开展了四季。越是坚持教改实验，遭遇到设计教育的问题就越多，同时，在实践过程中也不断地涌现新的困境，一路前行实在不易。回顾四年前的初想，单纯而缺乏长久规划。凭借着一群教师、设计师、企业家的热情、

聚
艺术设计学科产教合作创新性人才培养模式实践

Polymerizing
Exploration - Practice of New Cultivating Mode to Combine Industry
with Education in Design Discipline

勇气与坦诚，走出了可贵的第一步。大家都满怀希望地造就设计之星，就像关心自己的孩子那样不计成本，投入大量的时间、精力和经费。通过为期近一年一季的师徒式培养，使一、二季的学生能力与素质有了明显的提升，对设计有了新的理解，对设计企业有了较深入的了解，对设计职业有了较全面的认识，并对未来的从业选择有了客观的判断。从这两季17名毕业的研究生就业情况看，有7名选择在深圳的导师企业中就职，这足以证明校企联合培养工作站所起到的育人、树人、用人的作用是行之有效的。这些都是第一次教改项目在实践中产生的显著成果，但也反射出相应的问题，就是代价的透支，大量的时间、精力、人力、物力都给导师和管理人员带领较大的压力。毕竟企业生存是以完成项目为主，而设计企业的主要项目来源是靠这些导师，他们既是重要项目的总设计师，又是企业的掌门人，不仅肩负了企业生存、发展的重任，同时也承担了企业自身梯队建设的责任。原本就生活在重负之中，还要兼顾额外的教学工作，势必会影响他们的工作和生活，但两年期间没有一个人因此而抱怨过，仍然默默地坚持。

随着联合培养工作站影响力的逐渐扩大，校企合作第一阶段一般性项目顺利结题，进入第二阶段产教融合教改实验升级到重大项目，工作站培养的对象也从初期只接收四川美术学院研究生的单一生源，拓展到吸纳中央美术学院、清华大学美术学院、天津美术学院、西安美术学院、四川大学等6所知名院校的研究生和导师共同参与的共享培养平台。参与学校的逐年扩展，人数的增加，使用经费的加大，使我们不得不为工作站在执行层面回归理智，从长计议。从导师的身份与工作量的分配，以及研究生们的进站培养周期等方面进行客观的讨论，并整理出操作性较强，又能发挥多校合作特色的培养方案。首先，将两学期的进站培养时间调整为一学期在深圳，另一学期回到各自学校，利用网络视频手段解决联合培养的问题。通过针对性的计划安排，有效地分清在深圳工作站导师的培养目标任务，加强专业能力与创新能力培养，并在了解企业与项目从过程中，帮助学生选定研究的课题方向；其次，是利用多校参与的条件，拓展联合培养的影响面。分清不同的任务目标和导师们的强项优势，明确在深圳加强专业培养，注重项目教学和案例研究，回校后定期组织网络视频研讨会，对前期的选题进行深化和完成论文研究。通过区别不同的阶段性任务，更好地体现了联合培养意义和作用，同时，有效控制了经费成本；再者，工作站导师们在培养过程中也根据自身工作情况，积极地思考有效的教学方法。他们利用自己企业项目组的专业配置资源，组成导师组，由自己任第一导师，项目组设计负责人员为副导师，开展以项目组为依托的传、帮、带的团队教学方式。通过培养方式的调整，使导师的教学压力有所缓解，也使得学生们能够更客观地了解项目进展情况和设计运作程序，认识设计职业的能力要求与岗位责任。从认知、了解到参与执行、相互配合，全程的进入，学生在学习的过程中也在思考自己的未来择业目标和能力所为。

出站的一、二季毕业的 17 名研究生中已有 7 名分别进入导师的设计企业之中，并逐渐成为企业的骨干力量。我们每一次到深圳组织工作站的教学研讨活动，这些留在深圳的学生们都会来陪我们吃饭或坐坐，就像见到娘家人一样的亲切。而每一次我们都会聊到他们工作与生活的各种趣事与遭遇，也会聊到他们在学校时的种种回忆。从他们的言谈中能深切地感受到，经历艰苦的工作锻炼后的成熟，已不再是玩起来忘乎所以的大学生状态了，简短的交流之后他们一一向老师们告辞，因为晚上还要加班，第二天一早又要上班。这种理智和职业化态度让我们感到欣慰，说明他们每天都很忙碌，每天都有目标任务去完成。虽然在他们的眼神中能常常显露出一丝的疲惫，但说到未来的发展，他们仍然充满了希望。

由于近几年深圳经济发展很快，导致在深圳的创业者的生活成本越来越高，驻留的压力也越来越大。他们中大多数人希望能在深圳的优秀设计企业中尽快成长，学到更多的能力，为今后自己的发展储备更多的能量。一年多的变化真让我刮目相看，他们对职业清醒的认识和对自我发展的定位，注定他们在以设计为职业的道路上会走得很远。在开展教改实验的这几年，亲历培养的过程和看到研究生们的成长，让我越来越认定联合培养工作站的尝试是有意义的。它不仅仅让我们反思研究生教学的目的和作用，也让我们不断地发现有许多的社会资源是教育应该关注与利用的。深圳有不少的设计企业已经走出国门与国外的机构开展设计合作，在工作站的导师企业中几乎都有国际项目合作，也有不少国外设计师加盟在企业之中，国际化已经悄无声息地融入中国的设计行业，这些都是学生们在成长过程中所需要的学习环境，为什么我们还要花很大的代价，舍近求远地搞形式上的国际交流活动呢？

四年的教改探索实践至今，种种辛苦自不用说，跨区域联合培养最主要的成果是选择了最前沿的地方、最优秀的设计企业、最好的设计导师，在最恰当的时机培养最需要培养的对象。这四年我们收获了许多的经验和教训，通过实践的检验，证明目标、方法、路径是否正确合理，并对设计学科的研究生教育方式，以及培养大纲进行反思和修正。如果，没有这样一些"节外生枝"

工作站初期选题汇报

的教改项目对现行的研究生教育机制进行反思与佐证，中国设计学科的人才培养仍然按部就班地继续下去，而与西方发达国家的设计人才培养水平和能力渐行渐远。设计作为应用学科，其应用性必然存在于对学的理解和对用的认识，"学以致用"是中国育人的名言，但真正要做到却并非易事。由于缺乏产教融合的长效合作机制，中国的设计教育，从本科四年的专业实习，到研究生阶段的项目研究。学生到企业去，双方没有培养预案，学生走走看看，无法融入具体的项目操作层面，实际上大多流于形式。研究生教育作为设计学科的高层次人才培养重要阶段，知行合一应该是培养的主要方向，尤其是在专业硕士方面。随着探索不断的深化、扩展，新的问题不断涌现，工作站的实验性价值越加显现。正在进行的教改项目研究也即将在今年结题，而我们所要达成的目标却没有完全体现，项目的结束并不代表实验的完成，也不代表探索意义的终结。我想只要是心存对教育意义与价值的追求，对于现行培养体制的修正与批评就永远在路上，只不过是不同的时态变化，从现在进行时到将来进行时。

　　互联网、大数据时代彻底改变了传统的知识传授的方式，学生由于对新事物的敏感和对新技术的快速掌握能力，使他们对知识获取的渠道远远多于我们，这将颠覆传统的教与学的关系。学生的知识量不一定比老师少，那么，以经验为主导的研究生培养还能持续多久？市场的丰富性促使企业上下一直处于激流勇进的状态，鲜活的项目案例代表了市场瞬息万变的时态，企业发展的好坏就是专业能力的最好验证。我们的学生最终的去处应该走向市场和企业，而不是毕业后忙着找各种学校，进入一个摆脱竞争、远离市场的真空环境。对市场竞争惧怕的人又如何能担当设计的教学呢？这是一条悖论，为自己寻找避风港的人首先证明了自己在专业上的低能，不知道拿什么去教学生，学生毕业后拿什么去面对社会？这是个不解的循环，也反映中国设计教育的通病。产教割裂使我们的人才培养无法走入学以致用的正途，而产教融合应该是何种结果呢？应该同企业开展项目一样，有目标要求、有责任人、有执行人、有完成后的评价系统。这是对现行的设计学科研究生教育最好的补充与修正，求学应是"无问西东"，就像唐代文学家韩愈在"师说"中讲到"道之所存，师之所存也"。

三、问道先后

2017 年 9 月初，第四季来自五所大学的 9 名研究生如期进入深圳联合培养工作站，一切亦如往常，没有明显的变化，只是管理机构从以前的广田设计院转到了 YANG 设计集团。邦胜很用心，早早就让企划总监刘丽方女士联系了工作站的导师和进站的学生，并帮助他们安排好在深圳的生活与学习的必要条件。丽方在 YANG 做管理工作已有多年的经历，是邦胜手下得力的干将，本届首次轮值 YANG 设计集团，邦胜专门安排她作为工作站的专职管理负责人。多年的职场历练，使得她在接人待物、办事说话都是那么拿捏得体，周到得当。9 个学生很快跟随自己的导师进入学习的状态，并在生活上得到妥善的安排。

每一季我们都有不同的期待，提出不同的要求，希望通过具体的培养实践让这个尝试更有可借鉴性价值，第四季也不例外。首先在时间安排上：由于工作站将两学期深圳培养拆分为第一学期在深圳，第二学期回学校的策略调整，因此，我们加大了对第一学期进站培养的执行监管力度。将原本一次中期检查，调整为两次，10 月中旬一次，作为进站一个月后的研究选题汇报；12 月中旬一次，作为工作站后期培养总体情况检查。这样不仅督促师生们抓紧时间完成不同阶段的任务，同时也及时了解每个学生学习研究的情况，避免出现前期方向性问题，两次检查讨论也可以增加导师间的交流与互动，并带给学生们多一些关心和归属感。在培养计划于要求上，将研二一学年的联合培养并入三年总体研究生培养计划之中，并要求在进入工作站后将研究选题作为毕业论文开题，单独作开题答辩。这对于在工作站期间的学习又增加了新的压力，同时也将个案化的进站培养逐渐发展成为系统化的培养环节，使之与研究生三年的培养大纲进行有效的结合。鉴于前三期在研究选题上过于受限于导师项目的进展情况，多有偶然性，反而使导师们的优势没能更好地发挥，因此，在本次开题检查中要求学生应根据导师优势长项进行有针对性的项目研究，并使选题之间尽可能拉开距离，避免雷同。

10 月 15 日由四川美术学院党委副书记左益教授带队，由工作站负责人杨邦胜和我召集各位导师、研究生一同参加深圳工作站进站选题汇报，左书记是第一次参加工作站教学情况检查，一切过程对他来说都很陌生，因此他非常认真地听和写。此外，还特邀中国建筑装饰协会科技委的孙晓勇秘书长，希望通过对工作站的人才培养方式的了解，促进行业

工作站初期选题汇报全体

工作站初期选题汇报中国建筑装饰协会科技委孙晓勇秘书长发言

聚
艺术设计学科产教合作创新性人才培养模式实践

Polymerizing
Exploration – Practice of New Cultivating Mode to Combine Industry
with Education in Design Discipline

关注设计师队伍的成长，并能同院校的产教合作结合起来。此次检查到场导师、工作人员以及行业领导就有 20 多位，而关注的对象是 9 位来自五所院校的环艺研究生，这种比例几乎在中国任何一所院校中都是看不到的，但在这里却是常态，每一次检查和研讨会都是一群来自不同企业和学校的精英、专家，都会带给学生们完全不同的头脑风暴，这也是联合培养的主要价值所在。通常会议持续一整天，主要是在座的导师、专家给每位学生的意见与就问题提出自己的见解，并在相互的观点碰撞中启发学生，因而会议氛围积极，用时较多。

主持人之前大多都由我或是肖平担任，但这次则由丽方负责，她的风格显然和我们不同，有亲和感，使学生们减轻了不少压力。还是按既定的程序，首先是导师依次介绍学生学习与研究情况，然后是 9 位学生进行学习情况汇报和选题陈述。突然一下面对这么多的老师和专家，研究生们上台还是有些紧张。由于没有这种经历，因此在前期的资料准备和心理准备上仍有不足，有的在陈述内容的安排上缺乏系统性，主次不清，内容较为杂乱，如同记流水账；有的在表述上缺乏语言表达能力，信心不足，汇报时间也把握不好，引起导师的一阵焦急，不由自主地在他们陈述后做专门的补充。这种情况在每次教学检查上都会遇到，对于每一季学生来说都是第一次考验，也是他们进站学习的一个重要内容，导师们也常常叮嘱他们学会用语言来讲设计，学会如何做好设计汇报文件。毕竟是第一次经历，紧张和语误，以及手足无措在所难免。其实，他们今天的表现已经让我们知道这一个多月期间他们的所学所思，已经有不错的开端，进入了一个与在学校时不一样的状态。

汇报一直持续到中午 12 点半才结束，由于下午讨论的时间很紧张，中餐就在 YANG 设计集团的员工食堂里简单进行，这样很好，既节省了时间，又免去了餐桌上的客套，同时还能相互交谈。中餐结束后没有时间让大家休息，马上进入下午会议议程中。根据上午 9 个研究生的汇报内容大家展开了积极讨论（此处不再叙述讨论细节，具体内容在后面章节中表述），归纳起来主要集中在几个方面：

1. 研究项目与选题的相似性较强，大致分为三类，酒店、商业空间和农村建设。

2. 研究项目的偶然性较强，受制于导师企业正在进行的项目局限，缺乏代表性。

3. 研究方式与框架、路径程式化加强，创新性不够，观点较为保守。

4. 研究如何体现工作站培养与课堂教学的差异化价值。

前三个问题是针对以往三期选题所提出的更高的要求，后一个问题针对的是一直以来大家争论的话题。从对待这些问题所持有的态度上，反映出校企双方设计教育所持的不同立场，而这些不同的态度和立场则来自于导师们的工作经历和行事习惯。第一个和第二个问题形成受制于导师企业的业务趋向，工作站的导师中有好几位都是主打设计酒店，并在业内享有很高的知名度，如杨邦胜、刘波、孙乐刚、琚宾等；商业项目上则是姜峰、肖平、颜政等，主要从事不同的商业项目；在景观方面，主要是由严肃、张青、程智鹏负责，虽然各在不同的设计企业，但由于近年来国家注重农村发展，因此，他们的项目来源也从城市逐步转向村镇，这也形成了项目趋同的现象。

其实，我认为主要问题不在项目的类似，而是在于研究生们对这些项目理解的程度和研究思考的目标点。这些项目实际上代表了现在中国市场主要的设计业务来源，并且，这些项目的体量与规模都是具有区域代表性的，反而折射出承接项目设计师的能力。现实项目的运作都有必然和偶然性因素，学生的介入应该对其作深入的了解，从中选取你所认为有价值的方向展开研究。项目的发生、发展有其自身的独立性，就像一个生命体，在成长过程中不受每个接触它的人的意志所左右，但对其存在影响的大小。项目的设计师工作非常重要，是除了业主外影响最大的一个方面（当然，要抛开某些非正常因素）。每一个设计师对项目的理解都不一样，即便是一样的要求、同一空间，创意的方向也会千差万别，但项目落地形成最终只会选择其中一个，而这一个方案应该是契合了业主对项目理解的诉求。这并不代表设计师与业主方就完全统一在一条思路上，随着设计的深入，问题的具体化显现，双方的分歧也就逐渐明显，这需要大量的沟通来磨合各自的分歧，并达成相互妥协和认同。这不仅仅是业务完成的过程，更是设计不断调整和创新的过程，其中，设计的一惯性由设计师独立思考完成的单一模式被改变，而融入了其他来自多方面需求的因素。这些因素对于项目的存在和发展非常重要，设计师往往从理想出发，遵循自我思考逻辑，或是看重形式影响力，而容易忽略项目的后续作用和再生问题，业主和投资方恰恰是这方面的行家，他们对项目的了解完全站在市场的角度考虑问题，这使得设计的一惯性工作方式受到另一种思路的冲击，在设计结果上出现了不确定性的因素。这些因素是设计师难以触及的领域，却和空间环境发生密切的关联，因此，每个相类似的项目，由于业主不同、地域不同、诉求不同、设计师不同、市场的针对性不同，项目的结果千差万别。学生们应该从不同的角度去理解和介入研究，而不是

聚
艺术设计学科产教合作创新性人才培养模式实践

Polymerizing
Exploration - Practice of New Cultivating Mode to Combine Industry
with Education in Design Discipline

一味地强调项目的差异性。第三个问题也属于研究生中普遍存在的问题，由于这些学生在基础教育上的欠缺，导致他们在进入大学本科以来习惯于形象思维的方式思考问题，缺乏理性的抽象思维去思考和归纳事物的规律，更少有以文字为表达方式进行理论研究和分析探索，这几乎是艺术院校学生们的通病。学习研究方法、掌握研究基本程序是必要的，关键是研究的创新点和切入点。选题反映出的创新性不够，观点较为保守等问题的普遍存在，主要原因我认为是学生的知识量不够，阅读量较差，造成面对项目的丰富性而无所认知。只能被动地跟随项目进展和设计团队的创意动机进行伴游式学习，不能形成主动反思和独立的研究，如此，再有特色的项目对于他们都会流于平淡。规范与研究程序是一个基础性研究架构，但不是以此形成约束思想的框架，在强化学生理论与设计研究基础的初期，强调规范性是必要的，不妨碍他们在选题上的立场与观点，倒是如何启发他们的主观能动性则成为我们未来将要关注的重点。最后一个问题是大家纠结的焦点，虽然深圳工作站从事实上已经实现了"跨区域、跨校际、跨行业"联合培养的实验行为，但从教学的意义与目标价值上仍希望体现出更大的差异化成效。毕竟研究生培养依托的主体是学校的学历教育，工作站是在此基础上进行的实验性拓展，不能本末倒置，仍要努力思考在管理方式上与主体的结合，使之成为三年研究生教育整体性的教改措施。因此，我们一边在强调特色，一边在同学中进行教育对接，才会出现目前两难的局面。在形成阶段性培养目上，工作站的导师普遍趋向于选题有创新、有理论研究价值；而学校导师则强调专业能力和专业知识的提升，因为，这是学校所欠缺的。从两方面各持不同的意见看待培养的目标，都有道理，不敢轻易地妄下定论，这直接关系到研究生们最终的学习成果的形成和培养的实效，希望通过几期的实践，根据结果再作判断。经过三期不同方式的实践，从培养的过程与成果汇报展上反映出的实际效果评价，前者提出的问题在具体执行过程中所呈现的效果要普遍优于后者，虽然也有一些学生在技术、材料与应用手段上进行研究，但从成效上看不及前者，一是数量较少，二是深度欠缺。当然我们非常希望有多一些研究生致力于在这方面的探索，这主要取决于学生的兴趣和导师对此的引导，至于深度问题则可以从长计议，不一定要求全责备。几番讨论形成了针对性意见：

1. 各项目选题尽量拉开距离，避免雷同，体现多样性。

2. 选题研究与设计要有典型性和代表性，可以选择已经完成的企业优势项目。

3. 在研究方法上首先做到规范要求，在此基础上加大阅读量，多角度思考项目的社会作用，

工作站初期选题汇报

刘波老师介绍学生学习情况

左益书记代表学校致辞并发言

并找到切入点开展研究。

4. 尽可能地了解企业优势项目和优秀案例，通过深入分析，设定自己的研究方向和成果形成方式，理论结合实际实现研究的价值，而不是刻意追求学校与企业培养之间的差别。

这四点意见代表了本次对选题会诊的结果，并对接下来的选题调整与下一次汇报提出了明确的要求，也得到参会导师和专家们的认同。大家发言非常踊跃，作为行业代表的孙晓勇秘书长再次要求发表自己的一些建议，虽然之前在讨论学生课题过程中已经多次提出好的意见，但从行业的角度他仍然想借此启发谈谈对人才培养的思考。他说道："行业协会多年来一直把关注的重点放在企业的发展和行业的规模上，对设计师的现实表现强过对未来的贡献，对设计师队伍的建设和人才培养比较忽视。今天有幸应四川美术学院的邀请，参加这次深圳校企联合研究生培养工作站的教学检查和研讨会，非常受感染和启发，这么多专家学者关注年轻学生的成长，让我们看到设计行业未来发展的希望，也深感今天学习设计的学生们的幸运。作为行业管理机构，重视人才培养就是重视行业未来的发展，我们将在今后加强同在座院校间的合作，把学校的人才培养和年轻设计师的再深造结合起来，为中国设计行业健康发展作出应有的贡献"。

四川美术学院的左益书记发言，他说道：

"我在学校分管学生的创新、创业工作，早就知道我们学校在深圳搭建了一个校企合作培养研究生的平台，一直没能抽出时间看看，了解一下学生培养、创新、择业的情况。今天到场开了一整天的会，感受很深，才知道我们这个工作站做得很扎实，而非仅仅流于形式。现场在座的老师专家数量远远超过学生的人数，大家都非常认真地为学生的成长诊断献策，全身心地投入教学和培养工作中，让我深受感动。我知道在座许多工作站的导师都是企业的老板，社会工作、企业工作压力都非常大，还要抽出时间帮助学校培养人才，真是难能可贵，学生们能在这样的平台学习，跟随国内顶级的设计师，通过实际项目得到锻炼，在一生中重要的阶段中能够快速地进步成长，是非常幸运的，在这里我代表学校感谢各位工作站导师和兄弟院校导师们对四川美术学院的大力支持，对设计教育改革的倾心投入。现在高等教育发展到了一个新的阶段，7 月 26 号，习近平总书

聚
艺术设计学科产教合作创新性人才培养模式实践

Polymerizing
Exploration - Practice of New Cultivating Mode to Combine Industry
with Education in Design Discipline

记发表重要讲话，中国的发展站在了一个新的历史高度，进入了一个新的历史时期。从这个角度讲中国的高等教育，也站在新的历史阶段、新的重要的发展时期。目前中国高校毛入学率已经达到 42%，实际上毛初学率不是指高考升学率，而是指所有的同学应该读大学，上了大学的之比。15% 是大众化，50% 达到高等教育普及化，国家要快速发展，人才是第一位的。2020 年，中国要全面建成小康社会，高等教育有义不容辞的责任。高等教育也要顺应社会和时代的发展而发展，教育改革就是要使我们培养的人才更加符合社会行业的需要，新的历史时期提供给高等教育一个新的转机和一个新的起点，同时也是新的挑战，我们应该做什么，学校、教师都在思考。昨天，我和清华大学美术学院的张老师、四川大学的周老师以及中国建筑装饰协会科技委的孙秘书长，一同谈及近几年来高校的一些变化、发展，各个学校都在想办法，创新人才培养模式。这个研究生联合培养工作站，是我们潘老师牵头学校的相关专业，在深圳首开'跨区域、跨校际、跨行业'校企合作的研究生培养平台，并产生出积极的影响和带动作用。目前工作站已培养出三批学生，并与 6 所兄弟院校形成共享合作，新的第四季也已开始，YANG 设计集团杨总给予工作站很大的关心和支持。深圳一直以来都是改革开放的前沿、设计行业的领跑者，有许多国内外知名设计师和知名的设计企业，对学生有很大的吸引力。难怪工作站培养的一些研究生毕业后又回到杨总这里来，应该是看重了杨总的影响和企业的优势。在人才培养方面杨总作出了巨大的贡献。我跟潘老师一起分析，毕业的前两季 17 名学生，就有 7 名留在深圳导师的企业里，从就业和创业的角度来说，这也是一个了不起的成就。目前，环境设计专业的研究生就业创业形势非常好，希望我们第四季同学在前三季的基础之上有更进一步、更好的发展。今天在这里进行开题汇报，有这么好的条件、氛围，这么好的平台，共同研讨你们的学业成长和下一步的教学改革，继续做好我们的培养工作。

现在四川美术学院发展的基本方向是向专业型、应用型结合特色发展的一流美术学院，研究生也是一样。政府倡导、政策扶持与产学研的结合，实际上是同学校共谋一个方向，我们坚持融合共同培养研究生，也得到了市政府和国家教育部的扶持和肯定。行业也支持我们教学走出去，共同培养行业、企业真正需要的人才。所以，今天既是研究生开题汇报会，也是我们高校教育改革的研讨会，我想更适合这样一个向前发展的模式，新的起点。希望我们研究生处、科研处、设计艺术学院、环境设计系，和深圳、兄弟院校各方更好地加强合作，在前三季的基础之上开创更美好的前景，培养更优秀的学生。再一次感谢今天参会的老师们、同学们，祝我们的研究生联合培养工作站越办越好。"

一天的时间在大家激烈的讨论中很快过去，转眼已到下午 6 点，左益书记和另几位老师因第二天有事，匆匆给大家告辞后直奔机场，返回重庆。几乎每次到深圳的教学检查都会是这样，时间紧、议题多、讨论激烈，但给学生带来很多值得思考的东西，虽然每次都有一部分问题会重复出现，同时也会在讨论中重述问题的解决方式。因为，同样年龄和学历的研究生在学习过程中会出现相同的问题，这是正常的现象，作为教师，我们已经司空见惯了。我们永远面对的都是这样年龄段的人群，都会出现相同或相似的问题。我们的职责就是一次次帮助这些不同批次、相同年龄的学生在专业上、能力上、思考与解决问题的方法上尽快成长。至于每次遇到的新问题和新情况，也是促进我们在教改探索中不断改善和提升的重要因素。这次工作站教学的初期检查意义重大，使得进站师生在前期培养中反映出的突出问题能够及时得以调整和解决，并明确后续培养中应该加以注重的方面。最后，确定在 12 月中旬开展第二次工作站教学后期检查，要求本次参会师生根据讨论意见对选题和研究项目进行相应调整，并在未来两个月期间拟定选题和完成设计方案，为第二次检查准备好相关汇报素材。

返校后，针对第一次工作站检查反映的情况，11 月中旬组织了一次产教结合研究生培养方案讨论会，邀请了学校聘任的企业知名专家作为独立带研究生的导师和环境设计专业的研究生导师以及研究生处长，共同参与到尝试新一轮的产教融合研究生培养实践当中。根据以往四年以工作站形式展开培养的经验和不断产生的状况，以及一直存在的问题进行深入的讨论。从梳理学术硕士与专业硕士的分类培养目标，到如何形成分类培养的方案，再到执行计划；从学位课程设置，到校内外导师联合形成主副关系，再到分阶段指导和跨区域培养的具体方式；同时，还将培养成果的体现和研究方法与选题思路的展开，进行了认真的分析研究。在此期间，研究生处长苏永刚教授专门带了几个服装专业研究生的优秀开题案例，并以此作为工作站研究选题和本次产教融合分类培养开题的参考。虽然不是同一学科方向，但同属于大的设计学科范畴，本质上存在许多共同点。这些案例对其他设计学科方向的研究方法很有借鉴意义，也为目前我们开展的工作站和

工作站中期教学检查

工作站中期教学检查全体师生合影

郝大鹏教授对研究生现场指导

听取学生汇报

另一种产教联合培养的研究项目选择与指导提供了多向度的启发。

第二次中期工作站教学检查的时间很快就到了。12 月 16 日由郝大鹏副院长带领学校的研究生导师赴深圳参加该次检查汇报，由于有了上一次前期选题汇报会的经验，工作站在组织效率和准备工作上已驾轻就熟，其他院校的导师和工作站的导师们几乎全部到齐，连本次因故未带研究生的琚宾老师也专门安排出时间参加此次研究生培养交流活动。大家的齐聚，为第四季研究生最后一次在深圳，集中听取校内外导师对他们的研究情况进行总体会诊交流，不仅仅是机会珍贵，更是体现出研究生们在学校与社会中受重视的程度和对他们寄予的厚望。

上午 9 点汇报准时开始，研究生们依次进行选题研究情况和学习进展汇报，有了第一次的经验，这次显然状态不同，不仅在选题上有较大的调整，同时在汇报的语言表达和讲述内容的条理性上都有不小的进步，明显带有导师的专长特征。选题的多样性和关注的研究焦点在这次汇报中得到了较好的体现，研究生和导师们个个有备而来，PPT 制作简洁而富有条理。上午的中期检查进展非常顺利，通过汇报清晰地反映出学生在此期间的收获，存在的问题，以及后续培养应该加强的着力点。在座的导师们对每一位同学都一一给出了针对性的意见，为选题研究和设计方案的深化提出了具体的方法指导。

按照惯例，下午通常是对上午汇报的总体情况展开讨论，鉴于汇报所呈现的问题进行详尽的分析。大致分为以下几个方面；

1. 适应性问题。由于学习环境改变所造成的普遍性、阶段性的状态适应问题。这是每一届都存在的一种通病，只能自己努力去克服调整，尽快解决，跟上企业的工作节奏。

2. 知识面与阅读量的问题。这也是目前研究生中普遍存在的问题，从这方面暴露出学生们在中小学基础教育上存在的知识与素质的缺陷，导致越到后续的学习，越感到乏力。应试教育造成的知识单一，已经成为我国青年在创新发展中遭遇的最严重的自身障碍。"书到用时方恨少"这一古训，成为现实版的回应。少有学生阅读专业以外的书籍，没有丰富的内心与知识联想，何谈举一反三、触类旁通。从研究生的选题汇报材料上，我们猛然发现第一阶段的问题，仅仅是一个方法不当的表象，而这次检查反映的问题则是根本性的、引以为重视的。

第四季工作站轮值站长杨邦胜老师
现场指导学生

工作站中期教学检查导师合影

3.研究方法与表述的问题。或许在没到深圳之前，这些问题会被延迟到毕业的研三期间出现，而通过工作站的学习，这些潜藏的问题在项目研究过程中暴露无遗，这是工作站培养的作用和着力点。每人完成论文一篇、设计研究项目一个，这对于他们的文字表述能力与设计思考能力无疑是巨大的挑战。他们从来没有写过一篇真正意义上的论文，甚至不懂论文的写作方法，几乎没有人写过几千字的文章，少有学生独立研究过项目设计方案。这都是联合培养过程中必须面对的，也是工作站存在的意义所在。

4.重论文、轻设计的问题。这是历届学生都反映出的现象，由于论文要赶出版时间，相较于展览更为急迫些。另一个因素是设计项目的进入始终处于游移不定的状态，设计方案如何着手，设计研究如何从具体方向展开，短时间无法确定。而分析梳理的过程恰恰通过文字的方式更容易使研究的过程条理化，我想每次虽然一再强调在深圳应以设计研究为主，不要本末倒置，但其最终走向依然偏离初衷，这需要在我们的培养机制和导师教学方法中加以调整，明确目标侧重。

根据以上问题的讨论，导师们更明确了不同阶段的任务目标，也为联合培养进入第二阶段打下基础。本次检查是第四季到访工作站的最后一次，因此，尽可能周全地告知与提醒研究生们各自应该关注的地方，并向参加讨论的导师们，提出尽可能多的开设"导师讲堂"，为学生在深圳后续学习多给予知识与思想的补充。

这次检查收效颇丰，对研究生们在随后的工作站学习有了针对性改善，"导师讲堂"的开设明显多于往常，几乎每周一次，并伴随案例分享与讨论，设计项目研究进度也明显加快，在深圳的最后一个多月里，工作站的学习氛围非常积极而热烈，师生相处十分融洽。1月底，研究生们在即将离站之际，为感谢深圳工作站导师们对学生尽心的指导和关心，专门设谢师宴以表近5个月的教诲伴学之恩。学生们的这一举动说明一个事实：认同工作站学习的收获和培养的实效。

寒假已到，但工作站的学生们却严格按照各自学习的企业规定放春假的时间离开深圳，遵守这个规矩，体现了研究生们已经适应了企业的管理制度和纪律意识。他们不仅仅带回了第二阶段的学习任务，还带回了整个培养过程的记录、紧凑的作息方式，以及他们的学习体会。

聚
艺术设计学科产教合作创新性人才培养模式实践

Polymerizing
Exploration - Practice of New Cultivating Mode to Combine Industry
with Education in Design Discipline

　　3月10日,开学后的第一次联合培养第二阶段视频汇报会在潘老师的工作室A3—35正式开始,研究生早早就将汇报材料准备妥当,并约好相关的工作站导师和学校导师一同参加。每位同学分别汇报各自研究任务的进展情况和论文完成的情况,由于时间有限,我们要求给每位学生指导的意见不超过两个导师。下午2:30分准时开始,同学们全部到齐,四川美术学院的导师们也都到了,其他导师也有不少参加。对于首次试用远程视频汇报和现场指导的形式进行联合培养,引起学生们的好奇和疑问,但通过实践他们认为非常有效,因为我们已经在第三季的后期正常使用过了。每个研究生将各自的学习进展情况像在深圳汇报一样进行了介绍,导师们一一作了相关的指导,只是老师们在指导的时候常常会因学生的某个问题,而引发集体讨论,时间难以控制。从汇报情况上反映出各自仍然存在不小的差距,放假期间用心不同,个别研究生仍未完全进入设计研究的状态,这同自己的投入与导师的督促有关。 只能再三叮嘱,并规定下次集中的时间和进度要求,这次汇报与指导持续到下午6点多结束,在随后的活动中,也都几乎相同。但对于学生实在是一种鞭策和督促,希望他们不以返校而回到之前懒散的状态,促使他们保持在工作站学习的紧张积极的态度。

　　今年由于研究生毕业季的改变,比往年提前了大半个月,因此,工作站的教学汇报展只好延后,放在6月中旬。这样对第四季的研究生们的任务压力无疑是一个缓解,他们可以从容一些地去做后续的设计。

　　每一季工作站的研究生们总会带给我们有一些惊喜,让这些导师们看到一点出乎意料的东西。虽然这些东西并不是那么成熟和具有震撼力,可足以让这些望其成才的老师们感动。因为,他们通过一次次的劳动获得了一点小小的触动,而恰恰你能给他,这也足矣!让我们期待第四季!

2018年4月6日于四川美术学院

"聚"——围绕实践的纠缠

赵 宇
Zhao Yu
四川美术学院副教授

经历了寻、行、拓的三段实验，四川美术学院与深圳设计企业联合培养硕士研究生的实践性教学已经有了起承转折的经历，做出了实实在在的教学成果，获得了学校自身的肯定和教委的认可，也受到企业的欢迎和学生的支持。在探索培养创新性实践型设计精英的通道上，探出了一条新型的路径——在学院式线性结构中开通了左顾右盼的世界之窗。借用深圳这个大视野设计平台，三年中27名研究生在这里从初级段位的学生，历练成有能力应对用户需求，有能力面对创造性挑战，有能力领衔设计团队的专业精英。前三的经验已经足以支撑这个实验项目按部就班地推进与完成，通过四川美术学院和深圳设计企业共同搭建的校地合作、校企共建、校校共享这样一个开放性研究生联合培养平台，实现了"跨区域、跨校际、多向联动"的建设目标，以实验实践教学为支点，撬动了设计学科研究生培养在观念、方式、过程全方位的改变。

然而，这种小规模、实验性的教学在效能辐射和效应放大上有着明显的局限，虽然我们已经认识到现代设计教育的目标不再是学院式的孤立行为，但要真正迈出正规的协作脚步，仍需要继续进行不断的尝试、研究与反思，总结有价值的理念与方法，革除依旧缠绕的痼疾与教条，使这种实践型的设计应用人才的培养冲破学校与设计前沿的屏障，冲破模拟教学与设计企业实战应对需求之间的隔离，冲破学校导师与企业设计师之间的领域划分，让培养的过程转换成研究的过程，让虚拟的学习在实践中得到充实，让成才的过程伴随成长的成果。以如此的新思路和新态度，促成学校、企业、社会融合协调，促进设计教育、人才培养与企业的创新竞争力需要、行业的发展需要相互衔接，创建一个有活力、有创新、有作为环境设计前景。因此，课题的任务由研究生培养方式的尝试与探索，转为对实践教学模式与方法的研究，从经验积累向经验总结过渡，联合培养机制与方法称为可复制的模板。

2017 年，工作站进入了第四季的运行。根据校企联合协作的构想，本届工作站由 YANG 设计集团担任轮值主持单位，命名为"四川美术学院·深圳校企联合培养硕士研究生工作站"，是重庆市教育委员会研究生教改重大项目和艺术设计学科产教合作创新性人才培养模式实践课题。深圳环境设计行业的重要机构和企业 YANG 设计集团、深圳广田装饰集团股份有限公司、深圳PLD 刘波设计公司、深圳市梓人环境设计有限公司、深圳市文科园林公司、深圳市筑奥景观建筑设计公司等六家单位作为协作企业，著名设计师杨邦胜、肖平、孙乐刚、严肃、刘波、颜政、程智鹏、张青等成为专聘企业导师，四川美术学院郝大鹏教授、潘召南教授、龙国跃教授、杨吟兵教授、赵宇教授和清华大学美术学院张月教授、天津美术学院彭军教授、西安美术学院周维娜教授、四川大学周炯焱教授为校外导师。通过报名选拔，挑选了四川美术学院硕士研究生张亚婷、刘洪琴、张超、李林泽、徐铭苑和清华大学美术学院硕士研究生胡易知、天津美术学院硕士研究生代诗敏、西安美术学院硕士研究生于静林和四川大学硕士研究生叶澜 9 位学员，于 2017 年 9 月 9 日在深圳举行进站仪式，开始了第四季的正式运行。

第一章　项目教学刚要和工作计划

项目名称：校企联合培养硕士研究生实践教学课题

英文名称：College-Enterprise Joint Training for Master Degree Candidate

研修时间：一学期（20 周）

课程学分：6

课程类别：集中实践教学课程

前置课程：学位课程、专业选修课程、校内导师课程

课题简介：

工作站以中国环境设计前沿企业为依托，聘请中国顶级设计大师担纲校外导师，从实际案例切入设计研究与设计实践，通过考察调研、导师讲堂、设计实践、理论研究等方式，由理论—实践—理论的途径完成工作站的研修学习。

课题目标：

1. 培养学生开阔的设计视野，提升设计实践能力

深圳是中国设计力量最集中、最前沿的城市，具有非常特殊的设计资源条件，最大规模的设计机构、最优秀的设计师团队、最丰富的项目资源条件云集于此，可以为研究生提供广阔丰富的设计实践条件。并透过设计之都的对外窗口，扩展学生的设计视野，在一线设计企业的高级设计师的指导下，快速提升设计能力。

2. 总结企业的成熟案例，提升学生研究能力

工作站的构成企业均为国内行业领先企业，业绩骄人，成果丰富，代表了中国当代最高的专业设计水准。同学们利用在企业的研修机会对优秀设计案例进行研究，形成有效的研究成果，快速提升研究能力。

3. 搭建学生与企业的联系通道，实现就业直通，以人才反哺企业

通过工作站研修期间深度介入设计前沿企业，加强沟通熟悉，为学生就业打下良好基础，也为企业的发展储备人才。

4. 为教师搭建交流平台，提升教师专业水平

通过校企教师的沟通交流，促进学校专业教师深入接触了解设计前沿的及时资讯，加快知识更新，提升教学水平，对企业导师的理论水平提升也有积极的促进作用。

聚
艺术设计学科产教合作创新性人才培养模式实践

Polymerizing
Exploration – Practice of New Cultivating Mode to Combine Industry
with Education in Design Discipline

教学内容与方法：

教学内容（具体由企业导师制定）

1. 与企业导师对接，了解专业的发展动态和设计前沿信息，通过导师的引导熟悉设计流程、市场需求和项目实施要点，寻找理论与实践相结合的切入点，为专业发展寻找定位。

2. 通过设计案例介入实际实践，参加设计企业的项目设计、案例解析和企业资源梳理，与设计企业搭建沟通渠道，深度了解设计企业的运行机制和发展需求。

3. 根据导师选题建议，确定研究选题，制定研究方向，确定研究内容和研究对象，提出研究思路和研究目标，拟定研究提纲。

4. 确定设计任务，制定设计策略和设计目标，开展调研，提出设计构思和表述方式，制定任务完成计划。

教学方法

1. 考察调研

在企业导师的指导下，利用深圳设计之都的环境条件进行专业设计调研，以企业的优秀设计作品为案例进行资料采集调研分析，为设计和研究提供帮助与指导。

2. 专题讲座

由企业导师进行设计专题讲座，提高学生的专业认知能力和设计眼界，引导学生快速适应设计前沿的条件、要求和作业模式。

3. 设计实践

在企业导师的安排指导下，学生介入企业的设计课题，参加具体的设计工作，完成一定的设计任务。学术研究型硕士研究生重点在设计的策划和方案建立方面，强调专业理论在设计实践中的应用；艺术专业型硕士研究生侧重具体案例的设计介入，强调设计的系统过程和完成成果。

4. 理论研究

在企业导师的安排下，企业和校内导师共同指导，对企业的优秀设计案例进行分析、整理和研究，形成研究论文。学术研究硕士研究生论文字数不少于 12000 字；艺术专业硕士研究生论文字数不少于 8000 字。

成绩考核

联合培养的成绩考核方式为考察，根据实践教学完成的最终成果和学习投入度评定成绩。采用评分组集体评议和导师评分相结合的方式，评分组成绩占60%，导师成绩占30%，参与响应度占10%。设计评分考察要素：设计选题与设计创意构思占30%；设计专业基础知识掌握和设计组织能力占30%；设计表达表现占30%；展陈整体效果占10%。评分中应鼓励与企业项目结合、有创新、能实践的作品。

论文评分考察要素：根据毕业论文的整体学术水平和写作能力以及规范程度评定成绩。其中论文选题的价值意义占30%，论文的创新点占20%，专业基础知识的理解和文献熟悉程度占20%，论文写作占20%，论文格式与规范性占10%。

四川美术学院·YANG设计集团
校企联合培养研究生工作站（第四期）

工作计划

一、任务目标

在中国前沿设计机构与设计大师的引导帮助下，培养研究生面对设计前沿思想，面向高端设计项目，面向设计领先技术的意识，拓展设计视野，提升设计实践和设计研究的能力，搭建学生与企业的联系平台，为精英设计人才的成长积蓄能量。

二、工作方法

工作站以中国环境艺术设计前沿企业为依托，聘请中国顶级设计大师担纲校外导师，从实际案例切入设计研究与设计实践，通过考察调研、导师讲堂、设计实践、理论研究等方式，由理论 – 实践 – 理论的途径完成工作站的研修学习。

进站学员要完成各环节的研修要求，做好研修过程记录，完成开题报告表、中期研修报告表

聚
艺术设计学科产教合作创新性人才培养模式实践

Polymerizing
Exploration - Practice of New Cultivating Mode to Combine Industry
with Education in Design Discipline

和出站报告表（附表 2～附表 5）。

三、深圳工作站管理机构

1. 工作站深圳管理机构

2017 年（第四季）深圳管理机构由 YANG 设计集团组建，负责学生在深研修的组织管理工作。联系电话：0755-22211188，工作邮箱：bd@yanghd.com。

站　　长：杨邦胜，电话：1390246xxxx

管理助理：刘丽方，电话：1357806xxxx

2. 四川美术学院校内管理机构

四川美术学院设计艺术学院环境设计系为工作站校内管理单位，负责工作站工作计划的制定与监督执行，协调校企间的工作联系，审核导师选题，督促监督研修过程与研修成果。

联系电话：023-6592xxxx

工作邮箱：55254418<quizasyeah@qq.com>

管理秘书：钱星烨，电话：1582394xxxx

潘召南：课题负责人，四川美术学院科研处处长

苏永刚：四川美术学院研究生处长

龙国跃：工作站管理责任人，四川美术学院设计艺术学院环境设计系主任

赵　宇：2017 年（第四季）工作站管理协调人

四、工作站企业导师名单

1. 杨邦胜：YANG 设计集团

2. 肖　平：深圳广田装饰集团股份有限公司

3. 孙乐刚：深圳广田装饰集团股份有限公司

4. 严　肃：深圳广田装饰集团股份有限公司

5. 刘　波：深圳 PLD 刘波设计公司

6. 颜　政：深圳市梓人环境设计有限公司

7. 程智鹏：深圳市文科园林公司

8. 张　青：深圳市筑奥景观建筑设计公司

五、研究生及其校内导师名单

2017 年（第四季）学员共 9 人，四川美术学院 5 人，清华大学美术学院 1 人，西安美术学院 1 人，天津美术学院 1 人，四川大学 1 人。

2017 年（第四期）工作站学员名单

序号	姓名	所在院校	性别	学　号 身份证号 银行卡号	联系方式	校内导师 联系方式	备注
1	于静林	西安美术学院	女		1829241XXXX	周维娜 1360919XXXX	
2	代诗敏	天津美术学院	女		1512220XXXX	彭军 1390205XXXX	
3	胡易知	清华大学美术学院	女		1371610XXXX	张月 1390113XXXX	召集人
4	叶澜	四川大学	女		1582857XXXX	周炯焱 1380823XXXX	
5	张亚婷	四川美术学院	女		1888327XXXX	龙国跃 1303830XXXX	召集人
6	刘洪琴	四川美术学院	女		1362849XXXX	潘召南 1380835XXXX	
7	张超	四川美术学院	男		1512395XXXX	郝大鹏 1390833XXXX	
8	李林泽	四川美术学院	女		1808406XXXX	杨吟兵 1370835XXXX	
9	徐铭苑	四川美术学院	女		1762311XXXX	赵宇 1380830XXXX	推迟到达

六、工作站研修时间

学员在深圳工作站的研修时间原则上为一个学期（20 周，约 5 个月），如实际需要，可申请延长至 8 ~ 10 个月。

聚
艺术设计学科产教合作创新性人才培养模式实践

Polymerizing
Exploration - Practice of New Cultivating Mode to Combine Industry
with Education in Design Discipline

2017 年（第四季）工作站研修分两阶段进行。

第一阶段为深圳工作站研修时间，进站时间为 2017 年 9 月 7 日，出站时间为 2018 年 1 月 25 日，共计 20 周（2018 年春节 2 月 15 日起）。完成基于工作站导师选题的基础研究学习工作，结合企业项目案例进行选题开题、调研学习、进入设计，收集论文写作与项目设计的相关材料，形成研究框架和设计构想，提出设计方案。

第二阶段为深化完成研修阶段，在学员各自学校进行，继续完成研修工作，即：研究论文和设计作品。论文结集出版，作品组织展览。

七、工作站企业导师选定课题任务

每位导师根据企业特色和设计前沿信息，提出 1 ~ 2 套研究选题，建议 1 套为实践项目转换成理论总结的现实需要课题；1 套为实例设计研究，以便学术研究生和专业硕士生选择。本项工作应在 2017 年 8 月 20 日前完成，并以电子文件方式提交给管理秘书（附表 6）。

八、重点环节时间节点

1. 进站仪式与工作安排：2017 年 9 月 9 日。

2. 开题检查：2017 年 10 月中旬。

3. 中期检查：2017 年 12 月上旬。

九、本季工作站成果计划

本季工作站要区分设定学术硕士和专业硕士的研修成果，学术硕士要求研究论文为主要研修成果，论文字数 12000 字以上，设计作品工作量和评价标准适当放宽尺度，鼓励创新实验性质的设计尝试；专业硕士以设计作品为主要研修成果，作品要求与导师课题关联，解决其中部分重要环节的设计需要，应具有创新性、探索性和实验性，论文字数要求 8000 字以上。

1. 设计作品展，具体时间和展览要求在开题汇报会上商定。

2. 作品论文集，具体框架和要求在开题汇报会上商定。

十、学员资金资助

1. 住宿补助：1800.00 元，由课题支付。

2. 生活补助：1500.00 元，由企业导师所在单位支付。

3. 作品制作及参展出版费用：由课题负责，具体费用额度根据作品和展览出版计划确定。

4. 差旅费：各研究生申请使用本人的研究生学术活动经费，由自己所在学校报销，报销标准执行所在学校规定。

四川美院设计艺术学院环境设计系

2017 年 7 月 20 日

附表 1：四川美术学院硕士研究生培养深圳工作站进站申请表

附表 2：四川美术学院·深圳校企联合培养硕士研究生培养深圳工作站选题表

附表 3：四川美术学院硕士研究生培养深圳工作站开题报告表

附表 4：四川美术学院硕士研究生培养深圳工作站中期研修报告表

附表 5：四川美术学院硕士研究生培养深圳工作站出站报告表

附表 6：四川美术学院·深圳校企联合培养硕士研究生工作站（第四季）导师选题推荐表

附表 7：四川美术学院·YANG 设计集团深圳校企联合培养研究生工作站 2017 年（第四季）
　　　　教学管理大事记

附表 1

四川美术学院硕士研究生培养深圳工作站进站申请表

学生姓名		性别	学校		联系方式	手机：
			学号			邮箱：
导师姓名			工作单位			手机：
						邮箱：
在校专业方向						
拟选工作站导师		1. 　　　　2. 　　　　3.				
校内导师意见：						
学科点意见：						

学生签名：　　　　　　　　　　　　申请时间：

附表 2

四川美术学院·深圳校企联合培养硕士研究生工作站选题表

导师姓名		性别		工作单位			联系方式	邮箱：	
选题名称（方向）									
选题简介			选题的价值与意义			完成选题的条件			
起止时间			工作要点			预期成果			
学科点意见：									

导师签名：　　　　　　　　　　　　　填写时间：

附表 3

四川美术学院硕士研究生培养深圳工作站开题报告表

学生姓名		性别		学校		联系方式	手机：	
				学号			邮箱：	
导师姓名				工作单位			手机：	
							邮箱：	
选题名称（方向）								
对选题的了解		选题的价值与意义		完成选题的条件与计划				
起止时间		工作要点		预期成果				
工作站导师意见：								
校内导师意见：								
学科点意见：								

学生签名：　　　　　　　　　　　　报告时间：

附表 4

四川美术学院硕士研究生培养深圳工作站中期研修报告表

学生姓名		性	学校		联	手机：
			学号		系	邮箱：
导师姓名		别	工作单位		方式	手机：
						邮箱：
研究课题名称（论文／设计）						
主要研究内容描述			主要阶段成果摘要		问题与解决措施	

附件（设计草图、研究论文框架等填写在附于表格后的附件表中，同时交报）

工作站导师意见：

校内导师意见：

学科点意见：

学生签名：　　　　　报告时间：

附表 5

四川美术学院硕士研究生培养深圳工作站出站报告表

学生姓名		性	学校		联	手机：
			学号		系	邮箱：
导师姓名		别	工作单位		方式	手机：
						邮箱：
研究课题名称（论文／设计）						
主要研究内容描述			主要研究成果摘要		后续研究构思	

附件（最后完成的设计文件、研究论文和展览照片电子版应作为完整附件备案）

工作站导师意见：

校内导师意见：

学科点意见：

学生签名：　　　　　报告时间：

附表6

四川美术学院·深圳校企联合培养硕士研究生工作站（第四季）导师选题推荐表

导师姓名		性　别		工作单位		联系方式	手机：
							邮箱：
选题名称（方向）							
选题简介			选题的价值与意义			完成选题的条件	

附表7

四川美术学院 ·YANG 设计集团
深圳校企联合培养研究生工作站 2017 年（第四季）教学管理大事记

序号	时间	事件	具体安排
1	8 月 30 日	收到进站研究生名单及校外导师分配表，根据就近原则，进行学生宿舍人员分配，为节约研究生路途时间，分为福田及罗湖两个宿舍，其中罗湖宿舍 5 人（4 女 1 男），福田宿舍 4 人（4 女）	因 YANG 罗湖、福田均有办公区，为了便于宿舍安排，初步计划 YANG 进站研究生胡易知、刘洪琴分在两个办公区进行实践学习
2	8 月 31 日	YANG 工作站的同事兵分 3 路，紧急看房，实地考察住房环境	
3	9 月 1 日	租赁位于福田区下沙福荣路东的红树家邻小区，两房一厅	出于安全考虑，租房首选小区房，但深圳房价偏高，又是半年短租，无法满足每人一房，在征询研究生意见后，租定两房一厅
4	9 月 2 日	为每位研究生采购全新、独立的床上用品	考虑到研究生大多独生子女，不习惯两个人同睡，加上大家来自不同的院校，均不熟悉，有些许抵触情绪
5	9 月 4 日	福田宿舍环境整理及打扫，租赁自如位于罗湖区书院街 53 号大院 1 栋的学区三房	罗湖宿舍因室内全新装修，家具齐全，导致有些许异味
6	9 月 5 日	清华美术学院研究生胡易知接机，入住罗湖宿舍（作为召集人，成为罗湖宿舍长），进站讲解并分发 2017 工作站工作计划及工作站管理制度	与校外导师杨邦胜先生沟通胡易知、刘洪琴两位研究生进站实践分配问题，杨邦胜先生坚持两位研究生均安排在罗湖办公区，方便沟通交流，也方便教学指导，故临时决定研究生刘洪琴入住罗湖宿舍，暂住迟进站的徐铭苑床位
7	9 月 7 日	四川美术学院研究生刘洪琴、张超，西安美术学院研究生于静林接机，入住罗湖宿舍；四川美术学院研究生李林泽接机，入住福田宿舍；讲解并分发工作站工作计划及工作站管理制度	为了公平起见，以抽微信红包的形式，让研究生们根据红包大小，依次选择房间及室友
8	9 月 8 日	天津美术学院研究生代诗敏接机，入住罗湖宿舍；四川美术学院研究生张亚婷、四川大学研究生叶澜接机，入住福田宿舍（张亚婷作为召集人，成为福田宿舍长）；讲解并分发 2017 工作站工作计划及工作站管理制度	为两边宿舍添置绿植，净化空气
9	9 月 9 日	四川美术学院·YANG 设计集团深圳校企联合培养研究生工作站 2017 年（第四季）进站启动仪式	四川美术学院环艺系副主任、2017 工作站管理协调人赵宇先生、校外导师杨邦胜、孙乐刚、严肃、颜政、张青、程智鹏与 8 位研究生参会
10	9 月 15 日	福田宿舍安装宽带网络	便于同学们日常资料收集和学习
11	10 月 12 日	四川美术学院研究生徐铭苑进站，9 位进站研究生全员到齐	因 2 天后开题答辩即将到来，刘洪琴与同学们商定延迟搬至福田宿舍，为方便休息，为其采购添置独立小床及床垫

12	10月14日	校内外导师及进站研究生相聚深圳	通过一个多月的相处，同学们已经变得亲密无间，成为好朋友，生活上相互照顾，学习上互相交流，共同成长。前三季在深工作的部分出站研究生也赶来与老师同学们欢聚一堂
13	10月15日	举办开题答辩暨实践教学研讨会	四川美术学院校党委副书记左益、中国建筑装饰协会信息与科技委员会孙晓勇秘书长作为特邀嘉宾及领导出席
14	10月19日	校外导师张青（筑奥景观）举行导师讲堂	在与导师交流过程中，获知研究生对于陌生城市的不安全感，加之罗湖宿舍为老小区，研究生加班夜归存在不安全因素，YANG 提出为研究生购买意外保险
15	10月24日	研究生选题报告修改，确定并提交	根据开题答辩期间，校内外导师所提出的意见，进行选题优化
16	10月26日	校外导师程智鹏（文科规划设计研究院）举行导师讲堂	程智鹏老师在分享过程中，提到与泰国高校的访问、交流之旅，建议工作站可加入外出游学考察，后经工作站商议，出于进站期间安全考虑，不集中组织外出考察
17	10月28日	为9位进站研究生购买商业意外伤害保险，保期至2018年8月22日	确保研究生们在上下班路途中的人身意外
18	10月31日	进站研究生住宿补贴使用明细公示	因住宿坏境导致研究生对每人1800元/月的花费存有疑问，故公开所有住宿费用花费明细
19	11月14日	研究生刘洪琴从罗湖宿舍搬至福田宿舍	搬至福田宿舍后，研究生刘洪琴增加了交通时间和成本，工作站为其报销车费
20	12月1日	校外导师刘波（PLD 酒店设计）举行导师讲堂	刘波老师的分享一如他本人亲切、放松，在轻松的交谈氛围中，讲述他的故事和他的设计作品
21	12月7日	中期检查暨教学目标成果研讨会会议	中央美术学院建筑设计研究院院长、博士生导师王铁、HSD 水平线空间设计首席创意总监琚宾作为特邀嘉宾出席
22	12月8日	校外导师张青（筑奥景观）第二次导师讲堂	因第一次导师讲堂，张青老师晚上要出差，和同学们的交流分享不够透彻，对于工作站工作极度负责的他，组织了第二次导师讲堂
23	12月16日	校外导师颜政（梓人环境设计）举行导师讲堂	优雅的颜政老师，她的办公室一如她本人，精致芬芳，同学们进行便被颜政老师所营造的场所吸引，在设计之外，关于女性设计师的成长、服装搭配、美容等，大家也情不自禁想学几招
24	12月21日	校外导师严肃（广田集团）举行导师讲堂	
25	12月23日	校外导师杨邦胜（YANG 设计集团）举行导师讲堂	从早上9点半到下午3点，历时6小时的分享，杨邦胜老师倾囊相授，毫无保留地将他的成长，他的思考，他对设计的热爱与表达，他的坚守与同学们进行分享
26	12月26日	四川美术学院研究生张超出站，返回学校	已经研三的张超，校内课程也越发紧张，他不得不提前返回学校，进行校内学业的学习和收尾
27	12月30日	组织进站研究生参加国际青年创意文化设计高峰论坛	四川美术学院科研处处长、校企联合培养项目负责人潘召南教授、工作站站长杨邦胜先生均在活动现场，与同学们跨年相聚
28	12月31日	清华美院研究生胡易知出站，返回学校	
29	1月9号	校外导师肖平（广田集团）举行导师讲堂	
30	1月18日	校外导师孙乐刚（广田集团）举行导师讲堂	
31	1月19日	进站研究生宴请部分校外导师以示感谢	进入年底，校外导师们的工作也越发繁忙，虽有部分导师不能参加，但对同学们的精心安排非常感动，不舍话离别
32	1月20日	四川美术学院研究生刘洪琴、徐铭苑出站	
33	1月21日	四川大学研究生叶澜出站，返回家乡	
34	1月22日	西安美院研究生于静林出站，返回家乡，进入春节假期	
35	1月23日	四川美术学院研究生李林泽、天津美术学院研究生代诗敏出站，返回家乡	
36	1月24日	四川美术学院研究生张亚婷出站，返回家乡，进入春节假期	

图 1 搜狐教育频道报道截图

图 2 四川美术学院庞茂昆院长向工作站负责人杨邦胜授聘书

图 3 四川美术学院侯宝川副院长向工作站负责人杨邦胜授牌

图 4 进站启动仪式合影

第二章　过程管理

1. 进站

2017 年月 9 日上午，四川美术学院·深圳校企联合培养硕士研究生 2017 YANG 工作站启动仪式在 YANG 设计集团总部（深圳）举行。YANG 设计集团为本期工作站的启动与运行投入了极大热情与精力，从联络各企业导师、组织导师选题备课、安排学生达到行程、解决学生住宿生活、接机接待和入住安排，到工作站启动仪式的组织策划和会场服务，做了大量细致有效的工作，充分展现了一流设计企业的行政能力（附表 7）。

四川美术学院环艺系副主任赵宇副教授，工作站站长杨邦胜，校外导师孙乐刚、严肃、颜政、张青等，与 8 位进站研究生共同出席。新的一季实践教学培养，新的开始。四川美术学院环境设计系副主任赵宇副教授在当天启动仪式上详细讲解了本期教学的计划和目标，同学们也就研究选题与校外导师进行对话和碰撞。本期工作站共有 9 位硕士研究生进站，分别来自四川美术学院、清华美术学院、天津美术学院、西安美术学院、四川大学 5 所高校，通过自主选择的原则，每位研究生对应一位校外导师，实现一对一精英教育。校企联合培养硕士研究生工作站自 2014 年起，已成功举办三季。这一创新型教学模式，对研究生人才培养有重大的变革性意义，目前已被国务院学位办作为研究生实践教学改革的典型案例，重庆教委和四川美术学院都相当重视，列为 2017 重庆市教育委员会研究生教改重大项目，第四季应该在前三季的经验总结基础上做得更好、更专、更精。YANG 设计集团发起人杨邦胜先生作为 2017（第四季）工作站的站长，也作为校外导师中的一员，在会议中说道："YANG 作为此次工作站的站点单位，非常有信心能够做好这项工作，因为在四川美术学院的指导下，在其他几位校外导师及企业的支持下，能够搭建一个资源共享的平台，让同学们虽然对口一家企业进行实践学习，但可以透过工作站打通企业之间的界限，打开同学们的视野，实现资源的共享。"

聚
艺术设计学科产教合作创新性人才培养模式实践

Polymerizing
Exploration – Practice of New Cultivating Mode to Combine Industry
with Education in Design Discipline

2. 开题

2017 年 10 月 15 日，四川美术学院·YANG 设计集团深圳校企联合培养研究生工作站 2017 开题答辩暨实践教学研讨会在 YANG 设计集团圆满举行。出席本次会议的有四川美术学院校党委副书记左益，中国建筑装饰协会信息与科技委员会秘书长孙晓勇，YANG 设计集团创始人、2017 工作站站长杨邦胜，校内导师清华大学美术学院环境设计系张月教授，西安美术学院环艺系系主任周维娜教授，四川大学艺术学院环艺系主任周炯焱，四川美术学院创作科研处处长潘召南教授、环境设计系主任龙国跃、环艺系副主任赵宇教授，校外导师广田集团副总经理肖平和副院长严肃，著名设计师颜政、程智鹏、张青及 9 位进站研究生。本次会议，众多行业精英齐聚一堂，堪称学术界与设计界的一次盛会。

本次开题答辩会是四川美术学院·YANG 设计集团校企联合工作站阶段性成果汇报及总结，来自 5 所高校的 9 位研究生的开题报告在这里接受校内外导师的点评。四川美术学院校党委副书记左益对此予以高度重视，对校企工作站给予高度评价，他说："校企联合培养研究生模式作为开创性的教育模式，目前已成功开展了三季，成绩显著。今天既是我们研究生的开题答辩会和研讨会，更是我们这个模式向前发展的一个起点。我们希望学校和 YANG 设计集团加强合作，开创更加美好的前景。"

图 5 搜狐教育频道报道截图（开题）

作为校企联合工作站第四季工作站站长，杨邦胜先生也表示："中国设计发展二十多年，对设计人才的需求也在发生变化。所以，我们对学生不仅仅是技能的培养，还要培养他们对传统文化、设计趋势及当下中国自己生活方式的认知能力，希望第四季能够做得更好。"

图 6 进站研究生开题汇报现场

9 位研究生的论题是进站后，各自校内外导师结合他们在校内学习的计划和研究的方向共同确定的，其论题涉及精品酒店、儿童公园设计、乡村旅游小镇、交互设计、地域文化的探寻以及技术与艺术的结合等设计界前沿话题。本次开题答辩，9 位学生和各自的导师将对所选论题进行阐述，所有校内外导师将共同对选题价值及可行性进行严谨的评估。

图 7 川美·YANG 校企联合培养研究生工作站开题答辩会议现场

作为酒店设计大师，当学生在论及精品酒店时，面对学生对精品酒店界定不清晰的

图 8 川美·YANG 校企联合培养研究生工作站开题答辩会导师观点讨论

情况，杨邦胜先生指出对精品酒店一定要定位精准，提醒学生将研究重点放在研究精品酒店的独特性上，这种独特性可以体现在主题上，也可以体现在设计感和美学气质上。在双创的时代，创新驱动设计，本届研究生的选题也充分体现了创新性，比如"交互设计如何与酒店设计结合起来"这一论题。广田集团副总经理肖平老师表示，交互性产品和交互性体验在酒店中的体现正是他现在在思考的问题。他从这一论题中看到了这位学生思维模式和身份的转变。而这种改变，跟院校的自由体系及企业单位的实践培养密不可分。

在会上，深圳市梓人环境设计有限公司设计总监颜政老师分享了她作为校外导师对研究生的培养方法。她充分考虑研究生的培养需求，有针对性地培养，并悉心指导他们的实践工作。校外导师的敬业精神也令大家敬佩。四川美术学院创作科研处处长、环境设计系教授潘召南老师在听完自己研究生的开题报告之后，看到学生真正参与到项目设计中，并被专程安排去项目地大理进行为期 5 天的实地考察，他对培养单位 YANG 设计集团及杨邦胜先生也表示诚挚的感谢。同时，四川大学艺术学院环境设计系主任周炯焱老师也建议学生，充分利用实践单位的项目基础，理论结合实践，得出自己的探索成果。

在精彩的开题答辩会上，各位导师对 9 位研究生的开题答辩给予精准的点评和指导，针对一些热点论题，各位导师各抒己见，原本一场简单的开题答辩会俨然成了一场设计界和教育界大佬的学术研讨会，在激烈的思想碰撞中，开题答辩会成果丰硕。

校企联合培养工作站开展到第四季，有成绩也有不足，各位老师也借此机会对目前工作站的工作进行了总结，并就如何更好地展开工作进行讨论。在各位老师的集思广益下，校企联合工作站的发展方向更加清晰，并将建立更加完善的联合培养机制。

左益（四川美术学院党委副书记）：

现在高等教育发展到了一个新的阶段，十八大召开以后至十九大，我们总结前面的工作。7 月 26 号，习近平总书记发表重要讲话，中国的发展站在了一个新的历史高度，进入了一个新的历史时期，中国的高等教育，也来到了新的历史阶段，进入新的重要发展时期。目前，我国大学毛升学率已经达到 42%。实际上毛升学率是指高考升学率，指

聚
艺术设计学科产教合作创新性人才培养模式实践

Polymerizing
Exploration - Practice of New Cultivating Mode to Combine Industry
with Education in Design Discipline

所有应就读大学的学生与最终考上大学的之比。达到 15% 是大学的大众化，50% 就达到高等教育的普及化。我们要在第一个一百年全面建设小康社会时实现高等教育的普及化。高等教育有义不容辞的责任，高等教育到了一个新的转机，一个新的阶段。

我们应该做什么，学校都在思考，昨天和清华大学美术学院的张老师、四川大学的周老师以及孙秘书长谈了关于近几年来一些学校像打鸡血一样都在不断往前冲，都在想着办法。这个研究生的共同培养是我们潘老师带着大家在深圳首开的研究生工作站。目前工作站建成已有三批学生成功毕业，新进的一季是第四季。新的一季我们杨总了很大的关心和支持。深圳很能吸引人，可能不去做这个培养的事，有的研究生、优秀人才都会往杨总那儿走，尤其杨总在全国甚至是世界有相当大的影响力，杨总在共同培养优秀人才上作出了巨大贡献。那么前三季我跟潘老师一起研究，每季是九个人，现在已毕业有两届研究生，毕业后留在深圳的有六位。从就业和创业的角度来说，这也是一个了不起的成就，因为环境设计的研究生就业创业形势也是非常好的。那我们第四季在前三季的基础之上要有更大的进步、更好的发展。所以，我们今天在这里开题有这么好的氛围，这么好的平台，同时共同研讨下一步怎么走，还要我们继续做好我们的培养工作。

现在我们四川美术学院的基本发展方向是创专业性、应用型结合特色发展的一流美术学院，研究生也是一样的。政府倡导，政策扶持与产学研的结合实际上是我们学校走的一个共同方向，我们坚持的方向校企合作共同培养研究生也得到了市政府和国家教育部的扶持和肯定。行业上也支持我们教学，共同培养研究生。所以，今天既是我们的研讨会，也是我们研究生开题，我想更适合这样一个向前发展的模式，新的起点。我们希望我们研究生处、科研处、设计艺术学院、环境设计系和杨总各方更好地合作，在前三季的基础之上开创更美好的前景，培养更优秀的学生。再一次感谢今天参加的老师们、同学们，祝我们的这次活动圆满成功。

图 9 四川美术学院校党委副书记左益先生致辞

左益还就研究生刘洪琴同学的开题给出了一些意见：

我们需要一些梳理，我更赞同邦胜老总说的，现在我们中国自己的设计，包括酒店设计，在世界上应当是有很大影响力的，中国的设计就要走这条路，包括高校建设，要办出中国自己的特色，不完全走哈佛大学和牛津大学的道路。

孙晓勇（中国建筑装饰协会信息与科技委员会秘书长）：

作为行业协会，有责任知道我们的行业人才培养如何做，我们协会最大的优势就是企业资源，有很多企业希望知道如何跟学校合作，如何帮助学校深度地去做人才培养，刚才左书记已经谈了咱们关于对高等人才培养的一些政策，国家一直在用这方面的相关政策，一直在推动，不单是一个文件，至少有三个。社会力量参与人才教育也是国务院一直在谈的事情。对于我们行业协会来讲，也希望能通过这种活动让更多的企业拥有好的设计人才。上次我们在与潘老师谈话时，也意识到这个问题，即这么多年我们大学生出来后实战性的弱点。这次研究生培养我倒觉得更像我们研究生的实战教育，真正能把我们在学校学到的综合性知识结合到市场中，结合到我们的企业中，因为学校的教育体系不可能像企业一样随时升级。但是，企业是站在市场第一线的，比如杨总在酒店设计行业是很有威望的人物，能把工作站放在这儿，对学生来讲是一次很好的机会，特别是在座的这几位都是设计大师，学生有这么好的机会，我都感到亢奋和激动。刚才丽芳讲大家来了，天气降温了，我觉得这是风调雨顺，所以我想下一步，作为协会能参与到这个校企联合体系来，同时我也希望通过我们协会，包括 YANG 集团，除了每年这个工作站以外，应该把人才实习基地的这块牌子挂上，吸引更多学校进入设计企业。作为我们的行业体系，也希望更多的学校进来，更多的人才进来，更多的导师进来，包括更多的企业进来，真正把中国的人才教育往前推动。我们也会详细计划未来协会加入进来，如何真正推动人才教育、人才培养的工作。包括协会和企业的合作，我们不能看着优秀企业默默无闻，要研究如何对接国家的扶持政策精神，把相关的国家政策跟企业对接上，跟我们的事业对接上，力争让国家重视、加入这种人才培养的进程中来。

张月（清华大学美术学院博士生导师）：

首先我觉得张超同学对自己的选题"主题性对于精品酒店体验的贡献"可能不是很清晰，你很担心没有实际的项目，这个对于研究生来说很难做，甚至是有一点影响。我的想法会有所不同，校企联合培养在本科更注重专业人才与实践的结合，研究生的校企联合培养应该是研究的教育和

聚
艺术设计学科产教合作创新性人才培养模式实践

Polymerizing
Exploration – Practice of New Cultivating Mode to Combine Industry
with Education in Design Discipline

实战的衔接。我个人认为，研究生的培养并不是强调为企业的某个职位提供人才，对于企业来说也不一定要获得实际的利益，中国企业最缺的就是对未来的研究，这个从研究生角度来看反而是对学校的资源和企业的资源更有利的一件事。回到张超的选题，实际上不是你有没有项目可做，如果你在公司里可以发现一些实战的同事们所未关注到和没有思考到的问题，特别是研究生做出的研究结果，如果和现有体系或现有企业的工作流程中已经成形的方法是一样的，就没有研究的必要了，他们可能会比你做得更好，你恰恰应该得出他们没想到和没看到的东西，这才是你的研究价值所在。所以，我认为研究生工作站存在的价值在于挑战现有的方法，"你所看到的，别人没有看到，这不代表你的失败，可能这恰好是你的成功"。

肖平（广田集团设计院联合创办院长）：

刘洪琴同学"地域文化的挖掘与再生——以大理满江精品酒店设计为例"这个题目我觉得是没有问题的，校企联合培养在此之前已经走过了三年，我就想看到哪个学生能把自己的题目制定得大一点，因为你一定要清楚你来到的是全中国做酒店最全面、最权威、历史最悠久、业务覆盖量最大的公司，就像刚才孙秘书长所说的，你作为一个研究生为什么不去研究这些数据，整体上从一个高度去研究杨邦胜酒店设计走过的这十多年他所涵盖的酒店这样一个大的研究点，我觉得不要浪费这样一个平台和题材，以及如何在酒店设计行业中做得如此坚实，业务与信息量做得如此之大，我想这也是杨总很想去梳理的，这个放到市场上、学校里、社会上都是具有可研究性的，为什么一个团队能在这样单一的项目上有如此大的生命力，并且不断地成长，坚持得很好，这才是更有意义的，才是更有高度的。

周炯焱（四川大学设计艺术学院环境设计系主任）：

研究生进入公司一定是抓住他们在一线做的事情，去进行具体与深入的研究，这个是在学校里所没有的。第二，要有清醒的头脑，当同事在做一线的事情，你们有力气和时间去研究他们没时间研究的事情，他们在设计当中的一些共性的问题提取，你们既有案例又有理论基础，把二者相结合，才是论文成功的一个点。一定不要只看到现象，而是要抓住现象背后的本质，比如刘洪琴同学抓住了几个大的特点，但是还可以提高整个乃至所有地域文化的研究。换句话说，这就是我们院校提供给这些企业的一些资源，我们可以帮助他们从理论上去做一些支撑，这才是校企结合实践教学的一个意义所在。

颜政（深圳市梓人环境设计有限公司设计总监）：

我昨天晚上两点钟还在与代诗敏同学调整这个汇报，可能是我昨天讲的信息量太大，大到把以前梳理好的东西埋没了，很多她以前所做的研究又需要重头修订。在当下，人已经从物质的满足过渡到细腻的生活——艺术的追求，在众多的信息量中，我们如何把"新艺术运动美学的现代性演绎——重庆西派城艺术营销中心室内空间设计解析"这个独特的课题转化为一个物化的空间，如何把抽象提取出来，刘洪琴同学的方法是值得借鉴的。很多人认为商业空间都是很俗气的，而梓人是比较个性的公司，我们通常会把不同的感动投放在不同的项目之中，你要以一个参与者的角度看这个项目为什么这样做。

严肃（深圳广田装饰集团股份有限公司设计院副院长）：

于静林同学的思维很清晰，归纳性很强，前几年国家还在关注养老这一板块，对儿童这一方面的重视不是很高，特别是二胎政策放开后就有很大的需求，这一课题是有一定的实践性和落地性的。在创新和想象力方面，很主动地让儿童有这方面的可能性是我们国家比较薄弱的点，我们只是关心和爱护他们，给予我们认为他们需要的东西，甚至是给予他们很多轨迹性的设施。我们希望在相对安全的环境里，让儿童自己去创造与寻找，是我们更要关注的地方。关于"城市儿童公园中的互动空间研究——以阿勒泰驼峰儿童公园为例"这个选题，我认为可以往下继续深入，它具有一定社会学的意义。

周维娜（西安美术学院建筑环境艺术系系主任）：

我发现大部分同学都是从项目入手，这没有什么问题。关键是张超同学要从什么问题入手，比如作为研究者对于精品主题酒店的问题，应该是如何利用当下的发展趋势相结合，来找一些切入点，来为精品酒店这样所谓的固定模式增加一些新鲜的血液，这是需要考虑的一个核心问题。精品主题酒店由于社会和互联网的发展需求，包括人的综合素养的提高，对于酒店的要求也有一

聚
艺术设计学科产教合作创新性人才培养模式实践

Polymerizing
Exploration – Practice of New Cultivating Mode to Combine Industry
with Education in Design Discipline

个很大的提升，对于研究生来说如何利用这些社会资源，比如新的模式上的探索或者资源可持续利用的模式来作为一个研究点。

程智鹏（深圳文科规划设计研究院院长）：

研究生在企业做"网络游戏介入下的主题乐园景观设计探索"这样一个课题，我希望有更强的时效性，这个项目其实很大，叶澜所做的只是其中的一部分，希望她能再参与更多的工作来梳理她所想要的一些思路和方法。既然到企业来就要有一定的专业性，创造性地去解决问题，毕竟是一个工作站的课题，我希望她在学术上有价值。关于选题接下来我们会进行深入的探讨，是否再把题目缩小一点，找到一个最终的落脚点。

张青（深圳市筑奥景观建筑设计有限公司创始人）：

我建议张亚婷同学用"农文旅项目规划与实施下的共享农庄可行性探索"作为选题，第一是为了人才培养，第二是希望能够在某一行业或专业上有一些突破，第三我们公司也在与台湾的公司对接，引入文旅项目的一些切入点，也希望在这上面打开一些通道，以我们自身作为尝试，希望以此作为一个思考和方法的总结。

龙国跃（四川美术学院环境设计系主任）：

我们研究生到工作站里来，最重要的是怎么来选择，张青老师抛出了几个选题，与我和亚婷共同探讨。我们当下最需要解决的是什么，社会关注的是什么都融入课题之中，美丽乡村是很贴近的，学校和老师也在做这方面的研究，我们也想为服务社会作出一些贡献。接下来的任务是做很多翔实的调研才可以对这个项目起到支撑作用。

图 10 YANG 设计集团创始人、2017 工作站站长杨邦胜先生发表观点

杨邦胜（YANG 设计集团董事长）：

对于胡易知同学"当代艺术与酒店设计的共生性研究"这个选题，我开始是犹豫的，因为在做酒店的过程中发现，艺术在酒店当中是特别重要的，其实我们所有的设计让人有感动有体验有记忆是有根源的，所以我们再升华了一些，我们企业在空间上，比如硬

图 11 四川美术学院创作科研处处长
环境设计系潘召南教授点评学生选题

图 12 川美·YANG 校企联合培养研
究生工作站校内外导师合影留念

图 13 川美·YANG 校企联合培养研
究生工作站开题答辩合影留念

的空间和软饰上，但是对艺术的关注就很少，这几年艺术酒店也在兴起，而且装修还是要在艺术的高度上，这个课题本身是很大的，由于我们本身不是搞艺术的也不是搞当代艺术的，这是一道很大的槛，但有了张月老师的鼓励让我们更加坚信这个选题是有价值的，我们要知难而进，敢作敢为就会有收获，这就是一种蜕变，对你将来的人生也会起到很大的帮助。

潘召南（四川美术学院创作科研处处长）：

我们虽然在企业里做研究，但是我们的研究一定要基于某种理论的基础，同学们普遍存在一个问题是凭感性去确定研究课题。我认为我们应该在常态下进行一些延展，因此我们需要一些理论上的建设，不论是地产项目还是其他的领域，毕竟都是站在设计的基础上去思考审美和形式的展开，以及如何以形式为手法，以空间为载体的设计表达。我建议同学们读几本书，积累一些文献的参考和资料就会为你的理论建设带来一个很实在的依据，否则我们的研究成果别人早就有了，只是换了一种说法。有些很难读的书其实是研究生必读的书，只有读懂这些才能掌握一些方法，在以后做研究的时候也是终身受用的。

3. 中期

12 月 7 日，四川美术学院·YANG 设计集团校企联合培养研究生工作站迎来中期检查会议，清华美术学院环境设计系张月教授，天津美术学院环境与建筑艺术学院院长彭军，四川大学设计艺术学院环境设计系主任周炯焱，四川美术学院学科带头人郝大鹏教授、创作科研处处长潘召南、环境设计系主任龙国跃、美术教育系主任杨吟兵、环境设计系副主任赵宇 8 位校内导师，以及 YANG 设计集团创始人、2017 工作站站长杨邦胜、著名设计师刘波、孙乐刚、颜政等 9 位校外导师悉数到场。特邀中央美术学院建筑设计研究院院长、博士生导师王铁教授，HSD 水平线空间设计首席创意总监琚宾作为嘉宾出席。

本次会议主要针对进站研究生 10~11 月研究选题及设计推进情况进行了了解和指导，

四川美术学院硕士研究生培养深圳工作站开题报告表

学生姓名	于静林	性别	女	学校	西安美术学院	联系方式	手机：1829241xxxx
				学号	12201xxxx		邮箱：55348xxxx@qq.com
导师姓名	周维娜		女	工作单位	西安美术学院		手机：1360919xxxx
							邮箱：

选题名称（方向）	城市儿童公园中的互动空间研究 ——以阿勒泰驼峰儿童公园为例

对选题的了解	选题的价值与意义	完成选题的条件与计划
选题从正在进行的实际项目出发，分析使用主体的行为方式与心理需求，在最大化利用自然的基础上，研究并总结空间中的多维互动。同时回应了当代文明发展中的重要问题，有较高的落地性	1. 现有理论知识体系中对于互动性空间研究较少。 2. 儿童常被关在家里，独自游戏，割裂了与他人共同游戏的权利和与自然亲密接触的机会。互动空间对于儿童有迫切的需求性。 3. 现有游乐场所，儿童常处于被动地位，与环境之间的相互作用单一，需要激发儿童的主观能动性。实际项目的实施对于同类项目有参考价值	1. 阅读现有的相关理论著作与博硕论文。 2. 完成实地调研，对研究对象进行数据收集和分析。 3. 对于现有的国内外成熟案例进行收集、分类与分析。 4. 参与实际项目，学习项目中的主要环节与落地细节

起止时间	工作要点	预期成果
2017.9.10 ~ 2017.9.30	了解项目概况、资料收集	对选题有初步理解
2017.10.1 ~ 2017.10.15	案例整理、文献查阅	系统分析选题内容

工作站导师意见：

　　在此基础上深入研究价值的范围，对儿童的自发性的参与环境的部分要深入研究而延展

校内导师意见：

学科点意见：

学生签名：　　　　　　　　　报告时间：2017.10.25

图 14 川美·YANG 工作站中期检查
暨教学目标成果研讨会现场

图 15 导师们仔细听取研究生汇报

图 16 进站研究生胡易知正在进行中
期汇报

图 17 阵容庞大的校内外导师团

并对未来工作做进一步明确和规划。四川美术学院学科带头人郝大鹏教授在致辞中表示，工作站取得的成果超出他的想象，感谢所有校内外导师对研究生的培养和支持。随后，YANG 设计集团创始人、2017 工作站站长杨邦胜先生对工作站 10~11 月份工作进行阶段性总结，他说："工作站自 9 月启动以来，在各位校内外导师的支持下，成功举办了三次导师讲堂，两次学术研讨会。"他提出流动教学、分享互助是校企联合培养工作站的一大特点，工作站后期还将持续加强学生与导师间的互动交流。

中期检查阶段，9 位进站研究生分别汇报继开题答辩后选题研究的进展、成果及面临的问题。在上次开题会议上以精品酒店作为研究方向的张超同学，在中期汇报中，他的论文选题有了更加清晰准确的方向，分别从主题、物质、精神、价值四方面阐述了自己的观点，并且从酒店服务设计及经营模式等更加宏观的角度来思考目前需要解决的问题。

透过学生们的中期汇报，老师们欣喜地看到大部分的同学已经实现身份的转变，逐步成长为职业设计师。比如清华大学美术学院研究生胡易知，她将故事与情感融入酒店艺术品设计中，在酒店艺术装饰设计概念中提出"希望为每棵因建筑开发而被砍伐掉的树木点一盏灯"，并提出自己的设计创想。她的校外导师杨邦胜先生深受触动，他说："胡易知同学能够将对土地的热爱以及对场地的情感带入项目中，并精准地运用到具体的艺术品设计上，这一点非常值得鼓励。"

校内外导师关心研究生在学业中的进展情况，也非常看重学生在站期间综合能力的培养，积极鼓励他们参加公司的文娱活动。四川美术学院研究生刘洪琴在汇报中提到，通过参加 YANG 组织的朗读比赛等企业文化活动，对她的胆量和表达能力都有很大的帮助。此外，通过听校外导师的讲座和参观一些展览，也丰富了自己的精神生活，开阔了眼界。

针对同学们的汇报，校内外导师也分别就他们目前面临的问题给出相应的意见和建议。四川美术学院学科带头人郝大鹏教授建议学生们在选题上要更加精准，充分利用平台优势，让理论与实践充分对接。四川大学设计艺术学院环境设计系主任周炯焱老师指出同学们目前普遍存在的问题，如在汇报中多是叙述而不是总结，是发现而不是研究，他希望在以后的学习中有所改进和提升。在全体导师们眼中，9 位研究生目前虽然存在一些小问题，但大家汇报条理清晰，思路明确，短短的 3 个月时间，他们的自我突破和

聚
艺术设计学科产教合作创新性人才培养模式实践

Polymerizing
Exploration – Practice of New Cultivating Mode to Combine Industry
with Education in Design Discipline

成长蜕变让导师们惊喜不已。

　　紧张激烈的汇报结束后，各位导师针对此次工作站教学目标成果展开研讨，制定落实书籍出版任务和形式、确定本期工作站研究生成果展览地点，并回答学生提出的一些具体问题。

　　四川美术学院学科带头人郝大鹏教授：

图18 四川美术学院学科带头人郝大鹏教授致辞

　　很高兴我们今天又聚在邦胜这里，内容还是和以往一样，校企联合研究生工作站，中期第四季检查。还记得去年是在广田，这个检查给大家印象很深。我们相信这届的学生在邦胜及各位导师的指导下，应该有自己的特点。昨天我就和学生讲，所谓检查，就是我们所有老师和同学积极地纠正，不是说要检查什么成果，什么内容，因为我们相信深圳的这些大师们为学生创造的一个环境、一个感受、一个体验。不在乎几个月你能做出一个什么东西来，所以放松一点，希望看到一个很轻松的环境。我代表学校，也代表参加项目的所有学校，感谢在座各位对年轻人的教育和支持，你们付出了很多，你们帮我们解决了在学校解决不了的很多事情。为了我们的学生有一个好的收获，大家付出的东西很多，同学们应该感受到。希望这种联合培养真正走下去。

　　我的学生张超的选题不仅仅是解决一个设计的问题，它要回应经济的、社会的很多问题，但最终还是用文化来统领。孙乐刚老师给了他一些游刃有余的控制，让他能够发挥成这样。关键是下一步的问题，在深入探索这个关键点上你们有好的条件，你们的导师让你们接受一些实际的项目，然后在他们的引导下，在他们团队的帮助下，一个项目的体系搭建出来。研究生不是本科生，设计的内容应该有研究的问题，就是学问要体现出来，我们要进一步与各位在校的老师考虑怎么样去引导，不要拿出来是一个项目，而没有研究，没有学术点，没有研究思想，那可能就背离了研究生培养的目标。我们深圳的校外导师的公司特征很明显，很强，所以需要注意学生进入企业的时候要商量好，最终引出什么话题。要将企业实践的选题与学生的校内培养计划建立联系。

　　作为校外导师解决的是方法上、体验上能做什么，具体工作中的案例讨论，这就是教学，不可能写成具体的教材，这个估计难度有点大。企业是不可能有教材的，他们培养学生不可能按照教材来进行，否则又成为学校教学了，它应该是一个实验性的教学，一种实验性教学的方法，这是一点。第二个问题，以前怎么执行的就按照以前一样执行，在这个基础上提高品质，时间很紧，要按照时间来安排事情，不是我们今天想什么事情，就能一下做出来的。第三个问题是教改，教改项目有结题，应该总结对教学提供了什么好的经验以及存在什么问题，和国家研究生培养计划有什么冲突和不对接的地方，这就是你的改革。怎么来解决不对接的问题？比如说，导师带的研究生不止一个，也不是所有导师的研究生都能进这里来，你怎么把这个关系处理好，这就是教改的研究问题。现在跨出来一步，给学生搭建了一个很好的学习实践平台，这一点已经是改革了，已经是很大的突破了。校外导师都是很有经验的设计师，来给学生讲方法，传授知识文化，值得总结的经验有很多。

本科教学讲专业方向、景观、室内等，研究生不能局限在这种专业圈子里。导师提出带什么课题，他肯定就按照这个课题的要求与研究学习，毕业的时候要将课题成果交出来。要避免学校培养计划与工作站培养之间出现严重脱节，比如，计划课题是外科，到工作站变为内科，毕业时的成果是牙科，培养计划变化太大、太突然。这虽然是改革，但没有遵循规律。

结题的书要出，可多谈问题，多谈经验，反映出现在教学过程的不适应，反映探索的新路子，反映管理体制和教学改革的矛盾，把成果摆出来，也把问题摆出来。设计展览重要的不是展示学生的作品，更重要的是教学的过程和讨论，学生学的东西很多，又下到工地、接触案例，这些才是精华。展览可以按以前的办法举办，如果有条件，也可以在深圳举办一次，学校相关师生都来，让他们都看看实际的教学环境，看看如何带学生实践，单纯在学校展览，不利于让人家理解联合培养的过程和优势。

图 19 中央美术学院建筑设计研究院院长、博士生导师王铁教授与校内外导师交流观点

中央美术学院建筑设计研究院院长王铁教授：

我的学生去年也从这个课题组出来的，我也和他深聊过，有利有弊。我们看一个问题要看本质，就是具不具备一定的能力是最重要的，所以对于研究，本科是一个基础，研究生是研究能力和方法的掌握阶段，真正研究阶段是博士阶段。但是我觉得在研究任

聚
艺术设计学科产教合作创新性人才培养模式实践

Polymerizing
Exploration - Practice of New Cultivating Mode to Combine Industry
with Education in Design Discipline

何一个事情的过程中，包括我入学两年的博士，一名已经是副教授，我们指导他开题时发现了一些问题，说明不能轻易把这些学生在本科或者硕士的时候给放走，要有连贯地系统教育，否则他将来一旦走入研究岗位就相当困难，非常尴尬。刚才我看各位老师已经说清楚了，我们理解这些学生，全中国的学生都一样。

从国际层面来看，你所选择的方向在国际学术上到底进行到了什么程度，别研究半天，国际上这个东西都已经相当完备，所以一定要进入国际层面。再一个就是国家层面，解读政策，你不解读政策，看到什么就想研究，这也是不可能的。再一个是从省、市、县级这个层面，它对国家政策的解读也非常重要。还有一个是专项法规是否具备，因为我们学生做完东西一点法规概念都没有，所以不管做景观的，做建筑的，做室内的，都离不开法规，不可能把法规抛开，这个是很重要的，如果对法规不理解，你可就麻烦了。

接下来就是研究者的知识背景，你不具备研究课题所需要的知识，却非要选一个很奇怪的东西，你自己都不理解，不知道怎样阐述。接下来就是导师的背景和巨人的肩膀，也就是说你导师是什么背景，你是什么教育背景，你自己的知识量和能力，你这个巨人肩膀站在哪儿，学生能不能从你那学点东西，你自己都没做过就让学生做，那么学生就成实验品了。所以说应试教育首先要让学生站在巨人的肩膀上，否则学生不可能进步。

再就是双向回报，学生和教师如何给企业以回报。今天我们大家都是高校毕业的，包括在企业一线的设计师也是这样，只不过毕业以后我们的工作方向不一样。实际上这些学生都没有问题，但是，我们今天处在一个很好的时代，知名的企业和学者型的设计师、管理者意识到，在中国的设计企业里最缺少的是具有研究型的设计师，在中国高校缺的是具有实践能力的设计师，所以这就很尴尬。我们和日本比，和欧洲比，在这方面较弱。日本很多建筑事务所的人都能写出论文来，但是我们论文的质量太低了。不可回避的是我们要面对这些，包括我们这一代老师，都是以特长生考学的，都是从偏科状态成长过来的，目前弥补了你就跟上了，现在招的学生也是偏科的，所以我们这种"双偏"需要弥补，这就在于我们如何去修正自己，我们在这个社会上，不敢在建筑学论坛去论述一个题目，为什么？因为你理科知识短缺。如果我们在矫正自己的学生的时候还是按我们自己成长的路来指导，就会将其矫正坏了。在座的各位导师今天能取得成功，是因为我们一直以来都在修正自我，完善自我，在这个学科里我们尽量做到不后悔，我们尽我们自己的能力，所以我们才敢开各种会去和别人一起研讨，否则的话，一说就毁了，满脑变成空白，所以这个是非常非常重要的。我在想一些问题，就是如何去做到所说的，因为我们面临的问题都是一样的，企业家的好心或者善举是最重要的，这种善良要怎么回报？那么就是未来的一种预埋，培养的学生确实很好，能够为企业带来效益和成果，这样的话，老师就成为学生成长过程中的一个好导师。再说一句话，学生能考进哪所学校不是他所能选择的，这个非常难。关键是他遇到一个好老师，这个好老师真正地抛弃自我给予你知识，能把你真正领到路上，老师没有什么特别大的本事，就是能把学生放到一条正确的路上，这就是合格的老师，中国有句话说，"师傅领进门，修行靠个人"。修行你做不到，那根本就不行了。老师是学生的刹车，我们不能让学生漫无目标地随意写，在选题时就要给以合理限定。选题不在于大，研究在于方法。刚才这些选题几乎都是一个类型，大多用情感去写论文，用情感去进行判断，不去解读国家对乡村的上层建筑。今天乡村已经在精准扶贫，而你还在搞美丽乡村，那是不可能的；城镇已进入智慧城市，你一点都不融入，我们隔着时代去研究过去就没有意义，如果我们要勾画一条界线，我们都属于非物质文化遗产类的人。国家提出了弯道超车的设想，依靠的是大数据、智慧城市和新科技，我们应该给学生一些启示，迎接前瞻性的理念，往这上面走一点，否则的话就是一条直线，老是沉浸在美好的、祖宗传下来的遗产上面，动不动就把祖宗的遗产搬出来，但实际上，也就是看了点资料得出来的。这个台上大家都没交流的共同语言。十九大说到人类命运共同体，实际上我们教师和设计业的共同体就是让我们培养出的孩子真正具有研究而不是发现的能力。我们现在很多学生只具备发现的能力，而不具备研究能力，所以，需要更多地提升研究能力，我希望通过邦胜这个平台，教师和学生一起进行实践。不是任何老师都具备实践能力的，不是任何老师都能把中国古建筑结构名称讲解得完整清晰，所以我们尽量要目光向前，过去的东西都已经研究得非常完备充分了。我们要把发展线上缺失的部分补上，或者建立体系把旧的观点否定了。我们要克服艺术类院校老师和学生的缺陷，走出一条真正和工科院校交流的路，那么设计就变成了广义的空间设计。

杨邦胜（YANG 设计集团董事长）：

我很高兴刘洪琴同学有一个很大的蜕变，开始是很柔弱的，经过一段时间就变得很强大，中途有一段时间她找到几个感兴趣的点进行深入研究，但是结合一个落地项目看如何把思路和方法结合

聚
艺术设计学科产教合作创新性人才培养模式实践

Polymerizing
Exploration – Practice of New Cultivating Mode to Combine Industry
with Education in Design Discipline

起来。我只是引导并不是强压，今天的汇报完全是她自我认识醒悟和积极行动而总结的，我希望还是要有深度的研究，希望各位老师能给予更多的指导。

张月（清华大学美术学院博士生导师）：

我认为李林泽同学的本土化和在地化二者没有什么太大的区别，这只是表达上的不同。本土化与在地化是一个长盛不衰的话题，有很多正反不同的观点，一种是全球化的趋势，还有一种是国家或者民族意识的觉醒，这两个始终是处于一种对立的状态，它们各有不同的背景作支持，各有自己的道理。我个人认为随着社会发展趋同是完全避免不了的，这是社会进步的必然结果。强调在地化其实是人的一种心理反应。在地其实是设计的一种在地，而不是通过设计去表现在地。这是两个概念。

周炯焱（四川大学设计艺术学院环境设计系主任）：

今天大部分同学都在汇报最近在公司所做的事情，但是我们更希望听到的是你们通过做这些事情收获了什么，缺少总结。综合院校会比较关注逻辑性，专业院校更关注一些节点上的东西，所以两类不同的院校相互交流学习是最大的收获。眼光一定要长远，但是要关注到点上，包括论文的梳理和设计的表达，不要全部都涉猎，而是要有选择性地研究。

潘召南（四川美术学院创作科研处处长）：

我想重点谈一下几个汇报让我印象比较深刻的同学，第一位是李林泽同学的在地化和本土化，选择的这两个点是非常好的，在地化不等于本土化，一个项目落地和本土化没有很大的关系，客户的诉求不会受到传统的影响，但是我们做项目时一定会考虑本土化的东西，落地的地方本身所具备的特点应该加以利用，把它的优势能够更好地展现出来，这是一个很重要的依据，本土与再生属于相辅相成但又相冲突的一个关系，只有把目标定位明确了，才能获得有价值的研究。

图 20 YANG 创始人、2017 工作站
站长杨邦胜先生总结中期工作站情况

龙国跃（四川美术学院环境设计系教授）：

我认为这次的部分选题还是有些一些模式化和程式化，特别是在研究思路上，亮点不够，在主题上缺少一些创新的东西作为专项研究。景观选题上的类别和价值上应该有进一步的提升，当下社会对环境有什么需求，可以选几个有价值的点进行探讨，就可以避免选题雷同。关于张亚婷同学的选题，寻找一些方法来挽救一个快要消亡的村落的形态和产业，运用乡建的策略进行定量的思考，创新点是通过对火山古村落宗族文化对景观的影响进行研究。

赵宇（四川美术学院设计艺术学院环境设计系副主任）：

学生到企业里来的价值是可以使研究在实践中落地，和学校的概念设计有所不同。我们都知道做设计肯定是要有节点的，比如节点大样图，我们不把它当作设计的要点和关键点与思考，而是推辞给施工环节去解决，从而导致设计的表象化，特别是学生的设计更加突出。人们没有这个意识，有两个原因：一是我们都会从文化这些高层次的角度上去阐释设计，往往忽略设计的本质；二是我们很多都是从美术学院毕业的学生，对节点意识不全，甚至完全陌生。所以，希望徐铭苑同学通过"细节的延伸——节点设计对室内风格形成的价值研究"这个选题的研究，可以找到一个形成室内设计风格的新途径。肖平老师安排了一位懂得施工的技术人员进入课题的辅导当中，让节点的显像应用成为设计师的一种觉醒，成为风格形成的重要手段，这是很有价值的。设计还要继续深入探讨。

颜政（深圳市梓人环境设计有限公司设计总监）：

我觉得学生在半年的时间里参与这些公司的设计工作其实都是很肤浅的，至少在我们公司以他们现在的积累是不可能去解读任何一个项目的，并且现在商业项目的压力还是很大的，所以在这样短的时间里我认为是很难拿出一个有深度的设计的，我更赞同一个研究生到公司应该总结我们的方法，也是从我们这一时期自己和行业里的创意人的作品中寻找方法。就是用我们的现有成果去做更深入的研究，这是很有价值的，可以为后来的人们提供大量的参考。研究生要有计划性，看哪些书、资料、电影，包括与同事一起到工厂去实体考察，最后形成一套有血有肉的研究成果。

聚
艺术设计学科产教合作创新性人才培养模式实践

Polymerizing
Exploration – Practice of New Cultivating Mode to Combine Industry
with Education in Design Discipline

程智鹏（深圳市文科园林公司设计院院长）：

叶澜是一个非常优秀的学生，她在公司参与了很多工作，包括出书和海报等，很有收获。她的智慧在于她有自己的方法，对"乡村旅游中的特色农业生产性景观设计研究——以贵定县云雾镇生态旅游项目景观设计为例"这个课题准备得很充分，基于前期的调研成果，通过借鉴，形成了自己的一个观点，这是研究生阶段很重要的成果。

彭军（天津美术学院环境与建筑艺术学院院长）：

艺术类学生写论文时往往缺乏学术的高度，更多的是增加一些感性的东西。严格意义上讲，论文要写到一定的高度，实际上对艺术设计专业的学生来说，需要很大的提升与自我修正。我想谈一下"调研"这个问题，学生们现在还相对局限在一个很狭小的圈子里。想要形成自己的学术观点，首先要对你的课题进行多方位的分析，其中调研是非常重要的，今天汇报的学生中有很多缺乏科学性和深入性，其实调研分为两大类：一类是普通调研，另一类是专业调研。关于专业调研是指社会上的学者从其他方面来论证这个调研，来丰富论文的分析能力和对项目的科学性的考量是非常重要的。调查问卷这种形式的调研实际上是远远不够的，这很容易形成现在感性的设计，科学性与学术性的观点偏少，最后的设计成果可能还是表面的样子。我们要做的不是简单的艺术性的东西，而是非常严肃的深入社会上的一个问题进行探讨。来到深圳是学习如何做好设计，根据所学的再形成自己的学术观点，这就是此行的意义所在。

杨吟兵（四川美术学院美术教育系主任）：

我认为叶澜同学的 PPT 是九个同学中做得最好的，她在阐述时所用的数据和案例以图形化的方式进行表示具有很强的逻辑性，值得肯定。李林泽和张超同学一个是新疆题材，一个是西藏题材，都是主题型酒店，难度比较大，难在对文化的把控上，很容易做得符号化和表面化，真正要让文化在酒店中得到体现是一个非常有挑战性的实验，刘洪琴同学提到文化的挖掘是非常有意思的。代诗敏和胡易知都是以艺术作为主题对课题进行研究，是很有意义的。重点谈一下胡易知同学的选题，在当下很难去对艺术和设计进行一个断定，二者已经融为一体，当代艺术与设计的结合就是观赏性的东西与实际相结合，她的思路和思想在今天已经表达出来了。张亚婷同学的题目，我认为太大，

图 21 川美·YANG 校企联合培养研究生工作站中期检查合影留念

应该在后续进行调整斟酌。徐铭苑同学的细节延伸选题很好，但是题目的顺序上有待斟酌，室内风格绝对不是节点所决定的，但对细节的研究应该给予肯定。

孙乐刚（广田装饰集团股份有限公司董事）：

作为企业来讲，要重视每个学生的特点以及他所感兴趣的点，企业中的一些东西已经成形了，一些经验和方法也有所积累，这对学生们来说是有意义的，不论是对他们未来的职业，还是现阶段的学术研讨都会有一定的帮助。每个设计师的价值不同，我们也在思考如何把他自身价值发挥出来。我认为同学对项目的参与相对来说不是那么的重要，如果直接把学生的作品拿给甲方这样也是不现实的，所以更多的是要帮助他们去更深层次地进行挖掘。

刘波（深圳刘波设计公司董事长、设计总监）：

李林泽是一位很聪明上进的同学，"设计中的差异化及其阐述"这个选题是她从我们众多项目中挑选的两个，林芝的项目挑战很大，是一个旧建筑改造的项目，它与我们实际的本土文化离开得比较远，林芝又是藏地里的绿洲，所以她认为这是一个很具有特色的项目，希望她能把这些最初的感受很好地延续到后面的设计与研究之中。

聚
艺术设计学科产教合作创新性人才培养模式实践

Polymerizing
Exploration - Practice of New Cultivating Mode to Combine Industry
with Education in Design Discipline

四川美术学院硕士研究生培养深圳工作站中期研修报告表

学生姓名	叶澜	性	女	学　校	四川大学	联	手机：1582857xxxx
		别		学　号	1582857xxxx	系	邮箱：51276xxxx@qq.com
导师姓名	周炯焱		男	工作单位	四川大学	方	手机：1380823xxxx
						式	邮箱：2743xxxx@qq.com

研究课题名称 （论文／设计）	论文：网络游戏介入下的主题乐园景观设计探索
	设计：开封恒大童世界"璀璨中华"组团景观设计

主要研究内容描述	主要阶段成果摘要	问题与解决措施
新时代下网络游戏与主题乐园作为两种典型的文化形态与娱乐形态，在文化内涵、社会功能、市场特征等方面具有极好的契合度与互补性。针对这种新类型的主题乐园如何开发以及在景观空间中如何设计的问题，本文从四个方面展开研究：1. 对国内外相关理论研究进行梳理；2. 对同类型主题乐园实践情况与设计手法进行针对性分析；3. 网络游戏在主题乐园中的介入形式；4. 提出网络游戏在主题乐园中的实现手段及设计手法	1. 对"网络游戏介入旅游"、"网络游戏介入主题乐园"两方面理论研究现状做出梳理总结，明确了现阶段课题研究的重点。 　　2. 对国内外同类型主题乐园实践情况进行广泛的资料收集，并针对其中典型的动画、电影类主题乐园迪士尼、环球影城中平面布局、活动设置、景观设计手法等进行系统分析。 　　3. 对网络游戏在主题乐园中的介入方式进行梳理与分类	对于课题实践现状的研究重点有所偏颇，放在了动画、电影以及网络游戏在主题乐园的介入形式上，应多从设计手法上进行分析与总结，并结合实地调研的方式以获得更为直观的体验以及第一手资料

附件（设计草图、研究论文框架等填写在附于表格后的附件表中，同时交报）

工作站导师意见：

校内导师意见：

学科点意见：

学生签名：叶澜　报告时间：2017.12.07

设计草图

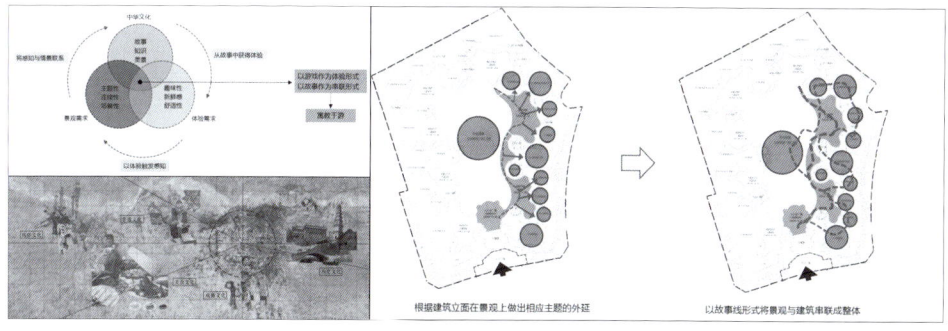

研究论文框架

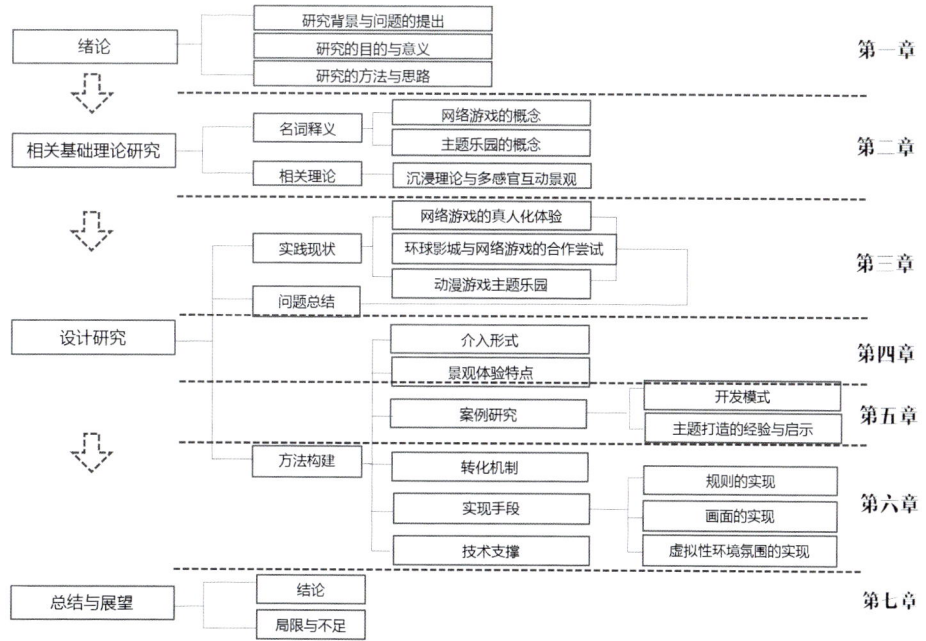

聚
艺术设计学科产教合作创新性人才培养模式实践

Polymerizing
Exploration – Practice of New Cultivating Mode to Combine Industry
with Education in Design Discipline

集中汇报节选

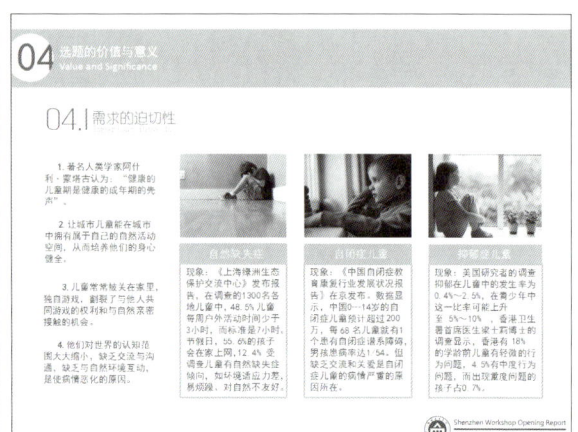

于静林

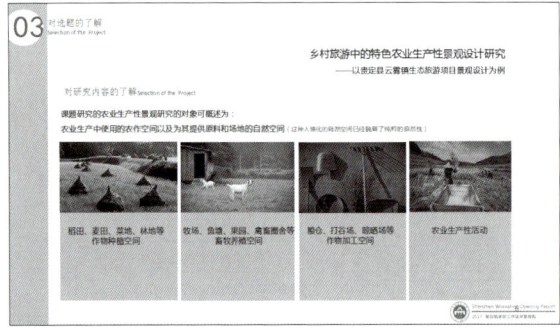

叶澜

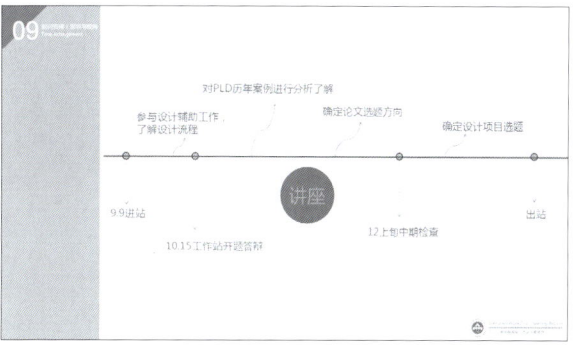

李林泽

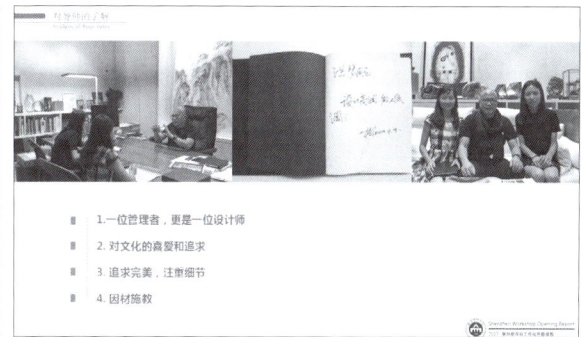

刘洪琴

聚
艺术设计学科产教合作创新性人才培养模式实践

Polymerizing
Exploration – Practice of New Cultivating Mode to Combine Industry
with Education in Design Discipline

05|研究与设计思路——项目实地调研
Idea About the Project——Field Research

B 大理当地地域性的调研

人文领域、非遗（扎染调研、木雕、扎索、三道
茶、风流会等）、白族建筑（张家花园、严家大
院、洱海东西两岸民居、建筑与服饰）

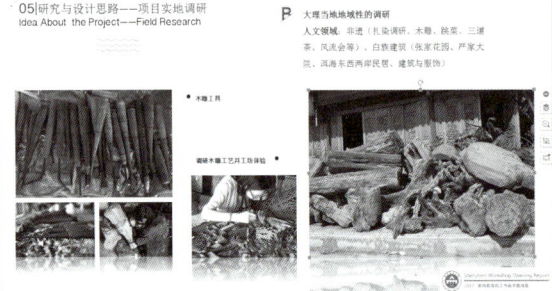

● 木雕工具

调研木雕工艺工坊体验 ●

05|研究与设计思路——项目实地调研
Idea About the Project——Field Research

· 已完成第一次采风，
将从以下四个方面整理调研材
料：

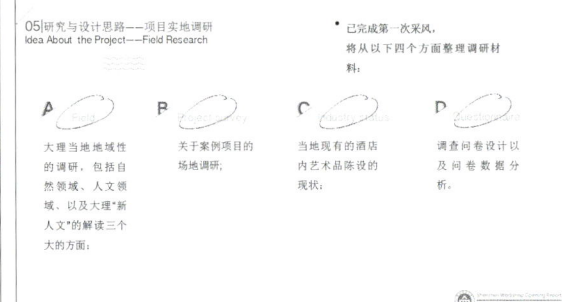

A
大理当地地域性
的调研，包括自
然领域、人文领
域、以及大理"新
人文"的解读三个
大的方面：

B
关于案例项目的
场地调研；

C
当地现有的酒店
内艺术品陈设的
现状；

D
调查问卷设计以
及问卷数据分
析。

胡易知

对选题的了解
Analysis of the Project

论文题目《艺术创意的魅力——新艺术风格在重庆寸滩室内设计项目中的应用》

选题名称：西方空间设计的经典在当下的演绎
选题理解：通过对西方经典文化背后历史人文的了解，分析人类相似的历史背景下情感的联系，并将其转
化为空间的美学体验。

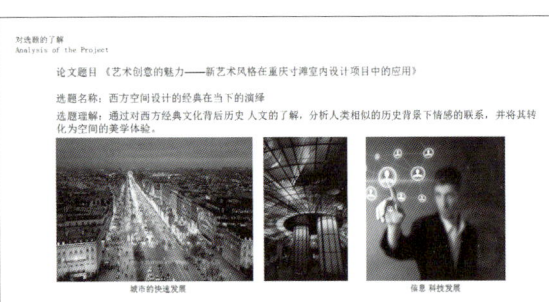

城市的快速发展　　　　　　　　　　信息 科技发展

生活美学的追求

代诗敏

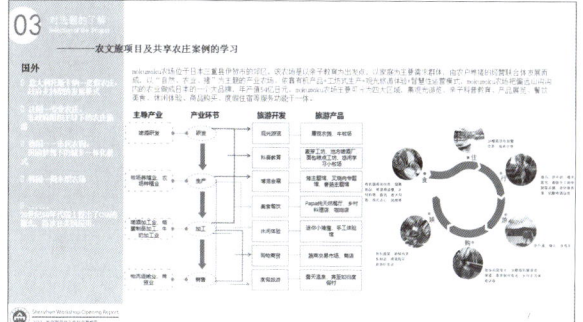

张亚婷

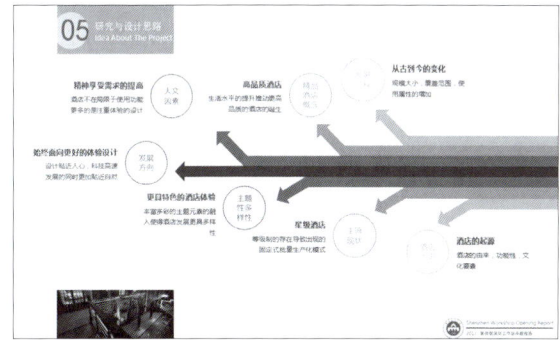

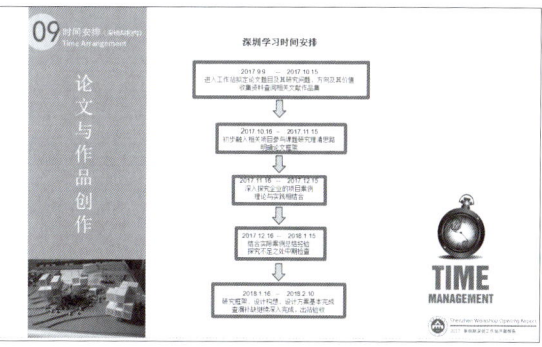

张超

02. 对导师的了解   Analysis of Your Tutor

Shenzhen Workshop Opening Report
2017 第四期深圳工作坊开题报告

04. 选题的价值与意义   Value and Significance

中国的建筑具有悠久的历史传统和光辉成就，巧妙而科学的框架式结构是
其重要的特征，在20世纪以后的现当代设计中，由于材料和技术的发展以
及设计本身的复杂程度日益提高，节点设计已经成为设计创新的重要来源，
对节点的关注使我们逐渐摆脱对外在形式的偏重，从而更加深刻地关注建
构体系本身和设计内涵，加强对节点本质的探讨，充分发挥节点在室内设
计中的积极作用，可以使功能、空间、环保等问题得到更好的解决，从而
创造出富有创新精神、生态价值和更高艺术价值的优秀作品，因此对节点
研究具有非常重要的意义。

Shenzhen Workshop Opening Report
2017 第四期深圳工作坊开题报告

徐铭苑

第三章　导师讲堂

1. 张青（深圳市筑奥景观建筑设计公司设计总监）

讲题：答案在自己

开讲时间：2017 年 10 月 19 日

讲堂地点：深圳市筑奥景观建筑设计公司

为什么讲？

因为是一份责任！

是对这个阶段的思考总结！

是一种价值传递！

是一种思路、方式、接入点……

是自我的再认知。

讲什么？

方法？这是术……

思路？这是一种认知。可以是问题，也可以是路径。

认知？都是自我，自我的看待。

案例？每个人都有自己的看待……

答案在自己。

给谁讲？

每个阶段的你都有自己的看待。

那就是自己……

用什么方式讲？

故事，身边的故事。第一人称的角度。

故事，每天都在发生！

有一天在家里看到女儿在读文章，读得很认真。因为她既注重每个字的读音，还特地有声调

聚
艺术设计学科产教合作创新性人才培养模式实践

Polymerizing
Exploration – Practice of New Cultivating Mode to Combine Industry
with Education in Design Discipline

张青讲堂

得起伏，这在我与她的接触中不多见。我好奇地走过去问她："为什么这么认真读文章？"

她认真地告诉我，她要参加演讲。要准备一篇她喜欢的文章，到时候在课堂上给大家展示。在打开话题后，我们交流完。我提出我的看法：语气、读音、音调固然重要，但我认为讲演的核心是真实，真实自我的情感流露。甚至大言地告诉女儿，一切讲演技巧在真实面前都会显得单薄。不知女儿最后讲演如何？问过几次，都说计划改变，也不知女儿是否接受我的看法。

故事以此起头，想说明：很多的表述，都是带有自我情绪的，自我的认知，也就有自我的局限；其次，坚持自我的真实表露。希望每个人在故事中去思考和看待。

工作到现在，十九年，不算长，但经历了这个时代的变迁。一次碰巧的机会，在深圳最商业中心的位置，看到了一个屋顶花园架空层的设计。具体设计师不记得了，甲方兴致很高地带着我们去参观，一路看一路给我们讲解最初的设计。最值得他们骄傲的就是效果和材料的表现，其中最直接的表现指标：造价！他们很满意（造价不高，但效果很好）。一堆的交流后，大家形成一个共识：材料无贵贱。重在设计的搭配和手法！

这些年的发展就是一个字——快！也可以说是飞速！刚好也选择进入全国前几的城市入职，看到了这个行业的革新，见证了深圳的变迁。紧密相关的就是地产行业，我们的景观设计和工程就在伴随地产的发展中，作出成果来的。从根本看园林、看景观，中国古而有之，历史源远流长，那时是帝王将相的苑囿，是最高级别领导者的私家属地，当然那时的功能也很简单。之后，随着经济发展，文明的进步，有了不同阶层的园林，除了皇家、将相的，还有士大夫、商贾的私家庭院，也有简陋的一些文人墨客的小院——采菊东南下，悠然见南山之意境。

现在的园林、景观是在经济发展为主导，不断完善人居生活的产物。简单点从地产可以看出：取名！早些时候是这个村、那个苑的，慢慢地就是国外名字："圣莫里斯"，"帕提欧"、"萨尔斯堡"、"威尼斯"等，这时盛行欧式风；再后就是城市化、自然风多起来，什么领域、什么广场、什么MALL……XX水榭、XX麓山、XX绿景、XX缇香等，这时的中国到哪都是工地，都在为达到发达国家的城市化率65%努力。设计院没有停下来的时候，感觉瞬间很多境内外公司犹如雨后春笋般生长，汇报方案见几个国外设计师那是常事；再往后，楼盘名就是科技和时代代化了：数字！"珠江 1 号"、"长江路 9 号"、"中华路 1 号"、"中山路 99 号"……这时的房价就是每平方米成千成万地涨了。到了现在，停下来回顾一下，思考这一变化，变化了什么？带来了什么？就是：快！

很多设计师没时间、没机会花时间走到生活中去。更多的是在工作，在加班！同事调侃最多的就是：我要不在加班！要不就是在去加班的路上！记得有一年的年会话题：让灵魂跟上我们的脚步！因为我们周边都快，快速发展，没有太多的关注、关照内心、内在。很多设计、很多工作变成了就是工作，没有灵魂的设计，没有温度！一次汇报会上，看到业主方直接咆哮起来，那时设计师已经石化在那……后来，后来不知道那位"设计师"还有没有在从事这份工作，好久没有他的信息。

设计的本质主体是人，为人不断改变的需求而创新。这一切的形态和内容不断地提升转变，唯一不变的就是变化！为了适应、为了不断地满足变化，不断地创新。在这些后面似乎藏着个不变的"道"。我个人认为那是人与人之间、人与物、人与周边的一种氛围，一种场，她的表现、我们的感知：温度，就是一种生活的态度。会用心感知，会用心看到的生活。

在城市待得久了，就少了对朴质的再认知。所表现出来的就是获得快乐的方式很难和成本很高。都市社会现象所表现的幸福感整体不高，是我们自己包裹严实，既不看到，也不被看到！有一次，创业没多久，慢慢有点成绩，也就是能独立接点活。刚好那天坐在公交车上，碰到了来深圳打工的一群年轻人，因为从他们的言谈就知道他们才到深圳。他们的声音充满整个车厢，我看着窗外，还在思考今天客户的信息和相关的工作，突然一阵爽朗的笑声从他们的中间传来，我回头看到他们每个人脸上挂着满满的笑容！这笑容让我记忆犹新，因为我已经很久没这么认真投入地笑过了，很多的笑都是社会笑、职业笑，缺少内心的感动和投入。这只有自己知道，因为我离生活远了，太快，没有给内心停留的机会。慢下来，静下来，让灵魂跟上我们的脚步。

我老家是旅游的目的地。很多人都去过，每年也有很多人去。有个朋友开了个客栈，很多人经常去，我和游客见到了有时也聊聊天。其中有个游客，每年都来，每年都来住上几天。他说得最多的就是：这里的人和物让他喜欢，给他感觉有温度。那天我们就坐在院子里聊了很久，一直不肯散去……

说了这么多，没有谈到任何设计。我认为设计就在身边，道不远人，只是我们需要用心去感受，

聚
艺术设计学科产教合作创新性人才培养模式实践

Polymerizing
Exploration – Practice of New Cultivating Mode to Combine Industry
with Education in Design Discipline

去获得。用心去生活，自然就是生活的设计师！这里有很多的自我，自我的自以为。就以身边所经历的人和事，提供一个参考，答案在自己！

张青讲堂

2. 程智鹏（深圳市文科园林公司设计院院长）

讲题：文化产业与风景园林

开讲时间：2017 年 10 月 26 日

讲堂地点：深圳文科园林股份有限公司、深圳文科规划设计研究院

概述

　　风景园林自来就是人类文明的一部分，是文化和历史的载体，反映了特定人类社会的文化。当下，风景园林承担着更为广阔的文化责任，作为人生活活动的环境、场所，与文化休憩相关。我们将文化作为场所与环境的特质，在风景园林的范畴内对其作出相应的表达，例如商业空间中的宗教文化、居住空间中的地域文化、城市公共空间中的民俗文化、校园环境中的生态文化等。此次分享会以"文化产业与风景园林"为主题，从老师个人的研究及实践经历出发，为同学们讲

程智鹏讲堂

述了他对文化产业与风景园林如何融合发展的思考。

文化产业与风景园林的发展趋势

文化产业是在全球化背景下产生的以创造力为核心的新兴产业，覆盖了广播影视、动漫、音像、视觉艺术、环境艺术、表演艺术、服装设计、计算机服务等各行各业。文化产业的发展不仅是我国行业发展的常态，更是国家战略发展的要求之一。而风景园林学作为人居环境科学的三大支柱之一，是一门建立在广泛的自然科学和人文艺术学科基础上的应用学科。中国风景园林奠基人汪菊渊提出："园林学是研究如何合理运用自然因素、社会因素来创造优美的、生态平衡的人类生活境域的学科"。它包括了从地理、工程到美学、哲学等学科领域，以及自然保护区、风景名胜区、旅游度假区等专业范畴，其文化与技术的双重属性使得从事的专业任务范围广大。文化产业与风景园林在领域与属性上天然相承，使其渗透到了风景园林的每个层级，从"生态策略与风景评估"到"城市双修与绿色基础设施"，再到"文旅与田园综合体"，均成为行业中发展的趋势与亮点。

从宏观层面的国家政策中理解"文化产业"：十六大召开提出发展文化产业的基本任务；十七届五中全会提出"推动文化产业成为支柱产业"；十八大报告中提出"把增强民族文化创造活力，作为建设社会主义文化强国的关键"；十九大报告提出"要坚定文化自信，推动社会主义文化繁荣兴盛"。文化产业作为一种战略资源，兼具经济与文化的双重属性以及物质与精神的双重力量，使其迅速成为现代国家重新安排国家产业调整与建构新型产业结构布局的重要选择。当前我国文化消费进入新时期，也预示着文化产业具有很大的发展空间，而在文化产业的升级换代下，大众开始寻求高雅而接地气的文化内容，随之而来的是随机性、场景化、体验式文化消费习惯的改变；同时，文化产业的发展还与科技产业密不可分，从蒸汽时代到电气时代，再到如今的"互联网+"时代，随着VR（虚拟现实技术）、AR（增强现实技术）、人工智能等的出现，文化产品与科技产品的界限日渐模糊，电影、动漫、游戏等科技产业的发展已然离不开文化的支撑。

文化产业与风景园林结合的多种形式

《易经》贲卦的象辞上讲："刚柔交错，天文也；文明以止，人文也。观乎天文以察时变，观乎人文以化成天下。"这是古人对"文化"一词最古老最有深度的解释，显

聚
艺术设计学科产教合作创新性人才培养模式实践

Polymerizing
Exploration – Practice of New Cultivating Mode to Combine Industry
with Education in Design Discipline

示出文化的多样性与复杂性。文化的本义是"以文教化"，它表示对人性情的陶冶与品德的教养，本属精神范畴，这也意味着文化产业从启蒙走向全面落地，必然离不开文化的具象体验化。 以中华传统文化为例，私塾、书院等建筑，汉服、明式家具等生活物件，道医养生、佛学禅修等宗教体验都是其文化浸染下的具体表现形式。

在文化产业与风景园林的结合下，文化由历史的载体转变为人居环境的融合、由抽象的概念转变为在特定场所、环境、产品、过程的影响下人的生活方式与行为方式。同样是喝茶，用一次性纸杯和紫砂壶感觉截然不同，温饱之上，人有更高层面的精神需求。通过文创与文旅的形式将文化融入日常，为文化产业与风景园林的结合带来多种可能，让生活摆脱"一杯白水"的乏味。台湾的文创产业发展较早，经过二十余年的沉淀开发出多元化的产业形式：从地域文化出发，地域美食、特色民宿、生态农业为其提供了很好的展示方式；猴硐猫村、九份千寻小镇、溪头妖怪村则通过自身资源的挖掘打造成特色小村镇，形成独特的文化魅力；华山、松山产业园将文化创意的多种形式集于一体；台北故宫博物院"朕知道了"胶带、阿原肥皂等生活美术商品的开发成功打造出一系列文化IP；而宜兰几米公园等则将话剧、影视、动漫、音乐演艺等多种文化成功转化，与特定的场所空间形成联系。台湾的文创产业已经融入生活的方方面面，形成了全域文创、全域文旅的新局面。 文化产业与风景园林的高度融合，打破了各行业之间的隔阂，使得以文旅驱动全域文创资源IP化和全产业链式发展形势成为可能，最终形成"生态打底、策划先行、文化为神、产业为形"的发展模式，达到资源整合、协同发展的目的。

文化旅游的探索与实践

文化旅游作为新兴产业，是文化产业与风景园林结合的具体表现，文化创造旅游，旅游体验文化，文化与旅游相互渗透，使得文化有动感、旅游有质感。乌镇以典型农耕小镇为基底，在优化本地特色环境的基础上，打造了戏剧文化节，而互联网大会的举办更是将其升级到了互联网小镇的高度，准确地将文化、旅游、科技三者融为一个整体。

在文化旅游的探索与实践过程中，如何体现文化产业与风景园林的结合成为我们关注的重点与难点。首先进入公众视野的是历史老城区，因其存量丰富的历史文化资源，拥有大量未开发、可开发、易开发的物质及非物质文化遗产，因此在保护生态基底与文化廊道的基础上适度开发，以绿色、宜居、可持续的环境带动区域发展尤为重要。其次，在全域旅游的发展过程中，重视地区资源优势、产业特色鲜明，并能够以创意的集聚，推动文创全域覆盖；其三，在特色文旅小镇的建设过程中，更加注重的是旅游配套设施的完备，在旅游产业高度成熟的今天，同时需由旅游目的地向文化沉浸地转型，在公司设计项目《梁山影视文旅小镇》的实践中我们就以水浒梁山 IP 引导小镇建设，将影视拍摄与餐饮、住宿、娱乐功能等结合在一起，利用影视配套产业带动民生经济。

给同学们的学习建议

在分享会最后的交流过程中，针对同学们最关注的问题，老师对大家的学习及实践过程提出了建议——"多临、多看、多想、多走"是作为一名设计初学者尤为重要的习惯。

"多临"在于对优秀设计师设计思维的学习，找 5 位自己认可的大师，研究他们的历程、作品，思考其背后的设计逻辑与结构；而"多想"，是看到别人的设计作品或设计方案时，想一想"我会怎么做？我想怎么做？"在平时的生活工作中多这样去做，从而形成一种思维习惯。

刘波讲堂

3. 刘波（PLD 刘波室内设计有限公司董事长）

讲题："破茧成蝶"——刘波分享会

开讲时间：2017 年 12 月 1 日

讲堂地点：PLD 刘波室内设计有限公司

分享会以问答的形式展开。

问：刘波老师的人生经历，重要的转折点，以及自己从事设计的追求。

答：20 多年前我从四川美术学院毕业后，在深圳经历了艰苦的工作磨砺。每日工作画图，积累成长的经验，长此以往成为一个习惯。作为一个有 20 年酒店室内设计经验的设计师，乐于在设计专业领域里探索求新，处理复杂的内部空间，设计风格稳健而富于挑战的项目，在色彩和造型处理上更是得天独厚、颇有心得。在与多个国际品牌酒店管理公司及酒店开发商合作过程中，积累了众多的合作成果与经验，也深谙高级酒店

聚
艺术设计学科产教合作创新性人才培养模式实践

Polymerizing
Exploration – Practice of New Cultivating Mode to Combine Industry
with Education in Design Discipline

功能和形式的和谐统一之道，并成功将国际酒店管理理念和价值观与每个项目的地域化特色进行有机的结合。

我确信有一种美可以在东方与西方、古代与现代、时尚和经典之间自由存在，并且，以此为团队和个人的追求目标。由于深知在专业的道路上，永无止境可言，在设计出动人心弦的作品过程中，体会到最好的创造来自于自由想象，而最好的成果则源于想象后的自律与自控。空间是来源于凝聚，而创造出能经历时间考验，无拘于东方和西方形式的经典，必然是来自于人们内心深处的虔诚。游走在东方与西方、现代与古典之间的室内美学是我崇尚的设计信仰。一个项目最终的成就往往得益于天时地利人和的必然与不可知的缘分偶然。

问：您认为作为研究生阶段最重要的是什么？我们应该注意提高自身的哪些方面？

答：我认为研究你所感兴趣的，并且你清楚研究的是什么，学习时光，千万要珍惜，不需要为别人的肯定而自己也可以坚持学习，很重要。

问：您的学生生涯是怎样的，为什么会选择这个行业？

我当时在学校所学习的就是绘画专业，当时给各个公司绘画室内效果图，渐渐地得心应手起来，慢慢地接触到了这个行业，所以选择这个行业是自己积累起来的，经验造就了现在的自己。

问：初出社会难免会有点迷茫，您是怎么处理的，对我们有什么建议？

答：我认为像你们这样的年轻人就是要不怕苦不怕累，要找到自己真正喜欢的事情，并且要认真地做下去才是最重要的，而不是为了工作而去工作。这个世界上没有一定的成功模板或者路径，你们所认为的成功人士都是有了自己的努力和在恰当的时间做了恰当的事。路都是要一步步走，不要急于求成，要脚踏实地。

问：您最得意的自己的设计作品是哪个，最喜欢的深圳建筑是哪个，谁设计的？

答：我认为自己每个阶段所设计的作品都有自己的特色，都是尽自己最大的努力所做出来的成果，所以我认为自己所做的作品都是自己喜欢的，关于建筑的话我认为深圳有很多优秀的建筑，所以谈不上最喜欢，都是很欣赏的。

问：我们知道刘波老师是深圳乃至中国最早致力于高级酒店室内设计领域的职业设计师，也是最早意识到要与国际接轨的人，所以想了解刘波老师是如何管理公司以及发展到现在的？管理公司最核心的地方是什么？

答：就是要有心力、活力、创造力。我多年致力于高级酒店室内设计，集聚了一批高素质的专业技术人才和配套专业人员，公司多年以来，赢得了客户和业主广泛的赞誉。坚持提供内容充实、充满智慧，体现东方特色与西方优势结合的精巧设计作品，以及坚持自己的理想——构筑实用、自然、完美的空间，致力于研究室内设计的独立和原创，时尚与经典兼容的风格。我是这样看待设计企业的，不管是老板还是设计师，就我个人而言，我认为需要 70% 的时间在工作上，20% 的时间在公司管理上，10% 在社会的公益事情上。

问：现在室内设计行业中存在的最大挑战是什么？

现在很多年轻人做事不够坚持，每个人都很聪明，但怕吃苦，都想走捷径，因此，出类拔萃的人才就少。还有就是需要不断学习，更新知识，这样才具有创新的条件，跟上时代的步伐。

问：关于民俗的酒店住宿形式逐渐流行起来，长居城市的旅游者，他们渴望接近大自然，因此民俗的室内与景观设计在很大程度上影响着人们的住宿质量，重视体现在当下酒店设计的区别在什么地方？

答：民俗的话对于设计上来说是营造一个很轻松很随意的环境空间，对于民俗来说投资相对较小，而酒店的话比较重视品牌，所以两者是有区别的。对于我来说不管是设计普通酒店还是豪华酒店，设计师应该拥有的技能或者应该拥有的原创性，要具备该水平的规划、目标和专业能力。

刘波讲堂

聚
艺术设计学科产教合作创新性人才培养模式实践

Polymerizing
Exploration - Practice of New Cultivating Mode to Combine Industry
with Education in Design Discipline

颜政讲堂

4. 颜政（深圳市梓人环境设计有限公司设计总监）

讲题：对美认知与创造——颜政分享会

开讲时间：2017 年 12 月 16 日

讲堂地点：深圳市梓人环境设计有限公司

同学们好！此次分享会我想同大家谈两个部分：第一部分是个人自身修养方面，第二部分是关于作为一名设计师的专业能力和分享梓人公司的成功案例。

设计师自身修养：

首先，我作为一位女性设计师，自身的个人修养方面不断地提升是不可或缺的。在这次的分享会中，我想说说"设计是与生活之间的关系"。当你在认真对待一个项目设计的时候，你的生活理念和价值观都会有意无意地蕴含在作品之中。如果一位对自身都没有要求的人，很难想象他对自己的设计工作会以什么标准去实现，而一个对生活缺乏热情的人，其作品的精神传达也会随之减弱，最终走向无意识的抄袭和模仿。

室内设计是一个直接服务于人的室内生活的专业，始终都围绕"人"这个概念来开展。只有充分了解目标客户的身心需求和审美取向，并在客户的审美层次之上为客户打造更符合他们要求的空间。

其次，明确对不同文化背景的"人"的理解和掌握设计的方法运用是一个设计师的基本职业能力。在设计中，对于一些不同时期流行的风格，要认真理解其存在的原因和文化现象所反映的时代背景，以及这种风格现象对现时代所产生的影响，以理智的态度和透彻的观察力去看待这一现象，从而避免盲目的跟风。风格只是一种载体，设计创新不是刻意地追求风格上的某种特征。设计虽然最终以形式呈现，但它始终反映的是人们内心的需求和设计师的内心追求。通过交流获取相互的文化认同，并选择某种具有代表性的文化形式、艺术的手法加以糅合表达，不经意间形成一种新的风格。

文化和艺术是一个整体，以艺术家的眼光来对待设计，用设计的方式将我们内心的语言传达出来，对经典文化的深入解读是不可缺少的。经典之所以成为经典，是因为它本身不矫揉造作，是一种能触动人类情感的东西。从情感的表达引申到艺术领域，艺术

颜政讲堂

是一种世界语言。艺术作品一定是思想与感性的形象表现，以象征或意象构成内在的视域，而象征或意象对于每一个人都有相似的认同，这是因为人类生存有共通性体验。我们知道人类最高的精神活动：艺术、宗教、哲学，这三者的基础都是性灵。在这里我们企图去触摸人类心灵的渴望，摆脱有限，通达无限。人类凭借自己性灵的力量创造艺术作品，设计生活的环境，希望以此塑造理想化的诗意空间，以达到自我关照，并在不断的文化诉求中完善自我。艺术与设计的形式共通性，使人们在传承自身文化的同时，吸纳和接受不同的文化，通过融合与创造，产生出适应时代与社会的新生活方式。

对"美"和"创新"的认知。创造"美"、感知"美"，不仅仅是存在于物体本身的表象形式，也包含了"真"的反应。忠实于自身"真实"的感受。不矫揉造作，用单纯的心态理解设计对象和完成自己的作品。经典的"美"，不是一成不变的，它之所以经典，是在于它代表了这个时代需要的典型风格，并能加以诠释。人们对美的需求反映出内心变化的关系，风格衍变不断地产生新的美感，而这一切都要在创新中不断发展。就像美国著名的家具品牌——艾默生宾利、贝克等，他们能够在激烈的国际化市场中保持领先的地位，是因为他们始终追求自身品牌的价值观，以"美"为本质核心，在时代与的变化中不断创新。

案例分享

通过梓人公司典型案例的讲解和设计理念的传达，证明本公司的成长历程及专业理想。对建筑空间的艺术化再塑造，不是刻意去拼凑一些艺术品放在空间中，以显示空间的艺术氛围，避免设计流于表面的装饰化。空间的艺术塑造是根据建筑空间已有的特质，将其延伸并强化，使空间的物理性被艺术的风格化而改变，但是这些改变不是单纯地移植或是拿来主义，而是重生。

重视设计的细部，是梓人公司一贯秉持的设计特质，细部设计是在设计当中不可忽略的重点。注重完整空间中的细节探索，强调作品个性与精致的深度表达。细部设计是对空间认识方式的升华，是从建筑的深层文化体系中发掘建筑象征意义的空间表达方式，也是形成建筑历史性延续的重要表现手段。通过对不同主题片段的并置，在

聚
艺术设计学科产教合作创新性人才培养模式实践

Polymerizing
Exploration - Practice of New Cultivating Mode to Combine Industry
with Education in Design Discipline

形式、色彩、肌理上不断的深化处理，形成细部的多义性效果，以及在空间上和情感上的延续。

注重项目设计效果与实际实施效果的完成率，方案理念的完美呈现并不代表实际落地后的效果会达到百分百的契合。我们更加注重在工程的各个阶段与手工艺匠和施工人员的交流与合作，形成了手工制作方式与现代建造过程的有机性结合，实现节点构造的条理性与艺术性。与手工艺匠人们的频繁沟通，不断尝试新的施工工艺带给空间的感受。

公司的形象也传达着这个公司的理念，我可以带领同学们一起参观公司的各个部门。我觉得材料间是最为丰富的一处场地，最亮眼的是为各个不同项目生产的打样样品，在这里记载了我们梓人公司设计实验的成果。

"谈起口味无争辩，谈起趣味有高低"。在最后我想请同学们欣赏一曲音乐，这是由不同的音乐团队演绎出来的，产生异样的效果是理所当然的。同样，在我们的设计生涯中，不同的人也会演绎出不一样的作品，唯有不懈地丰富自己，积累自己才可以在设计这条道路上走得长远。最后，在优美的音乐声中结束了这次分享活动。

关于读书

除了完成工作上的任务，颜老师还建议我们要勤看书，不看书思想就会容易停滞，无论是哲学或是美学书籍，还是最新一期的时尚杂志，公司里有专门的书籍室专供我们空闲时间阅读。对于一些大家的理论可能暂时会觉得晦涩难懂，但是也还要继续读，因为每一个人生阶段看同样一本书籍理解力是不一样的，只是这种印象会存留在自己的记忆中，慢慢地积累。最后随着年龄和阅历的增长，有一天会达到顿悟的状态。

关于艺术

比亚兹莱和埃尔塔的作品是颜老师喜欢的，梓人的作品中都有这两个艺术家的影子，想要理解梓人的语言，这两位艺术家的作品是必须要了解的。我们知道在中国，对新古典的膜拜已经走到了极端的状态，探索对于这种文化接下来的发展方向将是不可避免的趋势。颜老师自身对于这方面大量的书籍阅读和案例考察，加上自身对美的不懈追求，促使了她在这个领域走得更远。

在谈到《秩序感》这本书时，其中有一个章节谈到"伪善的行为各个时期都有，虚伪的奢侈却为民主时期所独有。为了满足人类求虚荣的各种新欲望，艺术只得竭尽其欺骗之能事。"模仿者为达到表面的形似而将作品蒙上了一层与其本源毫无关联的辉煌表皮，以此来掩盖其艺术的匮乏。颜老师很赞同这个观点。经济的快速发展，信息技术的急速发散，我们快餐式地消费各种文化，大多数对待各种文化现象只是蜻蜓点水式的接触，并没有真正深入地解读文化的内涵。深入了解每个项目特定的文化内涵内和精神实质，在经典与未来之间实现一个恰到好处的平衡，品位的坚持是创意的核心和依据。

印象最为深刻的一次是颜老师提及她的作品理念，她说："创造一个空间仿佛拍摄一部电影，首先，需要了解未来的精神归属和价值认同，并以此为主线，展开空间的叙事，而有关风格、材料、灯光以及陈设都是服务于特定的内在抒发即将被 DIY 重组的角色，没有哪一个角色可以孤立地存在。脱离了情感和生命感动的这条主线，任何一个独立环节都是单薄的，吹拂可散"，这句话让我受益匪浅。

关于设计师

卡洛斯卡帕的设计是颜老师推崇的设计师之一。颜老师专门去意大利参观卡洛斯卡帕的作品布里昂家族墓地，对现时场地的设计还能延续当时的理念表示很惊叹。卡洛斯卡帕的空间叙事性的组织和细部设计以及材料的应用都大为折服。空间路径的设置和片断化的并置以及细化手法，糅合建筑的历史性，也都体现了设计者的理想与追求。

5. 严肃（深圳广田装饰集团股份有限公司设计院副院长）

讲题：责任

开讲时间：2017 年 12 月 21 日

讲堂地点：深圳广田装饰集团股份有限公司设计院

12 月 21 下午，是我给同学们做分享会的时间，虽然并不认为自己有了完备的知识去讲授，但有些感触却是我想分享给他们的，或许细碎，或许片面，或许还未成系统，但我想这样交流着实必不可少，我也常常在这种与年轻人的交流中，得到新的启示。对这些来自于不同专业不同学校的学生而言，我思考了很久，到底哪部分的分享是有着直接意义的，能回应与他们的期待，也对自己有所总结，他们有所成长，自己有所回顾。

聚
艺术设计学科产教合作创新性人才培养模式实践

Polymerizing
Exploration – Practice of New Cultivating Mode to Combine Industry
with Education in Design Discipline

严肃讲堂

做了多年的设计，生活工作中的很多事需要重新思考，所以选择了灯光感受的分享，光是空间的主宰，赋予其生命，而光线无论是在景观设计还是室内设计中，都是必不可少的因素，光线的照度、温度、对比度所带来的情绪，也极大地影响着空间的情绪表达。甚至可以说，有些空间内部，光线撑起了整个空间氛围，正如在禅意空间中一束天光就能让人在空间中变得更为专注和沉静，让人能更好地感受到自然光线的情感。正如日本京都高台寺宁静的墓园中，夜晚灯光照明设计，使得简单纯粹的空间，变得神秘而庄严，更多虔诚的人聚集在这里，去祝愿也去沉思，去感怀也去畅想。光线所表达的情感是我希望他们能直接记住的感受。

真实的设计项目中，要考虑到的光照的设计，更为细致和严谨，考虑的不单单是一个时刻的光线是什么样的状态，更多地还要考虑整个空间的生命周期里，光线存在的状态是如何变化和维系的。为什么要在墙壁保留空隙，为什么要做成活动装置，都是灯光的后期维系而做的准备，而这些细节的变化，也影响着空间状态的表达，多一个空间细节，可能原有理想的设计就变得不一样了，而不能将这些细节与设计结合起来，理想的设计就仅仅能存在于图纸上了。设计师需要克服过去的难点，也在于理想与现实的不停磕碰与磨合吧。

光线和空间的关系不单单在整个生命周期是息息相关的，与整个自然空间环境也是密切相关的。这是我们不曾想象到的设计背后的故事。我在不同时期考察贝聿铭的日本美秀美术馆时，看到其中表现了桃花源记豁然开朗的隧道，给每一个访客都留下了深刻的印象。这个隧道因灯光问题，建成后做了调整，置于顶部的光源需要维修时，需要高价请工人及机械进行维修，更改过后的间接光源解决了这一问题。因为灯具色温与昆虫趋光性的考虑不周，会使玻璃灯槽中留下许多昆虫的尸体，利用人与昆虫视觉色温的差别更换灯具去解决困扰业主的难题，这便是灯光与真实环境的互动。

自然光的感染力是远远大于人工灯光的，不单单是从节能、环保、低碳等方面，更多的是自然光的变化与人之间是动态变化的。自然光的情绪来源于四季的温度不同，晨昏的强度不同，阴晴的对比不同。我分享了我最欣赏的一个设计师——路易斯·康的作品，在路易斯的作品里，我们常常能感受到不同于其他作品的难以表达的神秘感

严肃讲堂

与惊喜。这离不开他对光线的近乎极致的应用，如金贝尔美术馆中，光沿着弧形的屋顶倾泻照射，仿佛流水一般静谧，同时又避免了光线之间照射艺术品，对艺术品的展览产生影响和破坏。这个时候我很想带他们去真实地看一下那些光线跳跃的美，而不是仅仅停留在图片上。

我的这些对光线的体悟，产生于我的实践与探索，并不完全也并不一定准确，我只是展现给这些孩子们，我想他们一定有自己的观点，在他们将来的设计道路上有更多的探索与发现，一定能得到更有趣的东西。

在知识性分享结束以后，学生们问了许多的问题。包含事业上的、家庭上的、生活中的各种问题，有些问题我也未曾深入思考过，但我能感受到同学们股切地期待着这些答案。但人生没有捷径，也不能复制，我更愿意留给他们更多的空间去思考，去展望。在他们问及成长经历的时候，我回答道：我做了很多选择，而走到今天的，来到深圳是因为"吃在广东"。让我不得不感慨于，我们每时每刻的选择，可能都站在生活的巨变上，左边或者右边，结果都会不同，只有远远走过而往后回顾的时候，才发现这些选择，都带来了不可逆的影响。而此时就是站在路上远远的往后回顾，告诉了他们我所沉淀的不同的经历。这些经历是客观的立体了，不一定对他们而言是任何借鉴，但却也真实。

而最后令我印象最深的一个问题是：您对未来设计师的职业素养有什么期待？这个期待实在是太多了，走在前沿的设计，需要不停地跟随这个时代，但我斟酌过后给了这样的回答，我想这是他们更需要的部分：未来的设计师一定是复合型的人才，术业有专攻是没错的，有专营所长，便有了立足之地，而从不同的角度去解析，深度研究的同时，广度的理解和认知也极其重要。未来的设计师，需要在市场的引领之下，把握住节奏，在适合的时间节点调整成为适合的状态，和大的社会背景发生关系，实时跟进。但是，刚才提到的未来设计师前提是，要成为一个有责任心的设计师，有了责任才能被称之为一个设计师，风格只是一种表现，而做对社会大环境有意义的工作，才是发展的根本。

我不由地反思，未来时代给设计师的责任是什么呢？他们又要如何更好地承担这份责任呢？

聚
艺术设计学科产教合作创新性人才培养模式实践

Polymerizing
Exploration – Practice of New Cultivating Mode to Combine Industry
with Education in Design Discipline

杨邦胜讲堂

6. 杨邦胜（YANG 设计集团董事长）

讲题：远走高飞

开讲时间：2017 年 12 月 23 日

讲堂地点：YANG 设计集团总部

期盼

深圳的 12 月，树木苍翠，天气依然温暖。进入 YANG 学习工作已有 3 个月的时间，在这样一个拥有 500 多人的国际化大型设计公司，办公场所每天都在高速运转，中国一大批酒店项目的设计创意在此诞生。我像一个海绵，渴望快速学习吸收，同时又因为跟不上这样的快节奏，有时变成一个局内的旁观者。不过偶尔跳出单一的技术学习，站在局内看流程、看设计创意、看设计师的工作状态，也未尝不是一个更好的学习角度。

我的导师杨邦胜先生和想象中一样，亲切、和蔼、知识渊博，每次和他对话，都能收获启发，受益良多。只可惜他工作太忙，我们的对话总是围绕着研究选题而展开。但说实话，关于设计之外，我还有诸多问题和疑惑，渴望被解答。所以，当杨邦胜老师定下导师讲堂的时间，我和其他同学一样，简直求知若渴，关于他的成长经历、设计历程、如何运营管理这样一个大型的设计公司，以及他对当前酒店设计的看法等，我们罗列出近 20 个问题。

23 日一早，工作站的工作人员告诉我们，为准备当日的分享，昨晚出差归来的杨邦胜老师，在返程的航班上，针对我们的问题，用纸和笔一一手写作答，并连夜制作成 PPT。这看似是一件很小的事情，但是我想这或许就是 YANG、杨邦胜老师成功的一个缩影，不做无准备之战，在工作面前没有将就，只有最好。因为他们坚信永远保持认真严谨的态度，追求完美，才能成就卓越。

对话

Q：您是怎么看待酒店设计行业未来发展的趋势？

A：酒店设计在中国以一种全新的面貌展现在众人眼前。在全球化的影响下，显现出更加多样化的趋势，有别于传统酒店。如今的酒店具有更多的个性与热忱，以适应人们生活的方式和需求。主要有以下几个发展趋势：越来越专业、越来越有特色、越来越科技、越来越小。

Q：以往设计的变革和发展常常是跟随着生活方式的改变，而生活方式是受技术变化的影响。在现今，在互联网与智能化技术的发展大潮下，我们设计的行业可能会有什么样的颠覆性变化？如果出现变革，面对变化，设计师如何脱离原先的思维模式，如何适应？

A：创新驱动下的技术变革，网络化、智能化、信息化的普及，这是未来社会发展的必然趋势。我们作为设计师要学会永葆革命，顺势而为。现在中国酒店业已经有了信息科技的融入，虽然还处在初级阶段，技术并不够成熟，但不可回避它们对未来酒店业的影响。今后的酒店设计将不仅仅局限于传统的服务理念和方式，数据化、智能化、定制化将逐渐成为新的设计理念。而且我们要知道酒店的智能化并不仅仅是客房控制系统的智能化，也包括经营管理、设备等各方面的智能化。酒店设计引领高端人士的生活方式，必然要学会结合新技术新科技，做出符合时代需求的好设计。

Q：在所有您的设计作品中，分享一个您最喜欢的案例？

A：我从业到现在22年，做了接近400多个酒店项目，每一个作品都凝聚了我和团队的智慧和努力，所以没有最喜欢和最满意之说。工作站第四季，我带了4届研究生，每届研究生的研究选题里，几乎都有关于地域文化的探索，所以我今天想拿三个同样都在南京的项目与大家分享，用同一个城市三个不同的酒店案例，展现我们对地域文化的挖掘、运用及思考。

南京金鹰国际酒店

金鹰国际酒店位置很好，在南京新街口，但酒店只有3万多平方米，做不了国际品牌，所以我们给它定位为精品酒店。精品酒店最为重要的是需有故事性与主题性。金鹰国际酒店以民国为历史背景，引入民国时期实业救国的实业家、教育家"张謇"的故事，他在国难当头的危难时期，创办纺纱织布厂，创办学校，拯救国家。

所以，我们的设计有两个切入点：纺纱织布和教育。我们把张謇的书和纺纱织布带入酒店空间。在我们看来艺术完全超越设计，宗教又在艺术上。怎么让作品和人能够产生新的碰撞？我觉得艺术来得更直接，更有爆发力。我们将总台背景墙处理成旧的不锈钢，很有工业感。当你看不到城市的时候，看到我们调动它、营造它的场景，才会触动到客人。

南京某时尚酒店

我们想将南京这座城市的过去和现在联系起来，因为现在的南京充满活力，随着南京城市的变

聚
艺术设计学科产教合作创新性人才培养模式实践

Polymerizing
Exploration – Practice of New Cultivating Mode to Combine Industry
with Education in Design Discipline

金鹰国际酒店

南京某时尚酒店 – 大堂概念

南京凯宾斯基酒店

导师讲堂结束后快乐合影

化和中国经济的强大，南京不仅仅有民国那么厚重的文化底蕴，还有现代的活力。怎么把一个时尚酒店的个性和激情演绎起来？我给它定了一个主题叫"紫""醉""金""迷"。

南京凯宾斯基酒店

南京,六朝古都,这座城市有它与众不同的地方,包括饮食文化。做这个酒店的时候,希望找寻帝州锦韵的感觉,还原历史辉煌的盛景。酒店发展史,我们把它概括为四个阶段,我们其实希望这个酒店至少是第四代酒店。酒店大堂我们营造一种明代皇宫的气质,尤其总台背景墙设计,我们试图用发光的颜色来做一面砖墙,将里面的灯光渗透出来,泛着柔光,很舒服。

明代时,北方有28万学子汇聚在夫子庙旁进行科考,当时选拔人才只能通过科举,所以许多书生和文人进驻南京,右边的是书架,希望找到当年文化的关系。明代旧俗,每逢正月十五,家家户户彩灯高悬,整个南京城一片灯火,他们借此祈愿幸福、平安、家人团聚。我们希望用灯会的感觉来打造宴会厅。

南京周边是中国古典音乐发源和兴盛的地方,尤其在明清两代,我们希望把这种余音绕梁的感觉放在客房里面。南京凯宾斯基酒店试图挖掘南京的厚重,演绎了一个明代的故事。

有感

从早上9点半到下午3:30,在近6个小时的精彩分享中,我们心中一个个疑问,逐一找到答案。分享会上有一个插曲,杨邦胜老师原本计划分享会到13:30必须要结束,因为他年迈的父母要到深圳过冬,许久未见父母的杨邦胜老师,必须亲自去机场接机。后因父母航班晚点,他便继续将未分享完的设计案例,与我们进行分享。一如他自己所说:对公司我付出了所有的努力,对家庭用心尽力。我特别喜欢杨邦胜老师说过的一句设计理念,他说:保持内心的本真纯粹,才能做出无畏的作品。我想这堂生动的导师讲堂教会给我的,除了酒店设计,以及对中国文化的持续探索和传承,还有从杨邦胜老师身上所看到的,保持设计的初心,心中有爱,才能远走高飞。

肖平讲堂

7. 肖平（广田集团设计院联合创办院长）

讲题：喜欢与猜测

开讲时间：2018 年 1 月 9 日

讲堂地点：深圳华侨城创意文化产业园 、MY COFFEE（高文安咖啡店）

　　大部分选择做设计的人各有不同的初衷，有的在意这个职业，这个身份；有的为了儿时的梦想，有的为了赚钱当老板，有的为了实现自己的人生价值。有的甚至肩负弘扬传统文化的使命，也有的是盲打误撞，不得已而为之……

　　不管哪种类型都有一个共同点，他们大部分人都喜欢设计！而我从来就不喜欢"设计"，我应属于盲打误撞，设计之于我仅仅是一项普通而简单的工作。虽然不喜欢，但不等于不认真去做这份工作，不仅认真可能还得耗费很多精力。想要成为一名合格的设计师，这里面有大量的东西需要不断地补充与学习。干好这份工作需要掌握的相关知识非常繁杂：创意、制图、技术、材料、工艺、科技、智能、水、电、空调、灯光、陈设、设计与工艺制作、设计与施工进度、设计与成本管控、设计与经营管理……做到以上种种工作，再论"喜欢"！

　　选择设计作为自己的职业，不问"西东"，其核心是一个解决问题的工作。简单、直接、有效是它的特性。它区别于艺术创作的神秘、寓意、偶然等特征。设计注重公共性、实用性、开放性、标准化，而艺术创作是个体性、内在性、反实用、反标准的。有时候艺术创作不仅不能及时有效地解决问题，反而更多地制造了问题。从表面看设计与艺术在一个大的范畴之内，互有你我。但思维与工作的方式有着本质的区别，二者知识体系的建立、吸收及应用一开始就根本不同。

　　设计行业通过最近十年的高速发展，专业化、系统化、信息化、标准化的建立与推广取得了长足的进步，部分优秀的设计机构与设计师已逐渐与世界接轨，反射出一种积极的信号，值得期待！但同时我们也看到，目前设计行业出现一些不利于设计整体发展的现象：盲目自大，各种评优评奖活动众多，大量低俗的设计作品充斥市场，一片虚假繁荣的景象。在设计师队伍中也出现以设计之名欺世的各种类型设计师，值得警惕！我

聚
艺术设计学科产教合作创新性人才培养模式实践

Polymerizing
Exploration – Practice of New Cultivating Mode to Combine Industry
with Education in Design Discipline

们大致区分出这样几类：封闭自嗨型、妄自尊大型、民族文化骄傲型、民粹主义狭隘型。这几类设计师有一个共同点都是"格局"的问题。说"格局"也许大了，其实是一个视野和心态的问题。

8. 孙乐刚（深圳广田装饰集团股份有限公司设计院院长）

讲题：用设计成就理想

开讲时间：2018 年 1 月 18 日

讲堂地点：深圳广田装饰集团股份有限公司设计院

孙乐刚讲堂

尽管平时工作很忙碌，但我很开心能与研究生进行交流，这可以让我了解在当下，研究生们最关心和最需要的是什么。分享会上的问题让我印象深刻，第一是作为研究生的他们相比本科生来说思考的问题会更为深入，他们会去研究自己喜欢的设计师的作品，在对作品有了一定的了解之后，向我提出一个很有深度的问题：大师们的作品都会有其独特之处，我们如何才能向他们的作品看齐？

我总结为五个方面：

第一，寻找项目所独具的特点，把它的特点放大作为一个创意点。

第二，当你有了创意点之后，要学会运用讲故事的方式向你的客户去阐述你的设计想法。

第三，我们要学会关注造价和投资回报，每位客户都希望能低投资和高回报，所以当你了解这些之后才能去说服客户为你的设计买单。

第四，你的作品一定要具有落地性，这和你在学校的设计完全是不同的，需要考虑的因素会有很多。

第五，让你的作品有值得记忆的点，这也是打动别人内心的关键要素。

第二个印象较深的问题是如何塑造设计师的独立品牌？

做独立品牌首先需要一个合适的包装。当设计师与客户交谈时，要注意你的言谈举止，你代表的不是个人而是公司的形象。当你想独立就必须要有成功的落地作品和独特的设计思想，有了这些才能让客户对你产生充分的信任，为接下来的合作打下坚实基础。

与人交流是一门学问，当你用故事去表述你的设计时，会更吸引人，让更多的人关注你的设计。

最后我提醒大家，作为研究生要关注本土文化以及国家政策，当你了解这些之后再用"点水"的方式注入你的设计里，会让你的设计加分。

以上是我与大家分享的个人观点，希望在大家的研究学习道路上起到一些辅助作用，愿大家都能更上一层楼！

聚
艺术设计学科产教合作创新性人才培养模式实践

Polymerizing
Exploration – Practice of New Cultivating Mode to Combine Industry
with Education in Design Discipline

学习小记

刘洪琴

一、参加调研

大理地域文化调研：调研大理州自然地理、民风民俗。重点调研了白族民居和扎染、地域材料肌理。

白族民居：在大理环洱海一带，白族的村寨或建在平坝，或依山顺水而建，与自然地理环境融为一体。白族民居建筑形式主要包含四种形式："两耳一坊"、"三坊一照壁"、"四合五天井"、"六合同春"、"走马转角楼"。除了上述四种组合外，还有用"三坊一照壁"，"四合五天井"的单元形式组合成横列多重院落或纵列多重院落，从"一进两院"直至"一进五院"或更多的重院。白族民居建筑的构建基本要素为：门楼、照壁、"坊"、庭院（主院落与天井）、廊道。其中正坊、庭院、照壁和门楼，四个要素构成了大理白族传统民居不可或缺的部分。

扎染：主要以大理周城村段氏璞真扎染坊扎染为考察重点，对扎染手工艺流程、图案、肌理、材料进行考察和现场体验。

材料肌理：主要对大理州石材与夯土材料进行记录考察。大理民间有谚语："大理有三宝，石头砌墙墙不倒。"白族民居喜用石材，多取材于当地盛产的大理石及其他天然石材为主材。这些天然石材广泛运用于打地基、砌墙、装饰画壁、建造门窗头的横梁等。

二、参加活动

YANG 设计集团朗诵比赛：参加公司飞扬读书会，"以声传情·说出你的爱"，通过朗读的形式走进文学世界，感受经典文化的精神滋养，突破自我，收获成长的心灵之旅。

三、参加讲座与展览

1. 导师讲堂——杨邦胜《远走高飞》

通过这次讲坛对到酒店行业未来的发展方向有了一个深入感知，酒店设计在中国以

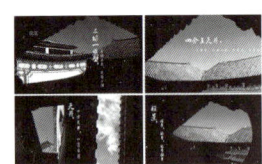

大理州白族民居调研

大理扎染调研

大理州材料调研

飞扬读书会

室内设计那些事

深圳艺博会

"文化+科技"国际论坛

一种全新的面貌展现在众人眼前。在全球化的影响下，显现出更加多样化的趋势。有别于传统酒店。如今的酒店具有更多的个性与热忱，以适应人们生活的方式和需求。主要是越来越专业、越来越有特色、越来越科技、越来越小。

通过讲堂深刻认识到作为一个成熟设计师需要的职业修养，首先待人做事要忠诚、拥有良好的职业品德、艺术修养、禀赋与格调。作为年轻设计师更应该有明确奋斗目标，学会选择与拥有一颗感恩的心。

2. 讲座——唐克扬《室内设计那些事》

与人有关的空间有自然空间和人为空间两大类，室内空间属人为空间。室内空间的作用不仅在于供人使用，还在于它可能具有很强的艺术表现力。与室外环境不同的是，室内有更多的细节和暧昧。色彩、材质、气味、空间尺度、光照条件以及空间使用中的舒适度都是空间的重要组成，人与室内空间的关系更为细腻。

3. 深圳艺博会

艺术是人们对客观世界的感知、认知、认识，对所认同的美的一种表达。吴冠中曾经说过："如今中国的文盲不多了，但是美盲很多。穿着美的衣服，有的人只是为了炫耀；另一种人，懂这是一种自我约束，为了接近体面。"

4. 线上论坛——传统文化与未来想象

"文化+科技"国际论坛于 2017 年 11 月 28 日~29 日在故宫博物院召开，同时开展了网络线上论坛，论坛的主题是"传统文化 × 未来想象"，论坛上不仅有学术研讨，也有成果展示和业界交流。参加这次论坛的人员既有来自全球各地的文化官员、学者、专家。论坛总共分为四个学习板块，包括主旨发言及三个分论坛："新思维：数字技术下的未来博物馆"、"新路径：数字时代与传统文化的新生"和"新融合：走入日常的科技与人文暨滕云峰会"。网络在线学习这次论坛，对思考传统文化与未来科技的关系，思考如何推动人文与科技的融合，具有深刻意义的启发。最后，互联网、大数据时代的到来以及云计算、人工智能的发展，在这样一个交叉综合的大背景下，设计在思维与技术层面又有哪些新的发展方向。

聚
艺术设计学科产教合作创新性人才培养模式实践

Polymerizing
Exploration – Practice of New Cultivating Mode to Combine Industry
with Education in Design Discipline

徐铭苑

由于假期在北京实习的原因，使得此次进站比同学们晚了一个月的时间，初到深圳内心其实是比较忐忑的，忐忑并不是因为来到了一个陌生城市，更多的是担心是否能够跟上大家的节奏。

为了更快融入集体，下了飞机就先后与 YANG 设计集团的丽方姐和企业导师见面，沟通之后对于此次校企联合培养的目的性更加明确了：在这里不再像学校上课那样由老师负责传授与教导，更多的是向同事和领导学习与请教，为今后毕业做一个铺垫，提前感受社会氛围。

在深圳每位企业导师都是非常忙碌的，所以我很珍惜与肖老师的交流，交谈的内容也不仅仅局限在学校甚至书本上的知识，更多的是一些个人经历及感受，这些对于我今后的职业规划有很大的帮助，夸张点说导师们无私的分享可以让我们少走 5~10 年的弯路。

在校期间，图书馆对于我来说大部分是资料查阅的地方，后来与肖老师交谈才慢慢发现，其实图书馆更多的应该是读书的地方，只有博览群书才能打开自己的知识面，这些书籍不仅仅局限于自己的专业，企业导师们也多次提到"哲学"的重要性，所以从那时起我也开始慢慢让自己多看多学一些关于哲学的知识，当把哲理与逻辑思维搞清楚后很多事情就会迎刃而解。

不得不承认，深圳是一个学习设计氛围很浓的城市，我曾在晚上 8 点去到创意园听一位北京设计师的分享讲座，本以为这样的时间不会有什么听众，当我进门后发现现场是座无虚席的。

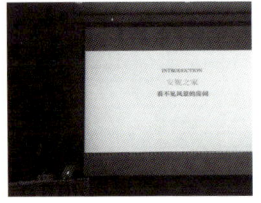

深圳的何香凝美术馆会定期举办有关艺术方面的讲座，适逢著名策展人唐克扬老师的讲座《室内设计那些事儿》，其中他提到"没有哪个西方人，会比安妮·弗兰克更强烈地懂得'室内'和'室外'的差异了。"从外表上看，"主楼"已经人去楼空，谁也想不到，后院和"主楼"通过狭窄过道相连的"配楼"里居然还藏着 8 个大活人。那无疑是西方建筑史上值得记载却又没太多人注意的一幢建筑，很多人知道这个故事，但忘

记了这座房子。安妮·弗兰克日记牵涉到一个建筑学的问题，是什么使得如此一幢普普通通的六层建筑如此惊心动魄？安妮之家是一个西方建筑中不多见的真正的内向空间——运河街有很多这样街面狭窄、进深幽邃的套房，除非仔细核算每层的面积，单纯从外立面看，一般人很难判断这个密室在楼后的存在，"配楼"没有室外，只有室内，不仅仅它仅有的几扇面向后街的窗都数年如一日地拉着窗帘，从心理上，安妮一家不得不排除了这个室外的世界和他们的任何关系，一家人同处一室，对于外在世界的全部意义，他们不得不向内寻求。而内向空间的例子在中国文化中却比比皆是，甚至成了一种理想，在这种内向空间中，室内有可能颠倒过来成了室外，而对于"大"的寻求往往要在"小"中完成。

回到安妮的世界。归根结底，室内—室外、世界—窗的关系并不单单是一些空间的游戏，而是关乎里尔克所说的一些人类文明的"严重的时刻"。徽州庭院有狭小的天井，对于绵延的宗族而言它们是"四水归堂"的象征，可是鲁迅在类似的庭院中看到的，却是被不自由切割的天空。

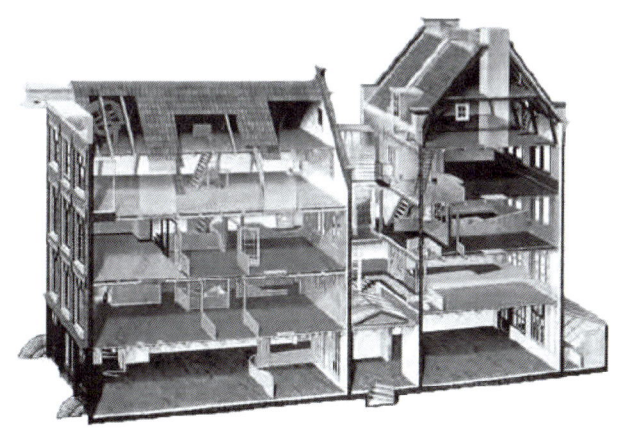

图片源自：百度

聚
艺术设计学科产教合作创新性人才培养模式实践

Polymerizing
Exploration - Practice of New Cultivating Mode to Combine Industry
with Education in Design Discipline

张超

在深圳学习和生活的这几个月，一行的小伙伴一起参观和学习了不少东西，一次我们去何香凝美术馆参观的经历也是印象深刻。

何香凝美术馆位于深南大道旁边，毗邻驰名中外的三大文化旅游景区"锦绣中华"、"中国民俗文化村"、"世界之窗"，是中国第一个以个人名字命名的国家级美术馆，也是继中国美术馆之后第二个国家现代博物馆。

何香凝美术馆整个馆建筑，像一座白色的宫殿，呈灰白色调，典雅、庄重而又不失简约、朴质、清雅，一行人一起在这里拍了好多照片留念。

进美术馆后大件背包需要在门口的寄存箱寄存，馆里一楼公共教育区有免费桶装水可以用纸杯饮用。这么高大上的地方，一定要记得放慢脚步，轻声细语。

美术馆中艺术商店里的书可以随便看，装修简洁明快，累了可以很放松地在这里休息或拿本书来看。一个免费的展馆，如此高雅，如此人性化，真的是很走心。希望以后能有更多类似的美术馆供大家学习和生活。

以一种平静的形态远离城市，以艺术家的眼睛重新凝视这个世界。在匆忙的社会节奏里，这里就是一块净土，仿佛让人自身在自然回到最原始的美。

在美术馆参观的同时，它的建筑风格、建筑特色，在光影、线条、构图的结合之下，也能呈现出不少好看的影像。

何香凝艺术精品陈列展，有毛主席致何香凝的信，以及何香凝先生的部分书画作品，值得好好看。何香凝是中国近现代集政治活动家和艺术家于一身的伟大女性。她的艺术创作，主要题材为松、梅、狮、虎和山川，比男性艺术家还大气刚毅、气度恢宏。

很多不了解深圳的人总说深圳是文化的沙漠，深圳缺乏文化底蕴，其实，在现代化的大都市深圳，不乏众多藏在大众视野之外的文化展馆博物馆展览历史古迹等，只是我们匆忙的脚步不曾为它们驻足过，感受不同地域文化带给我们的乐趣，也正是此次深圳之行的魅力。

张亚婷

2017 年 11 月 2 日，我与张青老师以及其他两位同事来到了位于长沙的浔龙河中国生态艺术小镇考察，湖南浔龙河投资控股有限公司经理、书记为我们进行了详细的介绍。

一、中央层面十分关注特色小镇的发展，2017 年 12 月，国家发改委领导将在安吉开设论坛，为特色小镇拨乱反正，讲述什么是特色小镇、田园综合体等问题。年前将开农村工作会议，2018 年 3 月 26 日将开乡村振兴大会，这都充分说明了未来乡村发展的光明前景。

二、浔龙河去年和今年较以前有较大的发展，自党的十九大以来，更加坚定了走农村经济、政治、文化、社会和生态文明结合建设的道路，这是长沙浔龙河中国生态艺术小镇蓬勃发展的又一次良机。

三、经过我们的实地考察，我们了解到，目前，长沙 / 浔龙河中国生态艺术小镇的开发分期进行。一期主要维护了青山绿水，供给了公共服务及设施配套，修建完工并使用了接待中心、公共停车场、北师大附属学校等公共服务配套类、云田谷、童勋营、少儿拓展基地、生态园、少数酒店等旅游商业类配套。我们初步游览了一期的安置区分为三条街道：商业街，民俗街以及小吃街，建筑具有徽派建筑的风格又有当地的特色；一期的酒店区域、木屋酒店与装配式酒店，充分发挥了创意产业的价值，真正走上了生态旅游发展路径。

沙盘中心

通过经理的讲话，我们了解到，此地是由政府建设公共基础设施、企业负责旅游及商业的开发与运营，农民在其中进行参与的三者结合的开发模式。其中，他较为强调 IP 地理性建设。此处的 IP 特色为田汉家乡的人物特色、教育资源板块、浔龙河生态系统、国防教育以及康养产业的发展。

田汉家乡的人物特色：在田汉老家建了田汉文化园，其中有国家大剧院，特将此处定为"中国戏剧之都"，是集戏剧演出、排练等综合功能的戏剧文化基地，丰富了生态艺术的内容。同时，也修建了田汉大道这样的基础设施，政府投资约 2 个亿，预计 2018 年 10 月呈现第一期。 在 2018 年 3 月 12 日田汉诞辰 120 周年作为重要的文化产业全面

聚
艺术设计学科产教合作创新性人才培养模式实践

Polymerizing
Exploration - Practice of New Cultivating Mode to Combine Industry
with Education in Design Discipline

开放。

教育资源板块：北京师范大学附中。引进北京师范大学优质的教育资源，以民办公助的办学模式开发建设一个集幼儿园、小学和中学为一体的北京师范大学浔龙河附属学校，培育园区教育产业引擎，树立基础教育标杆。

浔龙河生态系统：此地气候宜人、地形秀美，浔龙河、金井河、麻林河、哑河多条水系交织环绕，多河汇聚成岛。生态基地保持完好。

国防教育：引进国际先进的素质教育模式，打造麦咭启蒙岛、云田谷、童勋营、民兵训练营等多元化产品为一体的覆盖湖南省 600 万小学生、300 万中学生的素质教育基地，建成全国中小学生素质教育标杆。

康养产业：形成"乡村宜居、养生养老、健康休闲"的产品体系。

集成 5 大 IP 作为此处的特色与亮点，建设美丽的长沙 / 浔龙河中国生态艺术小镇。

长沙 / 浔龙河中国生态艺术小镇发展定位：

生态艺术小镇以农、旅、居为核心，依托生态农业基础，与政府 PPP 模式的城市基础建设充分结合，以景观农业 + 旅游产业 + 生态居住构成产业核心，颐养产业、第二居所、亲子产业、文创产业、农业产业作为项目的辐射产业为项目注入更多的发展空间，在整体规划中保存乡村风貌的同时，加入前沿生态规划理念，打造一个为当地农民提供城市生活品质，为都市人提供田园生活需求，以生态旅游为主导产业的田园综合体，一个既生态环保又原味浓情的乡村小镇形态。

企业投资方向：旅游、学校、农业等。

此项目得以成功核心：土地配置

此项目规划占地面积 14700 余亩，其中 8000 亩农地是由村民流转村集体再转企业的模式，其中 1000 亩基本农田（后期建设为农场）、7000 亩自然水土（后期建设为樱花园等自然景观），其余 4700 亩中，1700 亩用于搬迁安置、基础设施、道路、学校、水上世界、停车场等公共基础用地，为集体集约型用地，3000 亩为国有出让地，其中

500 亩商业用地、2500 亩住宅用地。

拿地方式：点状拿地 、点状安置

民生规划：宅基地置换

园区生活：实行一卡通制

长沙 / 浔龙河中国生态艺术小镇模式成功主要思路：

1.突破政策，将多项政策融合使用，尤其是边界融合（农业线——发改委——住建部——国土部门）。

2.大量资本介入。

3.产业融入持续发展：农业生产配合旅游教育、产业创新 、住宅、强化 IP。

4. 文旅：一卡通消费平台。

5.教育板块拉动人群、人流、资金流等。

6.农业：发展农村电商，实现自由农场供销社达到天天农博会，对农产品进行销售、包装，最终实现产业的良性发展的互动空间，打造为都市近郊型产业解决农村问题的标杆与样板。

7.都市近郊型产业：打造城市近郊型产业，吸纳4万~5万的城市人口作为创客进行常驻。

发展长沙 / 浔龙河中国生态艺术小镇模式的核心要素：

1.区位要素：交通便利机场 1h 以内；高铁 40min 左右，高速 30min 左右。

2.自然生态特色：生态本底好，山水好，田园好。

3.文化底蕴：有丰富的特色内容。

4.原住民风淳朴。

5.当地政府（书记 / 县长 / 人大代表）支持，意见统一，有公共设施投资。

6.策划 / 规划 / 招商 / 建设 / 运营一体化 形成产业链，强化 IP。

7.全域旅游一体化：策划 / 规范 / 拓进 / 设计 / 施工 / 招商 / 运营等全方位推进，要有策划自主权。

目前文旅开发的问题与解决途径：

1.要有空间的连续性，而不是现在的破碎化（典型失败案例：阳朔）。

2.产业产品：产业的连续性，人体验的连续性。

3.运营的体验：避免同质化竞争，没有品牌概念。

研究项目（浔龙河中国生态艺术小镇）的复制普遍价值：

1.带头人（本土乡贤）/教育家、科学家等乡贤力量。

2.从规划层面看，保护青山绿水，不突破政策红线，充分创新政策，由此利用空间很大。

3.大量资本投入，房产商土地拿地困难，撬动资本不以房地产为主导，而是配套，做混合产业。

4.优势产业创新 核心产业 + 多元产业共同发展，形成生态产业链。

其中也谈到了参与者棕榈绿地优势：大型企业 / 园林出身 / 资本雄厚 / 优秀设计能力 / 优秀项目 / 标志性地产。

湖南浔龙河投资控股有限公司柳书记强调，目前乡村振兴机遇很好，农村是一个系统性工程，单一逻辑、单一产业是不行的。乡村旅游建设是集成式的政策试点，综合运用综合项目上，不能像地产一样蝗虫式开发，推平农耕重新做（反面案例：海花岛——海南）。都市近郊型特色小镇，它是社会结构再造，打造的是生活平台，是对人口结构的再设计与生态、公共性资源配置相匹配的结果。他将未来乡村文旅划分为三部分：都市近郊型、旅游目的地型、田园综合体型等，并且有着长远的眼光，尤其在湖南省进行了战略性的布局。他提出每个小镇的核心产业特色不同，整体理念操作模式可以复制，尤其是都市近郊型。他将目光聚焦在了通道县、汉寿县（西洞庭湖田园综合体）、吉首等地，但是并不急于开发，而是全力赴于浔龙河中国生态艺术小镇的建设运营中，将它打造为千企千镇的标杆。

吉首 IP 特色（选址原因）：

地理位置：凤凰与张家界，中间高铁机场方便。

特色：土家族文化、芙蓉镇、猛洞河、湘西剿匪记、温泉。

最后他总结了他做田园综合体的原则：

1.PPP 即政府和社会资本合作，核心要领是市场资源配置交出权力，关系要对等。

2. 拥有合理的建设用地规模指标（800 亩左右）。

3. 拥有策划自主权。

聚
艺术设计学科产教合作创新性人才培养模式实践

Polymerizing
Exploration – Practice of New Cultivating Mode to Combine Industry
with Education in Design Discipline

叶澜

记得九月初去到深圳工作站时满怀新鲜与期待，能够在领域尖端的设计机构进行实践，能够与其他四所学校的同学交流学习，实在是难得的机会，但同时，面对陌生的环境与人，心里也确实有一丝不安。到达工作站时正值盛夏，被海风包围的深圳有着与成都不同的湿热。住宿的地方是早已安排好的，提前到达的室友还细心买好了水果与饮料，在出租房里把各自的物品摆放在合适的位置，添些中意的绿植，竟有了渐渐成形的家的模样。

深圳宿舍一角

与同学们的融洽相处始于第一次外出活动，大家在微信群里提前计划好，兴致勃勃地出发，这是在何香凝美术馆举办的欧洲著名收藏家哈恩·内夫肯斯先生的影像收藏展，一共 12 件作品，穿插在美术馆形态各异的空间中。观展结束以后顺道逛了附近的产业园区，九月的阳光炽烈，但大家一路欢声笑语，倒也不觉得累。之后这样陆陆续续看了不少的展览，想来这数量大约是我研究生一年级期间加起来那么多，一方面是这里确有许多吸引人的展出，再来身在异乡，反而有在城市中探寻的欲望。

何香凝美术馆影像展

在深圳看的最后一场展览是深港城市建筑双城双年展，主会场设在南头古城。这届双年展的主题是"城市共生"，这个问题的提出不仅是对于当今世界和中国城市化现实的批判性解读，同时也通过展出探讨了另一种未来城市图景的尝试。有趣的是，区别于传统形式，展品遍布了南头古城的大街小巷，艺术在生活空间中的介入与古城更新计划同时开展，漫步在绿地广场、住宅和厂房之中，处处有着惊喜与发现。

TeamLab"舞动艺术展 & 未来游乐园"灯光展现场

展览的形式也十分丰富，包括了建筑、壁画、装置、多媒体影像等，其中最让人印象深刻的大概是 MVRDV 建筑设计事务所及其研究机构智慧研究所（The Why Factory）的参展作品，展品分为两部分，一部分是在室外展出的装置《WEGO 住宅》——由不同颜色的不规则房间"拼接"而成的空间，置于老旧建筑前的空地中尤其醒目。在这件作品中，展示了对未来居住空间的一种构想，同时引导观众不再以"平方米"作为空间的度量单位，而是以"立方米"去考量因不同人群生活需求的差异化而构造的不同功能的空间；作为室内展览的一部分，智慧研究所还以多媒体影像的方式呈现了对于未

来城市建筑的构想，躺在懒人沙发上，通过视频观看他们对于建筑材料、建筑形式可能性的解读，每一帧都让人惊叹，例如 Barba 这种未来的纳米建筑材料，它可以改变形状、大小，形成墙壁、屋顶、窗户、门、楼梯、家具等多种部件，还能传输水和物件、传导电能，从而构造出与现在完全不同的细胞型建筑结构。

　　除了展览，由校外导师开设的导师讲堂成为大家每周期待的集体活动，在讲堂中导师们会针对不同的专业内容进行主题分享，此外还会和大家交流他们各自的人生经历、设计感悟等。从外部打量别人的生活时，看什么都觉得是美的，尤其是面对设计行业大师级的人物，他们身上似乎闪耀着光环，但事实上他们也都经历过困顿与挣扎，他们不

深港双年展现场

是没有面对过挫折，而恰恰是那群挣脱困境并仍然怀着最初那份真诚的人。颜政老师在分享过程中说过一句很有意思的话：你是一颗葡萄就成为一颗葡萄，你是一个西瓜就当好一个西瓜。原话记不太清了，大约是这个意思。正是这句话让我明白，面对前方的迷茫时内心也不必惊慌，坚持自己的想法而不去一味追求所谓的潮流，这是何其重要，希

聚
艺术设计学科产教合作创新性人才培养模式实践

Polymerizing
Exploration – Practice of New Cultivating Mode to Combine Industry
with Education in Design Discipline

深港双年展现场

深圳黄昏

望今后也能时时记起当初的心绪与热情。

　　"要更健康积极地拥抱生活，要更热忱投入地享受工作"——记得这是最初对工作站生活真心实意的展望，然而期间确实也有过不安和慌乱，习惯了象牙塔中的舒适，忽而到达真实的职场环境，它要你融入其中，却又希望你以第三方的视角做出审视，一下子竟然无法适应。那段时间最享受的时光大概就是和室友到宿舍楼下的小路走走，彼此诉说一天的人事、吐露心中的困惑，被夜色与微风包裹着，凉爽而安逸。同声相应大抵就是如此了，我们走不同的路，面临不同的困境，可是每次一开口，表达和理解都能瞬间达成。能与这样一群同学相处，是除了实践经历以外最大的收获之一。

　　四个半月的时间转瞬即逝，想起刚到深圳时第一件和室友抱怨的事便是这里没有烧烤摊，那时的深圳对于我来说是何其冷漠与疏远，可到真正要离开的时候，陌生已变为不舍，工作站的老师和同学成了自己欣赏和喜欢的人，好不容易刚刚熟悉起来，关系却似乎倏忽间就要断掉。这心情也许从到达机场那一刻开始翻腾，低头发了信息给大家——以后要常联系。飞机起飞，最终将这点点滴滴留在深圳，在一闪而过的山峦和云树的缝隙间，开始谋划尚未结束的工作站的日子，情绪重新饱满起来。

胡易知

大理景色

学习技艺

2017 年 9 月，我来到深圳，拿到了一个关于酒店空间设计与当代艺术品策划关系的研究课题。对应的实践案例是希尔顿旗下的满江精品品牌在云南大理的一个即将建造的高端精品酒店项目中的艺术品策划部分。因为希尔顿品牌的设计定位着重在满足宾客寻求当地特色并获得真实体验的需求，所以，我们在课题研究的初期就决定进行一次在项目所在地的实地山野采风。通过这次采风，分析该项目所在地的生态环境以及人文状态，并对预期客户进行分析，以便于为后期的设计形成带有可行性的参考。具体的不同类别的分析在这篇文章中就不展开说了，在论文中有所体现。这里就谈一谈见闻与感想吧。

大理有湛蓝的湖水、纯净的苍天、层层叠叠的白云，还有微微稀薄的空气、红褐色肥沃的土壤，有环锁在苍山山腰的玉带云和山顶的皑皑白雪。很多全国各地的游客是因为大理的美景而被吸引而来，我曾经就是这样被吸引的一份子。

本次带着紧凑的调研计划和任务来到大理，心境跟上次自己来闲逛有明显的差别。上次是冬季，算是大理旅游的淡季时段，街上人很少，好吃的很多，很平静淡然的生活场景。我在这里脱离电子产品独居了半个月，每天日出吃饭，随处逛逛，或是在庭院的躺椅上看野夫的散文。人与人之间不浓不淡、不温不火的交情在举手投足间自然地流淌着。而本次的行程则目的性更强了些。一方面感受大理，另一方面也要对当地的建筑空间形式、材料肌理和一些当地的手工艺技艺等做一个系统的实地了解和梳理。中间还要找时间把调查问卷发放出去，在这个过程中，我与当地一些导游、游客、建筑工人、民宿老板等有了一些简单的交流和了解。我在张家花园的一个白族伯伯那里了解到白族自己独特的文化风俗和他们当地的王朝更迭甚至牵带出了一些与中原地区的关系的叙述。然而，所有的历史和文化以及自然环境，组合在一起都不是全部的大理。大理还需要一个当下属于它自己的灵魂。近些年来，出现了所谓的文艺青年这类人群，虽然个人很反感这个词语。但是事实上，一些世人眼中的"文艺青年"把大理与丽江当成了心中的"香巴拉"。他们有的人来短暂停留，也有人来了就没有再走。他们不管是短短的停留或是在这里安定下来，他们都组成了大理"新人文"的一部分，且在不断地离开与留下之中。

聚
艺术设计学科产教合作创新性人才培养模式实践

Polymerizing
Exploration – Practice of New Cultivating Mode to Combine Industry
with Education in Design Discipline

张家花园

最后，关注到实际的项目上，项目所在地的地理位置以及周边环境是调研中重要的信息点。经过分析发现，满江地块交通便利，距离机场较近，且离市里时间也可以接受。但是，由于满江位于洱海的窄形水域的尽头位置，所以关于海的视觉效果相对弱。为满足品牌的层级要求，将会在艺术品上采用更有趣味和表现性的方法和点子去探索如何实现酒店品牌的要求。或许，作为点睛之笔的艺术品策划，可以弥补一些项目位置上的遗憾。

于静林

城市风貌

场地现状

随着项目的深入，课题也在不断地进行着，这期间对于方向有过茫然也有过惊喜，在 11 月中下旬，终于等到了去现场考察的机会，去那个位于中国维度最高，而且相邻三个国家的城市——新疆阿勒泰。

犹如冰火两重天的差别，从深圳的暖秋到了新疆已经是零下十五度有了将近 30 度的温差。刚一下飞机，便被这个城市的广袤与晶莹所吸引了目光，一望无际的纯白雪地，湖蓝高远的天际，风轻云淡，通透无尘。地面的雪不薄不厚、隐隐露出层层的草木，似能看到夏日的生机。贯穿着整个城市的克兰河，结着薄薄的冰层，而清澈的水流从裂开的冰面上蜿蜒而过。河水两岸卵石在雪的覆盖下深深浅浅地冒着头。顺着河流往远方望去，隐隐可见远山，悠远而苍茫，这是我第一次来到这个城市，看到它，认识它。

走在这个城市你会发现这个城市的剔透，不单单是白雪的掩盖所衬托剔透，天空、道路、建筑都是清晰而干净的。来之前早在课题需求下看了无数遍的环境所留下的印象，在真正踏上这片土地时，就打破了，城市的印象和气质，是图片所不能提供的。

整个调研的时间流程是依附于整个实际项目汇报的进程之中的。与甲方的沟通与交流中，不同的人群，对项目场地的理解的偏差，不可谓不大。在多次的汇报中，在如何更好的抓住问题矛盾点去沟通交流，如何能随机应变的展现设计方面，得到了深刻的感触。

在工作站期间其实也进行过其他的调研，例如材料调研、分享会、讲谈，以及与伙伴们一起参观有兴趣的展览，但考察与平日的活动还是不同的，需要更多、更深入的资料。而针对课题的考察，分了以下的几个部分：对城市的人文资料的收集、对场地周边关联性进行整理、对场地内部的现状一一对应。通过调查问卷、拍摄照片、平面图标注、访谈等方式，尽可能多地收集相关可能用到的资料。下面的图便是场地的样子，山脉和天空，是我不该忽视的设计底图。

在正式记录调研之余，我们在阿勒泰这个城市里游走，记录，感受，在一些谈话中，我才更深入地了解到当地人与场地的关系，以及季节对他们的影响。在这里 9 点太阳

聚
艺术设计学科产教合作创新性人才培养模式实践

Polymerizing
Exploration - Practice of New Cultivating Mode to Combine Industry
with Education in Design Discipline

沿途风景

才懒洋洋升起，人们才开始渐渐的忙碌起来，而又在 8 点夕阳落下的时刻，整个远山似是一片火红，连绵地燃烧着。这样立体印象的建立，既鲜活而又有趣。这大概就是读万卷书不如行万里路的魅力所在吧。

代诗敏

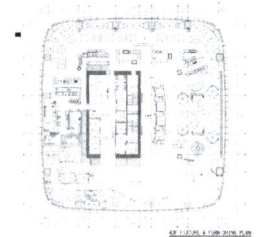

空中大厅平面

日式的自助餐厅

大厅

在这次实习期间的外出考察印象最为深刻的便是颜老师带领我们去深圳南山中州酒店的考察之旅。

在考察之前，颜老师就已经将酒店的施工图发放给我们每个人，在工作任务完成之余，要求我们对酒店的施工图先临摹学习，到真正考察时不至于茫然无知。在这次的考察中，我们将主要精力放在了空中大堂和全日餐厅以及客房的参观。

早上结束掉手上的工作，乘坐地铁来到了目的地酒店。坐酒店电梯来到空中大堂，第一个站点便是直奔全日餐厅。这是一处日式的自助餐厅，琳琅满目的各色事物，规律摆放的餐具，体贴的服务人员，让"吃"成了一种享受。当然，来到这里，不仅仅是为了丰盛美味的食物，对餐厅的构造安排和灯光的冷暖对比转换带给消费者的心理感受也要做到细心的记录观察。

伴随着优美的钢琴声，我们在空中大厅驻足了一段时间，颜老师亲自为我们讲解关于大厅的一些做工和材料，以及施工工艺。分析材料的特性和施工的工艺的可行性，讨论这种施工和材料的创新性，可以更合理地应用到自身的项目中。大厅中的水吧和交流区是顾客的休闲场地，交谈、绘画、欣赏音乐等，让你想要闲适的心境得到满足。

沿着做工精良旋转楼梯便来到了宴会厅。我们一起研究餐厅的摆件，亲身体验这种物件的摆放所带给消费者的心理感受。颜老师对节点的设计和施工细节是很在意的，不停地为我们介绍达到这种效果的工艺过程。

乘坐透明电梯来到客房，在来之前就已经对客房的衣橱结构和带有温度的储物柜功能有所了解，但是在看到实物之后便更是惊奇。颜老师对整个客房内的轴推拉门的工艺结构给我们进行了详尽的讲解，并让我们看着实体画出结构施工图，这样更能深刻地理解这种结构的构造。最为引起我们关注的是自动窗帘的结构，我们一起研究这种窗帘的构造，对这种结构的施工进行由表及里的推理，可以将这种工艺创造性地用到我们接下来的项目中。在参观研究完之后，颜老师留下几名设计师晚上入住这间客房，让他们感受客房的灯光和品质。

聚
艺术设计学科产教合作创新性人才培养模式实践

Polymerizing
Exploration – Practice of New Cultivating Mode to Combine Industry
with Education in Design Discipline

交流区

旋转楼梯

在参观完酒店之后，颜老师要求我们设计部的人员手绘这个酒店的施工图，以更深刻地理解这个项目。在这次的考察中，硬装和软装还有后勤人员都在一起考察和交流，这次主要目的是设计组和软装组了解项目施工工艺的落地性和加深我们对施工、材料的理解，以便可以更轻松地在我们以后的设计项目中适当地应用创新性。后勤人员和其他部门在任务交接的节点上都能明白各自的和相关人员的工作瓶颈点，可以在工作交接的时候能平稳交接。

对于我自身而言，在颜老师的帮助下，将考察的酒店和我们公司自己的项目施工对比理解，理解了大量的施工工艺和材料创造性的选择，并且了然设计理念与施工落成关系的艰巨性和困难性，对质量的监控和细部设计的严苛是设计方案完美落地的首要前提。

李林泽

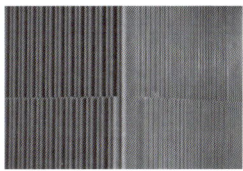

拍摄现场

作为深圳校企联合培养研究生第四季的学生，我在 PLD 刘波设计顾问（香港）有限公司学习，在此期间，刘波老师安排了让我参观深圳同泰万怡酒店的项目工程并且使我在现场了解到了施工工艺。

这次去的地点是在宝安福永地区，同时深圳同泰万怡酒店是深圳宝安福永地区的首家国际品牌酒店，酒店与大型商业综合体同泰时代广场融为一体，交通也很方便，距离深圳地铁十一号线福永 A 站仅仅只有 200 米，两个站便可到达深圳宝安国际机场，所以能得到这次机会参观此项目我很开心。此次前去万怡酒店的有物料部的前辈和方案部的前辈，他们给我介绍了关于万怡酒店的具体信息，酒店设施有 252 间客房和套房，拥有大堂吧和最新潮的万荟轩全日制餐厅，有中餐厅和六间 VIP 房，多间宴会厅和装备先进的会议室，也有行政酒廊和健身中心等综合空间，整个酒店融合现代与简单建筑风格为一体。两位前辈带着我仔细审视了三层楼以及客房的施工状况，一进大门便是别具特色的大堂吧，所以首先检查了前台的桌面以及墙面的处理，材料搭配和施工工艺是否和设计一致，然后与工人交流那些需要做修改以便于达到更好的效果。

接下来，去了全日制餐厅，对于通道的以及餐厅的灯光问题进行了仔细的检查，灯光的隐藏度不够再进行调整，在此过程当中也有管理人员给我们讲施工情况以及完成进度，接着管理人员领着我们去了高层的客房，前辈们都很细心地检查家具的摆放以及各个角落的边角线，对灯光亮度的控制也做了严格的说明，对于不满意的地方也提出了修改要求。

最后，我跟着前辈们检查了宴会厅以及会议室的进度状况，前辈们对没有忽视任何一个小细节，对于他们来说，任何一个护士的小细节都可能造成一定的影响。

对于施工工艺我并不是很懂，但与前辈们一起检查完工地以后，对于优秀的设计本身，这背后埋藏的都是严谨的态度对待每一件事情，不仅仅存在感性的设计，理性也是同样非常重要，了解这些工程施工对我所学的这个学科帮助非常大，也为我从事这个行业打下了基础并且获得了新的认识，所以，对于我们这个专业，仅是从书本上学到的知识是浅显的，这就如《冬夜读书示子聿》：纸上得来终觉浅，绝知此事要躬行。

寻　　道　　/　　授　　业

聚

艺术设计学科产教合作创新性人才培养
模式实践

Polymerizing

Exploration – Practice of New Cultivating Mode to
Combine Industry with Education in Design Discipline

聚
艺术设计学科产教合作创新性人才培养模式实践

Polymerizing
Exploration - Practice of New Cultivating Mode to Combine Industry
with Education in Design Discipline

儿童公园中自发性互动空间设计
——以新疆阿勒泰儿童公园设计为例 ◎ 于静林

Spontaneous Interaction Space Design in Children's Park
—— The Design of Altay Hump Children Park in Xinjiang

摘要

儿童的健康成长是整个社会健康发展的基石，不论是儿童还是成人都需要主动交流和自发互动，缺乏互动交流导致了一系列儿童的负面心理问题。儿童的交往互动行为常常发生在游戏过程中，儿童公园是儿童游戏的重要场所。所以如何在儿童公园的空间设计中，诱导儿童之间主动的互动交流，是这篇文章的研究重点。文章通过文献查阅、问卷调查和案例分析等方法对中心问题进行梳理。本文主要分了四个方面：第一部分是对儿童行为心理学、儿童交往行为，以及国内外相关理论研究现状的阐述；第二部分是对自发性互动空间机制进行分析，并对自发性和互动行为进行基本概念讲述，同时对自发性互动行为产生的先决条件进行分析；第三部分针对如何设计一个自发性互动空间的原则和方法进行归纳和总结，并从内在条件的促进和外在环境的设计两方面去总结方法；第四部分是将前文总结的方法与原则应用于设计案例之中，对新疆阿勒泰儿童公园的设计中的主要互动空间进行分析。

关键词

自发性 互动行为 互动空间 儿童公园

第 1 章　绪论

1.1 相关概念

1.1.1 研究背景

随着社会的不断发展，现代儿童的游戏空间发生了巨大的变化。对于相当数量的现代儿童而言，他们常常被关在家里，独自游戏，电脑、手机、电视成了儿童的娱乐方式，割裂了儿童与他人共同游戏的权利，也让他们对世界的认知范围大大缩小。

互动对儿童的健康发展有着不可或缺的意义，儿童通过交流互动实现对社会的认知，对情感

聚
艺术设计学科产教合作创新性人才培养模式实践

Polymerizing
Exploration – Practice of New Cultivating Mode to Combine Industry
with Education in Design Discipline

的理解。儿童在与人交流中，实现自我构建、自我认知、自我实现，培养更好的优良品质。缺乏互动会影响儿童产生一系列心理疾病，例如自闭症、抑郁症，也会导致儿童一些负面的性格问题，例如缺乏同情心、责任感、表达能力等。这些严重影响了儿童的身心健康，所以如何让儿童健康地成长和发展，是我们要重视和思考的。[1]

1.1.2 研究目的与意义

城市建设对儿童游戏空间的忽视引发了一系列儿童心理问题，儿童公园是儿童经常出现的游戏场所，重新关注这一场所，让儿童在游戏空间中更健康地成长，并且满足儿童与外界互动交往的心理需求。本文通过研究儿童公园中儿童的行为模式和心理状态，探寻影响儿童在空间里主动与同伴游戏的因素，总结设计互动空间的方法与原则，为儿童心理和生理健康发展营造一个儿童友好型儿童公园环境。

在理论方面，相关的理论不够完善系统，针对儿童互动的文献，大多是以研究亲子互动的，而在亲子互动中，大多是以成人为主导的亲子设计，针对如何使儿童自主性与人互动的研究很少。本文通过研究儿童公园中影响儿童自发性互动行为的原因进行研究，对自发性互动行为的承载空间设计方法与原则进行探索，为环境行为学的研究，做一些微末的补充。

1.1.3 研究对象与范围

研究对象主要针对 3~15 岁的儿童，按照心理与行为特征，3 岁以前的儿童几乎没有自主交往能力，主要是家长看护方式成长，到了 3 岁以后开始具有交往能力，6 岁以后具有参加集体性活动的能力，并且更具有创造能力定制游戏规则来进行游戏，15 岁以后的儿童有了更多的固有的圈子去进行交往活动，范围也更大，而不局限在游戏空间之内了。[2]

研究范围，论文中研究的儿童自主地进行互动的方式方法，研究的重点是在儿童公园这个空间中，怎样调动儿童的主观能动性，影响主动性的客观环境和心理环境，通过空间的一系列心理作用机制和游戏机制，让儿童和儿童之间产生交流。并从环境行为学的理论基础出发，从根源研究促进儿童自发性参与的原因和空间需求。所以主要范围是在环境行为心理学和儿童行为心理学范围之下的研究。

1.1.4 研究思路与方法

研究思路主要是从现有的心理学、环境学、教育学和设计学理论出发，总结有关儿童的行为心理的基本特征，并且结合儿童公园设计的优秀案例，进行分类和总结，得出影响自主性行为产生的原因，和促进自主性产生的空间原则，并且应用于新疆阿勒泰儿童公园这个实际案例中，做出设计实践。

研究方法主要是以文献法为主，对国内外相关文献进行整理，总结筛选吸收，并结合实地调研，在调研中观察儿童公园现状，用问卷调查的方式，了解儿童的基本需求。最后用归纳总结法，通过优秀案例和理论知识，找出自主性互动空间设计的方法与原则。

1.2 相关理论基础

1.2.1 儿童行为心理学

儿童心理学是针对儿童心理发展进行的理论研究，在儿童心理学的理论指导下可以总结出利于儿童心理发展的各种外界因素。例如：儿童的哪些心理行为影响着儿童的健康成长，什么样的环境满足儿童健康成长的需要，儿童为什么会有行为上的需求和表现等。本文主要是针对儿童公园如何引导儿童交往行为进行的研究，主要涉及的儿童心理学理论有儿童认知心理学、儿童环境心理学以及部分针对儿童行为的理论研究。通过对儿童交往行为的观察，结合儿童心理的理论进行分析，找出引发儿童交往行为的原因，为儿童公园中的儿童交往行为提供研究基础。

1.2.2 儿童行为与游戏

儿童游戏行为有很多种分类法。这里引用西方心理学家帕腾的理论，按照社会化程度进行的分类。[3] 她根据儿童在集体活动中的社会意识和社会参与程度，把游戏行为分为以下六类：无所事事、旁观游戏、独自游戏、平行游戏、协同游戏、合作游戏。儿童活动的基本动作包括跑、跳、爬、蹲、滚等，其游戏活动具有一定的规律性。在了解儿童行为模式的过程中，儿童的活动领域是一个至关重要的概念。不同领域的发展潜力都不尽相同，不同年龄段儿童的活动领域也有所不同。

1.2.3 儿童公园

儿童公园是供我国的儿童减轻压力、增加幸福感、锻炼身体和进行各种知识学习的公园。它们具体的分类主要有三种：(1) 综合性的儿童公园；(2) 特色性儿童公园（主题性儿童公园）；(3) 小型的儿童乐园。当前，儿童公园的关注度越来越高，不再是单一的简易的游乐设施，而是追求人性化的、自然的设计，并对儿童心理和行为有利的儿童公园设计。社会的发展、利益的驱使导致城市公共空间过度市场化，儿童游戏空间产生以下的问题：(1) 自发式转向被动式，儿童使用现

聚
艺术设计学科产教合作创新性人才培养模式实践

Polymerizing
Exploration - Practice of New Cultivating Mode to Combine Industry
with Education in Design Discipline

有游乐设施进行游戏而缺乏自发想象的游戏；(2) 现有游戏空间功能缺乏合理性，儿童游戏空间器械简单，游戏行为趋于单一。

1.3 国内外研究现状

在日本，仙田满教授，对儿童公园深入研究，提出"环游结构"使儿童主动冒险和挑战；扬·盖尔在《交往与空间》中，提到儿童更喜爱非规划的环境，而不是已经设计好的环境；安德鲁·雷德劳、约翰·雷纳的《墨尔本皇家植物园依安·波特基金会儿童公园的规划建设》以植物为主题，从儿童的能动性、创造性出发，设计出与儿童互动性很强的儿童公园。2008 年，《适合儿童的公园与花园——儿童友好型公园的设计与研究》这篇文章是德国景观设计师 Trudy Maria Tertilt 发表的，主要从上海这座城市进行调查、探讨。分析了现在儿童需要的是一种自然的、友好的、互动的儿童公园。但这些研究内容主要强调的是儿童与自然环境的互动关系。

国内关于自发性互动的文献是极少的，但大多都是从居住区、城市的角度出发的，对儿童公园却很少有系统的研究。梅瑶炯在《自发空间与儿童型互动园林》中研究了儿童怎样与环境主动自发交流，唐敏 2014 年在《诱发儿童交往行为的城市儿童游戏空间设计研究》中提出探讨诱发儿童交往行为的城市儿童游戏空间的设计原则和方法，归纳儿童游戏空间的主要类型，针对不同类型结合其交往行为进行分析和研究。林瑛在《儿童游戏的社会性与儿童公园游戏空间设计》中研究了儿童在互动中的社会性，及其在儿童公园中怎样设计促进社会性的游戏。这些文献关于互动性的研究和自发性的研究几乎是分开的，而唯一一本唐敏的研究，主要是从多种儿童游戏空间出发的，并且泛泛地谈论了与成人、环境、同伴的关系。关于本选题的概念和范围，完整的文献是没有的。

第 2 章　自发性互动空间机制研究

2.1 儿童公园中的自发性与互动行为

2.1.1 儿童行为的自发性

自发性是指行为活动的展开没有按照设定好的环节与指导进行的结果。[4] 在这里自发性是指

图 1 全自发性行为

图 2 半自发性行为

自由发起、自己控制、自由选择、自主活动、主动参与的行为特点，杨·盖尔在《交往与空间》一书中指出："自发性活动是另一类全然不同的活动，只有在人们有参与的意愿，并且在时间、地点可能的情况下才会产生。"空间环境的质量和自主性需求，影响着自发性行为发生的概率。

自发性的分类可以分为全自发和半自发。

全自发性，是完全不依托场地的设置，自由地组合进行游戏（图1）。例如在一片什么都没有的广场空地上，儿童自发地组织跳格子、踢毽子、跑步等不同的游戏活动，并且活动内容与场地无直接关联。

半自发性，是部分依赖场地条件，自由使用或者依赖场地里的元素加入游戏活动（图2）。例如在一个已有的木结构设施上面，儿童可以进行基本的攀爬、绕圈等基础活动，也可以进行捉迷藏、角色扮演、对抗类游戏。他们的共同点是，都并非完全以设定好的环节和顺序使用场地。而自发性活动是有更多的自主选择的结果，而以上两种自发状况都在本文的研究范围以内。

判断是否是自发性行为是有着以下的几个特点：

（1）随机性，活动是否开始，什么时间进行，有多少小伙伴参与等。（2）偶然性，自发的游戏种类往往是突如其来的想法，环境诱发多种互动的发生，提高游戏产生的概率。（3）多样性，自发性行为一定是多样的，场地模式的单一，会大大限制自发性活动的产生。[5]

2.1.2 儿童间的互动行为

互动是一个外来词——Interact，是指彼此联系、相互作用的过程。大多指的是人与人之间、群体与群体之间的相互作用的过程，交相影响之下有得也有失。[6]互动行为在同一空间内两者相互影响，我们按照互动对象来分类，分为以下几个类型：

（1）儿童与同伴的互动，儿童与相似年龄和跨龄儿童的互动，都属于儿童与同伴的互动。相似年龄的互动关系，多产生于游戏之中。在同伴关系中，他们处于平等的关系，合作与竞争更容易引起儿童之间情感的共鸣，他们更容易相互理解、

聚
艺术设计学科产教合作创新性人才培养模式实践

Polymerizing
Exploration – Practice of New Cultivating Mode to Combine Industry
with Education in Design Discipline

相互学习。

（2）儿童与大人的互动，通常情况下，与成人互动更多的是亲子互动和师生互动，尤其父母是儿童的第一任教育者也是最长陪伴的人，对儿童有着不可推卸的责任。但是在这两种互动中儿童都是属于比较被动的关系，并且在被引导、被安排的状态下进行学习和教育，儿童的学习缺乏了主观创造和能动性。

（3）儿童与自然环境的互动，儿童天生就有亲近自然环境的情感，并且对自然环境中的动植物的生命充满着好奇，并且通过与自然环境里的颜色、气味、声音、光线的互动，这让儿童们更好地理解这个世界的物理环境，并在这种探索和发现之中，让儿童的心理状态成长得更加健康。

2.1.3 自发性互动空间的产生

由于互动是一种社会性活动，而社会性活动是由自发性活动发展而来的，自发性地决定，是否参与游戏环节，是否打招呼，是否产生交流，这样的场所具有自发性的所有特点，随机、偶然且多样，都是自主选择的结果。空间本身是带有某种氛围的，人们在空间之中，受到环境的暗示与诱导，在主观能动性下进行着各种行为。[7] 心理感受和空间的关系是密不可分的，在不同的空间形态中，可能诱导产生不同的心理效应，进而产生不同的行为模式。

儿童在相对可控可变化的空间里，根据自己的需要，选择游戏方式和游戏伙伴，并且自主性地进行互动行为，在这里称之为自发性互动行为。在这里我们提到的自发性互动空间是指通过这一空间可以提供互动的基本可能性，并能诱导儿童自主地在空间中进行互动行为。

2.2 自发性互动空间的分类及特点

2.2.1 规则意识的互动

规则游戏，顾名思义是在一定的规则和环节下进行的（图3，图4），但这种规则和环节并非是强制性规定的，儿童可以在其中商议目标、人数、环节和游戏方式，规则性游戏是自发性比较薄弱却是互动性最强的游戏。[8] 通过规则游戏，儿童能更好地配合彼此，适应与社会运作的方式。

图3 / 图4 规则游戏

图 5 合作互动

图 6 竞争互动

图 7 表演游戏

图 8 角色游戏

满足这类规则游戏的空间设计相对灵活性是比较高的，需要更多的可能性让儿童进行游戏，他们可能在空间中的一根柱子旁边进行一二三木头人的游戏，也可能在两个柱子旁边跳皮筋，或者石头剪刀布进行移动对抗，还可能在一堆柱子群中，进行瞎子摸象、捉迷藏。这些游戏和场地空间的关系息息相关，场地的状态影响着儿童在已经熟悉的游戏中进行选择、变换、调整和设计。

2.2.2 合作竞争的互动

合作竞争游戏几乎充斥在每一种互动游戏之中，是最常见的互动方式（图 5，图 6）。儿童总是在不自觉之中就开始进行比较和竞争，比一比谁爬得高，谁跳得远，这种良性竞争关系，会让儿童更积极地参与到儿童的互动关系中，而当为儿童建立起一个共同的目标时，儿童也会自主地寻找合作伙伴共同进行游戏。

常见的以场地为依附的合作游戏有搭建游戏，也被称为结构游戏，大型的搭建活动，儿童运用各种不同的场地中的材料，通过排列、组合、搭配，进行搭建塑造，建设成具有作品感的物体。例如积木、轮胎、木头、泡沫等，都属于这一类型的游戏，我们需要给儿童提供可塑造的游戏素材，他们就会沉浸其中。因为体积和难度，儿童会寻找伙伴为了共同塑造同一个作品而进行努力。

2.2.3 象征游戏的互动

象征游戏也是儿童常见的互动方式，象征游戏又被称为角色游戏和表演游戏（图 7，图 8）。这种活动中常常是通过一个小的道具，或者在一个场景的氛围里引发的儿童的想象，在游戏过程中，儿童相互配合彼此现有的角色，运用语言、动作、表情，来展现角色的特点，并且用自己理解的方式设计这场表演的情节、主题、过程和结局。一切都是儿童之间的想象，但也不仅仅是想象，他们在游戏中模仿自己的父母、电影中的情节、动漫里的设定，形成例如：过家家、警察捉小偷一类的游戏。这样的游戏深刻地锻炼了儿童的表达能力和社交能力。

[9] 象征游戏的自主性发生依赖于空间环境和道具，拿起金箍棒道具的儿童自然地就认为自己是孙悟空，站在海洋背景前的儿童，会想象自己处于龙宫之中，越是完整的空间氛围，儿童越容易产生同样的演绎故事，他们在角色中游戏，用

聚
艺术设计学科产教合作创新性人才培养模式实践

Polymerizing
Exploration - Practice of New Cultivating Mode to Combine Industry
with Education in Design Discipline

语言来塑造情景，达到良好的互动关系。

2.3 自发性互动空间对儿童的影响

2.3.1 良性反馈作用

儿童的道德品质、意志情感、行为方式，都不是在学校课堂上可以进行学习的，这些必须来源于生活的体悟。只有在进行交流活动，才能从中发现问题、梳理问题、解决问题，并且在其中得到长足的发展。创造儿童与同伴之间的交流环境，挖掘儿童更多的主动性，并且产生共情情绪。[10] 作为培养社会性不可或缺的部分，互动行为还有以下的良性反馈作用。

（1）互动下形成信任关系。随着时代的发展，人和人的交流方式变得多种多样，因为沟通过程的便利，少了过程中的体悟和信任感的建立。同样，只有在形成信任关系的前提下，游戏才能更顺利地进行，并在游戏中更好地学会信任。

（2）提升儿童的交流能力。与其他的学校学习与生活经历不同，儿童在游戏过程中，也是希望达到目标，而怎样能让对方更好地理解自己所表达的意思，怎样更好地理解对方的意思，影响着这个目标，所以儿童会在交流中更加积极。儿童与儿童之间的交流碰撞，启发儿童的思维。

（3）合作意识的逐渐形成。在进行互动性行为时，能够通过集体游戏，学会与人沟通交流的方式，通过合作、分工、分享，在轻松愉快的心态之下，得到互相之间的信任关系和情感联络。通过合作做成自己做不成的事情从而提高儿童的合作意识。

2.3.2 不良反馈作用

儿童之间的互动也不完全都是正面的反馈，由于儿童视野的局限，人生观、价值观还未完整，所以更容易产生一系列问题：

（1）如果带头的儿童是非观念比较薄弱，组织错误的游戏方式，更容易产生类似校园霸凌的压迫事件，使部分儿童加重自身的自卑感和无助感，让儿童恐惧于与同伴的互动行为。

（2）儿童因为好奇心或者探索欲，会自发寻找平时接触比较少的环境，而这种环境，往往在儿童缺乏经验的状态下给儿童带来伤害。

（3）儿童的互动经验是比较少的，更容易因为沟通不良而产生争执，或者因为被动支配而产生自卑等。

这些都是在组织儿童自发互动的时候容易产生的不良反馈，这就需要在部分游戏中，即使家长不进行主导，也要进行远距离看护，及时关注到场地内发生的问题。但是我们不能因为害怕负面问题的产生而回避儿童之间的互动交流，在互动中学习和感受到的经验是无法从其他教育中获取的。

第 3 章　自发性互动性空间的设计原则与方法

3.1 影响自发性互动行为产生的限制因素

3.1.1 可停留性

产生自发性互动行为的首要前提是这个互动空间是带有可停留性的，增加空间的可停留性，才能让人群更多的聚集。所以空间的基本属性是要可停留的，影响可停留性的除了一些基本的场地要素。[11] 其中安全感是影响可停留性的最大因素之一。

（1）研究表明人们总是更喜欢依靠在柱子、树木、栏杆、墙壁旁边，因为人对于身体后面的安全感薄弱，对环境感觉比较迟钝，所以不自觉地在寻找依靠（图9）。对于儿童也是，我们会发现儿童喜欢在边角游戏，并且喜欢钻在窄小树洞等地。

（2）边界的聚集性也是因为安全感的增加，一个环境的中心往往具有特殊意义，所以人们待在中心区域时更容易感到紧张，觉得被完全暴露，而无所适从，故而边界的人群总是远多于中心（图10）。

适当地增加安全感，维系空间的稳定，能提供更好的停留条件，促进自发行为的发生。

3.1.2 看与被看

美国景观建筑师约翰·莱尔(John Lyle) 在对洛杉矶公园和哥本哈根游乐场、广场与街道的调研报告中指出："大多数人在休闲的时刻都是选择面对人们活动的方向，这些活动或是球赛，或是游戏，或仅是人流的途径而过。"这就揭示了人的社会属性有着人看人的需求。[12] 儿童也是如此他们或多或少地渴望与外界交流，当交流还未主动发生时，会喜欢观察其他同伴的游戏过程。 在观察的过程中

图 9 空间依靠的自发停留

图 10 空间边缘的自发停留

聚
艺术设计学科产教合作创新性人才培养模式实践

Polymerizing
Exploration - Practice of New Cultivating Mode to Combine Industry
with Education in Design Discipline

图 11 空间的领域感

图 12 人际距离感

产生对同伴正在进行的游戏的好奇，为他们的互动的产生带来先决条件。

3.1.3 空间尺度

空间的尺度对人的行为影响是极大的，过于狭小的空间会给人极强的压迫感，让人匆匆路过，而没有停下来交流的欲望。[13] 儿童在 2~5 岁的个人距离是 0.46m，到 7 岁扩大到 0.61m，儿童的人际距离随着年龄的增大是有所增加的，直到成人以后，社交距离稳定在 1.2~3.6m，并且也受性别的影响，我们这里谈到的互动其实是属于个人距离范围内的。

空间尺度也影响着领域感，个人领域的需求和社交领域的需求是不一样的（图11，图12）。一个群体在活动时，空间感的需求上还需要一定的领域感，在适当的领域感内进行同一个游戏，能增进儿童与儿童之间的心理距离。并且，空间感还表现在，空间关系的不断变化，人处于空间之中，人与人的视线关系、肢体关系、活动路线等都会不断地产生交集，儿童相对防备心是比较弱的，空间行为产生交集的同时，会更容易引起儿童主动的进行游戏。

3.2 自发性互动行为产生的内在条件

3.2.1 表现欲望

儿童的表现欲望是极其强烈的，青年人要比成年人更富有表现欲，更希望得到他人的注意和认可，为了得到认可会用更积极的状态参与游戏活动中，这要求设计者能够给予想要表现的儿童以良好的集体活动氛围。[14] 我们在上文中谈到的象征类互动游戏常常是来源于儿童的表现欲，他们想象自己喜欢的角色，表现欲让儿童更积极地展现自己给其他儿童了解自己，让其他儿童看到他们成为这个角色的优异表现。

3.2.2 认知需求

儿童对这个世界是充满好奇心，这种好奇心，来自于对成长需求和环境认知的需求。[15] 儿童从小就有追求刺激因素的倾向，越是复杂有变化的刺激，越能引起好奇心的产生。心理学家柏立纳通过实验和分析提出了诱发人们好奇心的五个因素：不规则的布局；空间材料的数目；构成的多样性；空间形式复杂性；新奇之物。认知欲望的产生，会让儿童去探索新的环境，并且让儿童在这一空间里停留的时间更长。我们可以通过刺激儿童的视觉、听觉、嗅觉、触觉来让儿童对对象进行深入的认知，促进其智力和能力的发展。认知欲提供了儿童之间互动交流的内容，互相交换认知理念，分享学习到的知识，促进了儿童彼此的发展。

3.2.3 创造能力

儿童的内心世界十分丰富而不受限制，他们有着比成人更强的创造能力，他们希望自己的幻想成为现实，所以创造欲常常能激发儿童的主观能动性，他们的创造水平以具象性为主，感性为主，理性和逻辑思维在他们的脑海中经验还远远不足。他们的创造活动也有着好奇、探索与发现的性质，这些都是他们从自身的需求而来的主动。

在产生这种主动性之下，他们创造更为有趣的游戏环节，会想要与其他同伴一起进行游戏，他们想要创作更好的作品，就会需求同伴与其一起进行搭建操作。可以说没有创造欲，在限定比较少的场地上儿童是没有办法自发地进行游戏和产生互动的。

3.3 互动性活动空间的设计原则

3.3.1 安全性原则

安全性原则一定是儿童活动空间首要的需要被重视的原则，家长在儿童自由游戏的过程中，最担心的就是儿童的磕碰和摔跤，所以在设计的过程中，我们要注重于细节的设计，要考虑到儿童的尺度范围。除了物理上的安全性，我们也要考虑到儿童心理上的安全性，儿童在游戏的过程中无时无刻都是受教育的过程，过于阴暗的环境和画面不适宜儿童的心理健康，要让儿童身心都处于一个安全的环境里。

3.3.2 趣味性原则

儿童空间的趣味性是必不可少的，儿童对外界的认识主要依靠感官上的刺激，颜色多变、造型各异、搭配醒目的空间状态，会增强对儿童的感官上的刺激，增加空间的吸引力，引发儿童对事物的好奇心和关注度。吸引更多的儿童聚集在同一个空间之中，增加儿童在空间之中互动的概率。趣味性体现在，打破常规的行为模式或者游戏模式的趣味性，儿童在或复杂或颠倒的空间环境中聚集，非常规的模式激发儿童的探索欲和创造欲，开发更多的游乐模式，增强互动。

3.3.3 多样性原则

聚
艺术设计学科产教合作创新性人才培养模式实践

Polymerizing
Exploration – Practice of New Cultivating Mode to Combine Industry
with Education in Design Discipline

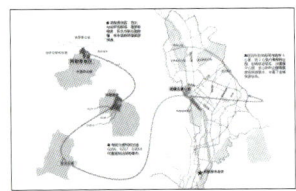

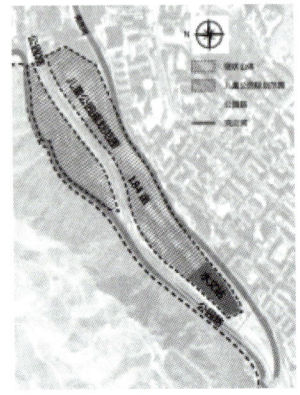

图 13 / 图 14 场地图景

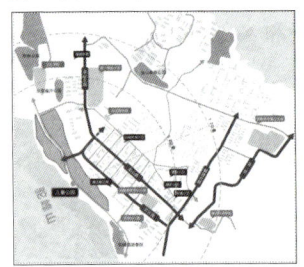

图 15 周边环境概况

我们希望儿童产生自发性的游戏，在没有设定的前提下，进行游戏，就必须提供给儿童更多的可以自由选择的余地，不同年龄的儿童被空间吸引的原因是不同的，空间元素要尽可能地增加其多样性，这种多样性有着使用可能的多样性、排列组合的多样性、想象空间的多样性、游戏方式的多样性，这些多样性都是依附于空间而存在的。多样性要求增加空间的灵活性，增加空间的可移动的部分，可利用的安全道具，相对多样之后，儿童会发挥自己的想象力，去开发我们想象不到的游戏方式，而我们只需要将场地的多样展现出来，去激发这种想象力。

3.3.4 教育性原则

儿童常常是在游戏中得到学习和成长的，所以在游戏设计的同时，一定要考虑实现游戏的教育性。将科学原理融入游戏环节中去，例如一些简单的重力原理、平衡原理、光学原理、声学原理，转变为游戏的原理和游戏的方式，适当的科学技术的融入，可以让儿童与环境更好的互动，并得到知识的获取。将传统文化融入场地设计中，赋予游戏空间更多的内涵与地域特色，让儿童在游戏过程中学到更多的知识性文化。

第 4 章　自发性互动性空间的设计探索——以驼峰儿童公园为例

4.1 项目概况

4.1.1 场地概况

场地位于新疆北部阿勒泰地区。西北与哈萨克斯坦、俄罗斯相连，东北与蒙古国接壤。气候特征为，冬季漫长而寒冷，夏季短促、气温平和，无霜期平均为151 天，最冷月为 1 月，平均气温 – 16℃。冬冷夏凉，降水丰沛，蒸散缓和，大风很少，日照强度高。儿童公园用地面积 12,3019 平方米，184 亩。交通方面，儿童公园紧邻公园路和文化路，交通便利；公园路穿过项目基地，不利于项目的

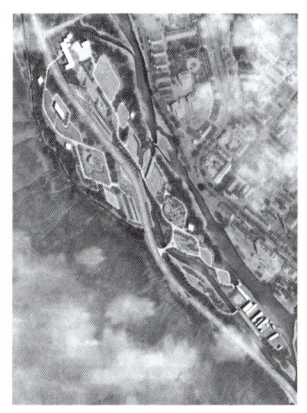

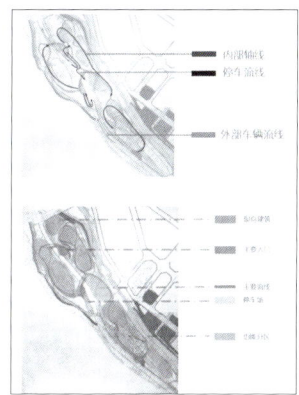

图 16 / 图 17 交通流线图

图 18 坡地空间

整体规划（图 13，图 14）。

4.1.2 周边环境概况

项目基地紧挨克兰河，可以为项目开发提供丰富优质的水源，且河岸周边绿化基地条件好，可考虑保护性开发。离河流太近，汛期时段，会导致景观的破坏。园西南侧紧邻驼峰山，山脚周边绿化基地条件好，可考虑保护性开发；山体部分植被稀少，高差较大，存在山体滑坡的安全隐患，需要做护坡处理。

景点形成线路，公园可达范围内学校、社区众多。1.2 公里内，有着第一高级中学、阿勒泰市中小学、阿勒泰双语幼儿园等多个年龄层次的学校。

公园西南靠山，位于城市边缘，但周围路网密集，交通便利。东南部 1.2 公里内有众多住宅小区，科普娱乐和亲子娱乐场地的建设必要性很高（图 15）。

4.2 总体设计理念

4.2.1 自然环境的特征挖掘——设计理念

儿童有着亲近自然的天性，在设计上，布局的基本原则：因地制宜、生态保护、最低影响、寓教于乐。在充分考虑儿童多样的需求和年龄层次，将重要的几个空间进行了划分。尽量少地设计器械式游戏场地，最大程度地发挥原有的场地自然环境特征，进行设计。在水边利用水元素进行游戏设计，在无植被的地面进行土方量的变动，在林地空间进行探险游戏等。利用不同场地自然环境的特色，来进行主题的明确。

4.2.2 空间功能的弹性复合——功能分区

由于阿勒泰的特殊气候特点，一年有长达 5 个月结冰期，所以增加了数个室内游戏空间，并且在细节设计上，考虑场地的弹性变化，比如夏天游乐的草地，冬天铺设为滑雪地点，夏天堆砌沙子的地区，冬季作为沙雕台等。从整个功能布局而言，为了回应与儿童在自然舒适的环境内自发互动的需求，分为了以下的主要的版块：幼儿游乐区、少儿游乐区、大地游乐区、水沙游乐区、自由运动区、植物科普区、探险林下区等。

4.2.3 可达性与安全性结合——交通流线

聚
艺术设计学科产教合作创新性人才培养模式实践

Polymerizing
Exploration – Practice of New Cultivating Mode to Combine Industry
with Education in Design Discipline

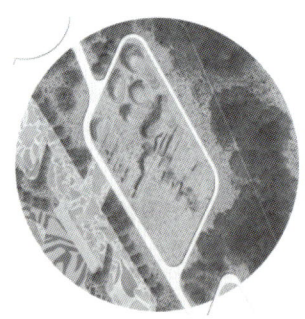

图 19 坡地平面图

图 20 坡地空间

图 21 异形空间

图 22 水沙游乐区

交通上，整体流线主要节点贯穿，车辆入口交通流线成系统（图 16，图 17）。因为整个场地由马路分为两部分，所以架设一个天桥，连接两部分场地，并且在两块场地都设立主要入口，并在两个入口附近建立停车场，让停车人流动线都集中在入口处，不给场地内儿童带来危险。

4.3 自发性互动空间的设计方法

4.3.1 注重空间的多维性——大地艺术区

儿童对于空间的敏感度是强于成人的，他们并没有固化的空间使用方式，所以多维的空间设计，打破常规的空间序列感、体量感、构建方式，会带来儿童对这个空间使用的新的思考，让儿童在自由游戏的过程中，自然而然地与同伴产生互动。

原始场地这个部分是由于建筑拆迁，整体场地无绿植，有部分高差，所以用高差变化设计了以下的地形为主导的游戏场地，大地游乐区的主要设计理念，来源于自发式互动中，诱发儿童视线、游戏动线交织而产生互动的方式。

（1）坡地空间产生视觉引导

一部分是起伏的大小山坡，用山坡去围合空间，让坡地空间产生视觉引导（图 18，图 19）。坡地空间常常会是空间颠覆的，有起有伏，儿童在游戏过程中容易被其他小伙伴观察到，产生看与被看的关系，当对其他儿童的游戏方式产生兴趣时，就会更主动地加入到其他游戏之中（图 20）。

（2）异形空间产生行为引导

一部分是带状起伏的山坡，与滑梯、攀爬、涂鸦等游乐设施结合在一起，并且部分中间架空，形成一个个内部空间，儿童可以穿梭其中，让异形空间的产生行为引导（图 21）。在处于异形空间之中时，儿童是喜好有更多的攀爬与穿梭的，在运动的同时，空间行进的叠加，空间路线的重合，会让儿童产生更多的交集，产生共同游戏的前提。

4.3.2 重构儿童的游戏模式——水沙游乐区

引入合作与对抗的机制，重构无动力设施的游戏模式。现状儿童公园的游戏中，

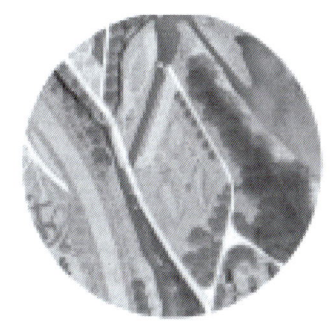

图 23 水沙游乐区平面图

图 24 合作机制

图 25 对抗机制

图 26 林下探险区

儿童的游戏模式常常是比较单一的，被安排好的，传统的游戏设施更多是儿童单独使用。而想要引起儿童之间的互动，合作和对抗的可能性是一定更要加入到游戏模式之中的。

原始场地这个部分是有部分河流贯穿的，且由于长时间的水流冲击和泥沙沉淀，有相当多的原始泥沙素材，也增加了一些素材，形成砂石区、白沙区、磁沙区和泥沙区（图27），在这个游乐区，尽量增加了合作与对抗的可能性，让儿童在整体游戏流程中，自发地配合游戏（图22，图23）。

（1）合作机制

整体水面空间是高于沙地空间的，有水的沙子玩起来更容易固定，设计了几条蜿蜒流下的水流，在开头建立水闸，上面的儿童打开水闸，下面的儿童就可以得到水流进入沙地，整个合作流程就已经建立了。儿童没有办法一个人完成游戏，会不自觉地寻找合作伙伴（图24）。

在沙地上设计了无数大大小小的转盘，儿童可以在转盘上做自己的泥塑作品或者沙塑作品，聚集小朋友们一起玩耍，也可以坐在沙盘上旋转，成为互动设施。

（2）对抗机制

在上游的水域区域，设立可以对抗的喷水器，让儿童在夏天可以打水仗；在冬天，浅水区结冰，也可以形成滑冰场地。并且将一些简单的互动类游戏设置置入其中，例如装有磁铁可以互相排斥吸引的秋千（图25）。

4.3.3 因地制宜增加营造氛围——林下探险区

儿童的想象力和创造力是超乎我们预计的，我们需要营造更能激发儿童想象力的空间，并且场地可以动态变化并反馈回来充实儿童的想象，这样可以弥补儿童本身精力旺盛但注意力和持久力差的特点。儿童天生是喜爱模仿和扮演的，他们沉浸在自己的想象力之中表演着这个角色，并且表演给伙伴看，展现给伙伴去了解，这是由于丰富的幻想而产生的自然互动关系。

原始场地这个部分大片的桦树林，且高度较高，树的间距比较小，利用树间的穿梭，和密林的氛围，营造更好的想象空间和幻想余地，增加高低起伏的木栈道，

聚
艺术设计学科产教合作创新性人才培养模式实践

Polymerizing
Exploration – Practice of New Cultivating Mode to Combine Industry
with Education in Design Discipline

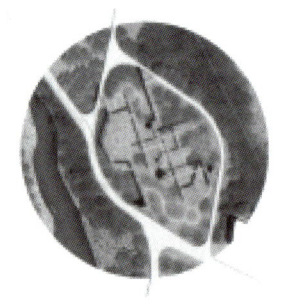

图 27 水沙游乐区鸟瞰图

图 28 营造氛围

图 29 弹性材料

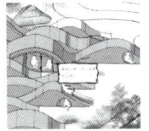 

图 30 显性暗示

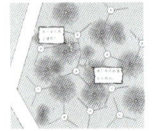 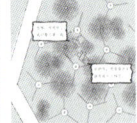

图 31 隐性暗示

也产生类似于丛林冒险的趣味感（图 26）。

（1）营造场地环境氛围

丛林冒险、林间小屋常常出现在儿童的童话故事里，增强氛围的营造需要通过小的动物雕塑，色彩和构筑物等的建造，让儿童能更愿意去在这里扮演喜欢的角色。营造魔幻森林的氛围，让空间氛围更启发儿童的想象，并反过来满足他们的角色幻想，更勇于在环境里表达表现自己（图 28）。

（2）弹性材料满足想象

弹性可控的材料让儿童在产生想象的同时，可以利用场地中的道具，营造更好的配合自己的角色。设计的空间里，弹性材料有自然材料，泥、沙、树枝、树叶等（图 29），在有弹性材料的环境里儿童可以用树枝假装弓箭，扮演自己是一个猎人，儿童可以用木板堆砌堡垒，想象自己是国王。

4.3.4 增强空间的暗示性——设计细节

良好的空间设计，总是给了儿童更多的暗示如何去进行游戏的，这种暗示可能是通过触觉感知、嗅觉感知、形状感知，或者对大自然的感知而产生的，在感知中接收到空间传递的信息，不自觉地跟着行动，具有强烈的心理暗示。

（1）显性暗示游戏方式

直观的方式一般指的是通过固定的颜色、图案、图形来进行暗示。在开阔的游戏环境中，铺装类设计通过图案和色彩的暗示，让儿童的注意力集中于此，直观地联想游戏如何进行。林下探险区中，由于桦树林的间距比较小，在林间某一小块区域内，增加无数可转动和移动的木墙，一个儿童的转动，就可以影响整个行动路线，让儿童在动态场地内，自发地产生互动关系（图 30）。

（2）隐性暗示游戏方式

隐性的方式一般是非固定长时间的暗示，例如通过光线的对比，线性光线具有指向性的暗示，明暗关系会让对比明确的最明亮的或者最暗的部分，引起儿童的注意，让儿童有前往的动势。故而在设计中，不但要进行空间的实体设计，更要从心理学的角度，通过材料、色彩、图案、光线、声音等一系列的感官体验的变化，来诱发儿童的自主性来参与这个空间的游戏，并在环境中开发创造和想象（图 31）。

结语

文章的所有观点大多还是来自于文献的总结和梳理，是有迹可循的，但是并无实践验证，并且在理论方面，展开还不充足，案例也不够丰富，这是文章很大的遗憾之处。希望在之后的研究中，能在儿童游乐空间方面更加深入，以期得到更好的研究成果。

参考文献

[1] 林崇德，李其维，董奇，等 . 儿童心理学手册（第六版）第三卷 [M]. 上海：华东师范大学出版社 ,2009.

[2] 李娜 . 儿童行为心理与儿童公园设计 [D]. 长沙：湖南大学 ,2008.

[3] 唐敏 . 诱发儿童交往行为的城市儿童游戏空间设计研究 [D]. 无锡：江南大学 ,2014.

[4]（丹麦）杨·盖尔 交往与空间 [M]. 何可人译 . 北京：中国建筑工业出版社 ,2002.

[5] 梅瑶炯 . 自发空间与儿童型互动园林 [D]. 上海：上海交通大学 ,2008.

[6] 钟靖炜 . 自发行为与自发空间研究：以华南理工大学五山校区核心区为例 [D]. 广州：华南理工大学 ,2013.

[7] 李增道 . 环境行为学概论 [M]. 北京：清华大学出版社 ,1999.

[8] 林瑛 . 儿童游戏的社会性与儿童公园游戏空间设计 [J]. 西安建筑科技大学学报 ,2016.

[9] 李辉 . 自有游戏中儿童的自我表达及其与同伴接纳的关系 [D]. 上海：上海师范大学 ,2008.

[10] 孙刚成，翟昕昕 . 基于主观能动性与多维环境良性互动的儿童品德发展研究 [J]. 建筑知识 ,2002.

[11] 邹诗谧 . 儿童公园信任游戏环境研究 [D]. 武汉：湖北工业大学 ,2014.

[12]（美）阿尔伯特 ·J·拉特利奇 . 大众行为与公园设计 [M]. 北京：中国建筑工业出版社 ,1981.

[13]（丹麦）杨·盖尔 . 环境心理学 [M]. 北京：中国建筑工业出版社 ,1991.

[14] 李辉 . 自有游戏中儿童的自我表达及其与同伴接纳的关系 [D]. 上海：上海师范大学 ,2008.

[15] 韩丽 . 基于行为心理学的儿童户外活动空间设计探究——以邯郸市为例 [D]. 邯郸：河北工程大学 ,2017.

聚
艺术设计学科产教合作创新性人才培养模式实践

Polymerizing
Exploration – Practice of New Cultivating Mode to Combine Industry
with Education in Design Discipline

当代艺术
与酒店设计的共生性研究
——以大理满江精品酒店为例　◎胡易知

A Study on the Symbiosis of Contemporary Art and Hotel Design
—— Take Dali Manjiang Fine Products Hotel as An Example

在这个过程中，注重研究当代艺术的场域性，以及知识与权利的生发作用、资本运作与知识产权的相互作用，并从心理学角度研究在一定空间心理暗示对访客的体验作用。

1.4.2 田野调查方法

通过山野采风，分析该项目所处地区的环境及条件分析，并对预期客户进行分析，确定酒店设计与当代艺术整体策划的要求和主要表现形式。

去年国庆期间，经过一周左右的前期准备，一行三人去大理进行了一次的山野采风，有如下体验和收获：

（1）大理地域性的调研，包括自然领域、人文领域，以及大理"新人文"的解读三个大的方面。

自然领域：大理有湛蓝的湖水、纯净的苍天、层层叠叠的白云，还有微微稀薄的空气、红褐色肥沃的土壤，有环锁在苍山山腰的玉带云和山顶的皑皑白雪。

（2）关于案例项目的场地调研。

大理满江精品酒店选址于大理满江凤仪山，位于凤仪镇西，紧接昆畹公路，旧名三耳山。植被以云南松为主，向阳面缺水而不易成活，岩石松脆，易风化成土，土层不厚，若森林破坏易引起严重的水土流失。

（3）当地相关酒店内艺术品陈设概况。

当地的住宿形式以民宿为主，品牌酒店比例较少。希尔顿酒店位于一个远离景区和古城的半山腰，与本项目在地理位置上牵涉较少。调研集中于大理周边的一些定位较高的精品民宿，比如沙溪五柳客栈、南诏风情岛海月楼客栈等。

五柳客栈的艺术品陈设主要沿袭建筑空间风格，以复古民俗陈设品为主，在整体设计中与空间设计类似，整体效果勉强持平。而南诏风情岛的海月楼客栈的陈设拉低了整体的空间调性，下文中会有详细介绍。

大理周边各个价位的民宿与酒店中，陈设品质量平均低于空间设计和空间调性。吸引旅客的着眼点均在于建筑设计、周边环境、基本的卫生品质上的保障等方面，在地域文化的体现和艺术品陈设与室内设计整体的统筹把控上，大多数现存的设计有待优化。

（4）调查问卷设计以及问卷数据分析。

在现场采风之前，设计了一份课题研究相关的调查问卷。问卷设计主要有三部分：基础信息部分、

聚
艺术设计学科产教合作创新性人才培养模式实践

Polymerizing
Exploration – Practice of New Cultivating Mode to Combine Industry
with Education in Design Discipline

大理印象与地域文化部分、酒店艺术品陈设与酒店诉求部分。这三个部门彼此独立，又可交叉分析，辅助设计定位。随后在线上线下分别发放，线下在洱海边、古城、沙溪、剑川等地进行问卷发放，收入 33 份有效问卷，线上收入 83 份有效问卷。

在基础信息部分，主要收集受访者的个人学历、年龄、婚姻状况以及他们计划的行程或者理想中的行程。在这个部分可以初步分析出大理流动人口（旅行者）的人群类别。在男女比例上，实地问卷中基本持平，男性稍多。在学历分布上，本科学历比重最大，占据了 33.33%。在婚姻状况问题上，实地问卷与线上问卷差异较大。实地问卷的单身状态比例（42.42%）、恋爱状态比例（27.27%）、已婚状态比例（24.24%）、未填写此信息人数两人（6.06%）。而线上问卷则是已婚比例占最多（37.35%），恋爱比例占 27.71%、单身比例占 34.94%。从这组数据可以看出，实地到大理的人群单身比例上升了接近十个百分点。由此可推，交流空间的权重与考量以及空间中的交流性激发，甚至是空间中的开放交流性与私密性的进一步结合是需要在后期空间设计与艺术品策划中重点关注的。在题目"倾向于几个人去大理？"的数据中，选择两个人一起去的，不论是线上（57.83%）还是实地（39.39%）都是最高的比例。但是，选择独自去大理旅行的人数比例，线上（8.43%）与实地（27.27%）相差近二十个百分点，进一步佐证了这一点。在行程时长上，实地问卷中，在大理停留的时常为 1 到 3 天的比例最大（42.42%），行程 10 天以上比例其次（24.24%），而线上问卷中，则是 4~6 天（51.81%）、1~3 天（38.55%）。可以看出，真正动身去到大理的人群，要么是整体行程比较长，去看看风景，要么就是在大理小住。

关于大理印象与地域文化部分。对大理最感兴趣的因素，不论是实地比例还是线上比例，自然风光都是首位。

由图 1、图 2 可以看出，受众对大理自然风光的向往与诉求居于首位，其次是地域文化。这说明我们在后期的设计策划中，需要着重考虑景观视线与地域文化的独特性表达。在对大理自然风光的评价程度上，线上 72.29%、实地 69.7% 的受众选择了满意，线上 15.66%、实地 18.18% 的受众选择了非常满意。在大理地域文化的印象评价，线上 49.4% 选择了有兴趣、22.89% 选择了非常有兴趣，实地 48.48% 选择了有兴趣、27.27% 选择了非常有兴趣。

对酒店艺术品陈设与酒店诉求部分，受众对民俗和独特文化的向往还是很明显的。比如，在"您到大理倾向于选择什么类型的住宿"这道题上，综合两份数据选择客栈人群占据了 84.85% 的

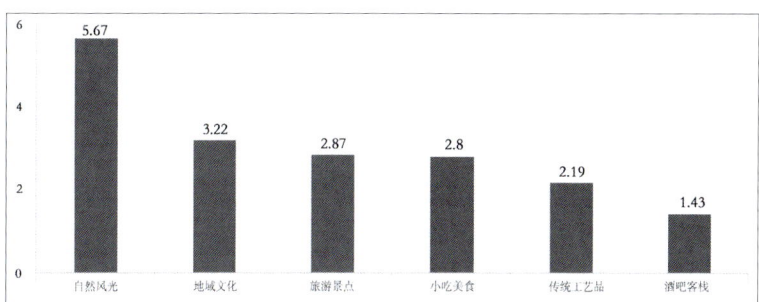

图 1 线上分析比例

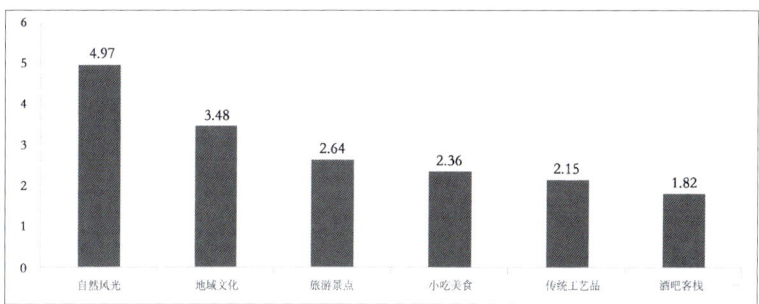

图 2 实地分析比例

比例。在"您对当代艺术感兴趣吗？"这道题目上，线上 62.65% 选择了有兴趣、19.28% 选择了非常有兴趣，实地 57.58% 选择了有兴趣、21.21% 选择了非常有兴趣。

综上所述，多数人对当代艺术与大理当地的地域文化同样感兴趣。所以，把二者结合起来放入酒店设计中，的确是一把品牌定位的利剑。

第 2 章 当代艺术与酒店艺术品陈设

2.1 中国当代艺术的类别与特点

由于当代艺术在国际语境下的类别和内容过于庞杂，加上应用案例中的酒店品牌注重地域文化与体验，所以本文把研究重心放在中国当代艺术领域。

聚
艺术设计学科产教合作创新性人才培养模式实践

Polymerizing
Exploration – Practice of New Cultivating Mode to Combine Industry
with Education in Design Discipline

当代艺术传入中国后，影响广泛，研究资料繁杂。在查找相关书籍过程中，一本关于 85 新潮展览的纪念册引起了我的兴趣，书中针对中国当代艺术的类别进行了一个理论模型的建构，虽然不能把中国当代艺术的林林总总全部囊括，但也可称得上是一个大的缩影（图 3）。

在图中 3 可见，依据对当代艺术的表达意愿分成了四个基本的类别，艺术作为工具、观念、纯艺术或是社会批判。然而，大部分的当代艺术家们并没有将作品局限于某种基本的类别上，他们中大部分是居于两者之间，还有一部分占据更多种的风格。此外，书中还提到了两组对立，第一组是艺术作为工具，还是艺术作为观念？第二组对立——社会批判，还是纯艺术？这不单是在理论模型中的简单巧合，很大可能是我们传统意义上的艺术在受到新的文明和生活方式冲击下何去何从的反思。

四个方向的轴线之间形成了四个区间，分别为 AC/AD/BD/BC，在这四个区间内又细分了偏向性类别，详情见图 4。每一个区间内都有相应的艺术家与其作品，他们之间有一定的共性，但也千差万别，因为当代艺术的个人特性过于明显，内在哲学体系也相对较为完整。

当代艺术传入中国时，正值改革开放伊始，社会百废待兴，各种各样的社会问题和体制的不成熟格外明显，中国传统文化中"齐家治国平天下"的文人理想遗脉以及当代艺术中对个人价值的赞扬和独崇，使得中国的当代艺术家在过去的三十多年里很多的作品都集中在与社会批判相关的创作领域。并且，这个领域内的作品因涉及现实问题多而更加受到媒体与大众的关注。长此以往，中国的当代艺术语境在很多情况下在一些人的意识中有了一些片面的印象，如怪异、激扬、血腥、暴力等。

事实上，当代艺术中的很多流派和作品是并不干预社会的，一些艺术家也并不以社会兴衰为己任，仅仅专注于自己兴趣的观念表达。专注于艺术作为工具、纯艺术与非绘画观念的类别，与它们之间所构成的区间——绘画而又不直接干预社会的艺术与关注纯粹的艺术观念问题的艺术这两区间内的作品，就可以更多地看出当代艺术中的一些强调人个性、注重哲学的隐喻、讲求顿悟等特性。

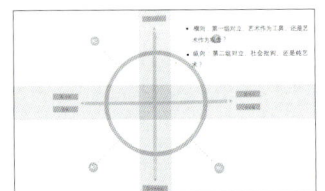

图 3 理论模型图

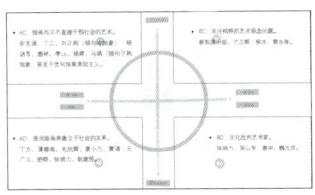

图 4 理论模型图

图 5 庭院

图 6 二层连廊

图 7 室内各种陈设

2.2 酒店艺术品陈设

2.2.1 酒店艺术品陈设的种类与形式

酒店艺术品陈设主要种类有绘画、雕塑、装置、照片等。形式上多为采购、定制等。去界限、去风格而回归到需求才是设计的本源。

2.2.2. 相关酒店案例艺术品陈设的调研

当地的住宿形式以民宿为主，品牌酒店比例较少。希尔顿酒店位于一个远离景区和古城的山半腰，与本项目在地理位置上牵涉较少。调研集中于大理周边的一些定位较高的精品民宿，比如沙溪五柳客栈、南诏风情岛海月楼客栈。

沙溪五柳的整体建筑设计高度还原当地白族传统民居的院落概念，聘请了一位从业数十年的白族工艺老师傅，从建筑结构到空间布局以及材料选择都很精细地去推敲建造。尺度拿捏得恰到好处，没有忽视传统白族院落的重要特性，也没有过分夸大一些局部元素（图 5、图 6）。

从整体上看设计格局、文化、设施和管理都可以列入高品质的民宿范畴。其院落中的陈设品主要是以与建筑语言基本统一的当地民俗艺术品为主（图 7）。

这些物品严格来讲，只能称之为陈设，并不能划入艺术品陈设范畴，整个酒店的设计也并没有因此而"提气"。优秀的空间设计与陈设之间是有显著区别的，优秀的设计能让人得到心理上的愉悦和满足，而平凡的陈设只会给人带来一些情绪上或多或少的失落。

南诏风情岛的海月楼客栈，地理位置位于岛屿尽头，环水而建。最外侧的房间可以两面或者三面临水，视野景色极佳。业主是当地居民，建筑设计与室内空间是就地改造，虽然质量优于民居，也可以看出专门设计规划的痕迹。但是室内的软装与陈设老化且在整体风格上欠缺统筹，存在着一定的设计硬伤，艺术品质量粗糙，基本未能与整体风格相统一（图 8）。

在纯净典雅的室内设计中点缀一个卡通系的宝蓝色地毯，且地毯面积较大、在木色与灰色调为主的卫生间随意选用廉价的嫩粉色塑料垃圾桶和黑色皮圈马桶，在色调与材质肌理上破坏了整体的格调。

聚
艺术设计学科产教合作创新性人才培养模式实践

Polymerizing
Exploration – Practice of New Cultivating Mode to Combine Industry
with Education in Design Discipline

图 8 室内空间

这些各种陈设状况大量存在于大理周边各个价位的民宿与酒店中，影响了空间的优质表达。这些与国际品牌酒店价位不在同一阶梯上，吸引旅客的着眼点停留在建筑设计、周边环境和基本的卫生品质保障方面，在地域文化的体现和艺术品陈设与室内设计整体的统筹把控上有待优化。

2.3 酒店艺术品陈设在酒店空间中角色扮演

正如绘画需要细节去完善一样，优秀的酒店空间需要恰当的艺术品去补色，从而构建一个完美的空间创作。

（1）艺术品作为空间画面创作中的补色。高品质的室内空间设计除了在空间上划分合理、使用方便外，在视觉上也有较高的追求。当你进入一个空间，假设这是一个三维的立体绘画，我们为这个绘画设计好了色调，如果是冷色调，那艺术品便是这幅创作中最简便的暖补色，或者是更冷的色调，加深冷色调整体的调性层次，便于追求极致。反之则亦然。

（2）艺术品作为空间的组成部分。在一些特定的空间节点处，艺术品的陈设还起到一些遮挡、延续、填充等画面效果。比如，一些设计基调偏重于隐蔽或者欲扬先抑的入口处，需要一个体量较大的装置或者雕塑去完成设计的整体表达，并且这个物体的风格形式与整体设计相契合。

（3）艺术品作为空间灵魂的点睛之笔。很多类型的艺术品或者当代艺术品有与观众交流的属性，空间的门窗墙家具软装等大多数还是偏重于实用而非表达。比较来看，艺术品就像是直抒胸臆的宣告书，可以直接传递出空间想要诉说的内容。

现在，大部分艺术品陈设在酒店中，其作用受到了自身质量和精神的限定。所以，精神内涵丰富，表达形式多样的当代艺术在与酒店空间的关系上显得很有意义。

第 3 章 当代艺术与酒店设计的共生关系

当代艺术与酒店设计之间的关系，有两种不同的类型。第一类，是在室内空间设计过程中或者结束后开始引入艺术品的设计与规划（多数情况是在空间的设计进展到中期或者后期的时候开始）。第二类，是为某些著名的当代艺术品设计专门的酒店，这种情况在近些年开始受到重视。然而，我还是希望可以把当代艺术品与酒店设计放在同一个语境下去同时进行，让他们实现真正的共生。这对当代艺术品的立意与策划提出了较高的标准。无疑，这也需要在这个空间中，把传统模式中居于"配饰"地位的当代艺术品的话语权提升起来。以下从具体的几个大的方面去阐述，当代艺术与酒店设计在文化、功能、结构与材料和经济层面上的共生可能性。

3.1 当代艺术与酒店设计在文化层面的共生

当代艺术虽然没有明确的界限和定义，但其在文化层面的属性还是很有特点的，比如说注重哲学的隐喻和意识的表达。当下，酒店设计的目的已远非简单的提供住宿服务，越来越多的高端精品酒店为顾客提供综合的服务体验，有一些甚至可以给予独特的精神体验。比如，一些酒店注重塑造酒店特有文化属性或者用一个故事的表达去限定其存在的意义与状态。浅显一点理解，可以想象到前段时间开始流行的"主题性酒店"等商业产品类型。

从这个角度看，当代艺术的存在可以更好地满足人们的文化需求，即酒店的意识表达与人的精神需求共生。在许多状态下，文字并不是进入我们内心最直接的方式，而感觉才是最好的沟通方式。当代艺术的传播性和对人感受的选择无疑可以更好地直击心灵，更便捷地进入。所以，当代艺术在意识层面表现性可以更好地给酒店整体的设计提神，把在室内外空间中想表达的理念直接地表达出来。从另外一个方面看，酒店空间也给当代艺术品的展出提供了一个独特的场地，这个场地与这件作品可以是互为表里，缺一不可的关系，形成共生。

3.2 当代艺术与酒店设计在功能方面的共生

在高端酒店设计领域，体验是设计师和业主着重考虑的因素。我们在设计中的种种规划和细节都是导向我们想要达到的那个体验状态。所以，在具体的功能层面，当代艺术与酒店设计的共生也是很有分析价值的。首先，当代艺术作为一种空间的具体构成形式，具有一定的空间构成意义和功能属性。当代艺术于酒店设计而言是有意义的。比如，在视线上可以起到或聚集或遮挡的功能，在人流动线上可以通过一系列的阵列去引导，也可以通过不同的形态去阻隔空间。而优秀的酒店空间设计可以给当代艺术一个优质的氛围烘托，比如，需要表达一种空寂的感觉，如果让酒店设计与当代艺术充分共生，我们可以在空间设计中预设出这

聚
艺术设计学科产教合作创新性人才培养模式实践

Polymerizing
Exploration - Practice of New Cultivating Mode to Combine Industry
with Education in Design Discipline

种可以刺激出人空寂感觉的空间，加深这种情感的宣泄，或者是从一个相反的方向去挤压这种想要达到的情感。其次，在空间的具体画面中，空间中的色彩有时需要保持调性统一，但是有时却需要一定的调色，当代艺术的丰富形式和模糊边界给了空间一个理想的窗口。最后，在空间材料中，整体与部分的变化比例，也可以很好地去平衡。

3.3 当代艺术与酒店设计经济层面的共生

酒店设计是建构在一个大的具体规划上，这牵扯到建筑、景观、室内甚至是运营方等不同领域的配合。而当代艺术的原始理念应该跟具体的规划一起，在这一个大大的"沙盘"中，随着规划和理念的展开一步步深化下去。

当代艺术本身就蕴含着巨大的话题和争议，而话题和争议即眼球。在这个互联网信息时代，有吸引和关注就可以等同于经济效益。所以当代艺术的介入酒店整体策划，可以给酒店带来一定的经济效益。同时，当代艺术的表达形式比较多样，创作也需要大量的经费，艺术家有时在财力和场地上可能会出现短板。所以这种结合也可以解决艺术家的一些实际问题，实现双赢。

第 4 章 大理满江精品酒店项目当代艺术策划案

4.1 项目概况

4.1.1 理位置与周边环境

大理满江精品酒店位于我国云南省大理白族自治州洱海东南岸下关镇一个相对平缓的山坡上。洱海水域呈南北狭长分布，项目坡地位于其南侧水域上方。站在上面可以远看洱海水面与苍山景色，上方垂云环绕，碧蓝色的天空和水面呼应在坡地的周围。

4.1.2 酒店品牌定位与项目规模

1. 酒店品牌定位

希尔顿满江精品酒店（CURIO Collection by Hilton）品牌创立于 2014 年，其遍布全球的精选高档酒店普遍特点是让宾客寻求当地特色并获得真实体验的需求。同时，满江精品希尔顿精选酒店为宾客提供安静的环境。正如 CURIO 单词本身所蕴含的有趣、独特，甚至稀有的词义，每一家 CURIO 酒店都将是与众不同的，但却又成为一体，同时拥有希尔顿的品质保证。

2. 大理满江精品酒店

大理满江精品酒店是由实力集团注资，整体开发的一个区域项目。实力集团计划建设一个高端精品酒店，周边也有相关一些其他基础设施的开发。

4.1.3 酒店设计整体概况

1. 建筑设计

在前期，建筑团队通过调研测量，得出了场地最佳的景观角度为北偏西 30°，并以最佳景观作为设计的重要出发点。在整体的建筑体块规划设计中，通过层层跌落的退台处理，使得所有的客房和公共区域都可以享受到最佳景观。层层退台的处理使得每间客房都有机会享受到屋顶花园。为了保证客房的私密性，建筑方又利用挡墙和格栅顶棚等处理手法使得每间客房都能拥有自己的私密花园，面朝景观的半室外坐榻，以及同时拥有天光和景观的浴缸。并且为了规避东南侧的主道路和西侧公园对酒店安静的度假氛围的不利影响，建筑设计方在两侧用厚重的实体墙面来进行阻隔。

2. 景观设计

建筑团队提出了设计的景观意象，主要有屋顶花园、内部庭院、无沿水池、生土景观墙组成。生土墙作为外边界景观墙，在材料和氛围上呼应了周边环境的红土地貌，也有利于在内部打造宁静和禅意的度假氛围。无沿水池作为餐厅的主要景观元素，着重打造与苍山洱海景观融为一体的用餐体验。而屋顶花园可以有效地把建筑融入进景观里，从而让建筑在自然的环境中变得消隐。

3. 室内设计

室内设计团队给出的主题概念是：养云 – 赏花 – 谁家院。酒店整体以庭院为载体，引入以自然为基调的花园、藤院等空间，意在打造一个以大理文化为特色的精品酒店。

4..2 大理满江精品酒店当代艺术品规划与设计方案

4.2.1 大理满江精品酒店当代艺术的概念与主题

1. 概念前言

梁实秋曾说过，"味至浓时即家乡"。或许，对我们来说，家乡并不是几座房子、一条小巷，

聚
艺术设计学科产教合作创新性人才培养模式实践

Polymerizing
Exploration - Practice of New Cultivating Mode to Combine Industry
with Education in Design Discipline

甚至也不是那一座城市。它是清晨曾经刺眼的那束阳光，是归家时浸湿过全身的一场雨，是母亲掀开锅盖后溢出的浓香。

在 21 世纪，有一波波的文人、商人和一些普普通通的异乡人来到大理，在这陌生的土地扎根，过着俗世中最平凡的生活。或许，大理对他们来说是一个桃花源，远离俗世的纷争、繁杂，只有湛蓝的洱海与幽深的苍山与一群四海八方孑然一身的异乡人。

初秋时去沙溪，那里还是早年大理的模样。与五柳客栈掌柜小梅话语很投机，她之前在北京外企做高管，而后来到一个安静的村庄，看那里的山水，看那里的人，经营一家以五柳先生命名的客栈。

谈起大理，有人追溯她悠久的历史——南诏大理国王朝更迭、权势与文明的撞击与博弈，甚是灿烂；有人偏爱她独有的碧水蓝天、心旷神怡、悠然自得；也有人探索这块自古偏于一隅的独特文化所遗留下来的工艺与传承。

然而，我所理解的地域所牵动人心的元素，并不仅仅是我们看得见的或者已知的事物，更多的是情愫和记忆。我认为大理除了美丽的景色之外，最吸引人的地方，是人们一直苦苦寻觅着的现世"桃花源"。

那我们可以想象一个被砍掉桃树的桃花源吗？大理满江精品酒店位于我国云南省大理白族自治州洱海东南岸下关镇一个相对平缓的山坡上。洱海水域呈南北狭长分布，项目坡地位于其南侧水域上方。站在上面可以远看洱海水面与苍山景色，上方垂云环绕，碧蓝色的天空和水面呼应在坡地的周围。

2. 艺术品策划主题

大理满江精品酒店的场地现状在下关镇一个自然的山坡上，山坡上那些自然生长的树木，是最自然原始的展示，应该是最触动人心的景象之一。然而，这里即将建起一座匍匐着的梯形建筑物，之前的荒草土坡将被夷平。之前的"最自然"即将流逝。所以，在变化之后，我希望通过当代艺术的传递和再生，让未来的客人感受到这片土地最原始、最真诚、最自然的乡土记忆——土坡的前生。

4.2.2 大理满江精品酒店当代艺术的具体设计方案

1. 设计范围和设计规划

把整个酒店的景观、建筑和室内空间都置入艺术品，作为一个大型的体验装置的场地。当你走向那片山坡，当你开始攀爬，就进入了我的空间序列。

选用山地开发前的所有自然物品，比如泥土、松针、松果、松叶、松树干等，根据树木的地理位置和范围，以树为单位，用这些原本属于那里的自然材料，去重构室内外当代艺术品与纪念品。

2. 大理满江精品酒店当代艺术的表现形式

因为采集的材料的大小、种类、材质和属性等各不相同，且酒店室内外空间的体量和属性也各不相同，所以当代艺术的重组形式选用多种方式组合的方式。通过室外和室内不同装置的搭配，实体装置与数码影像相配合，来整体引导入住者的思维，让其有充分的舒适性与体验感。

装置艺术：美国著名批评家安东尼·强森曾言，"装置的意象，就连创作它的艺术家也不能完全把握"。一个没有明确意向的艺术作品，更容易带给客人思维发散和冥想的空间，更让他们感觉到自然和放松。

装置艺术的这些特点，有利于室外景观中各种要素的艺术组成，也有利于在一些重要的建筑空间或景观中提供节点性构成或补充。

雕塑：作为当代艺术与景观造型的一种重要形式，在大理满江精品酒店的具体规划中也占据了不可或缺的比重。一些重要的场景需要雕塑的介入，而且室内一些公共区域也有大量刚需。

绘画：这种二维的艺术表现形式，很适合在客房区安置。不论内容如何，这种形式相对于立体的表现形式更加有静谧感。当然，需要绘画作品的空间区域有很多，对绘画作品的尺度要求也各有不同。

礼品：作为非传统当代艺术品或陈设艺术的一种类型，是为这次的设计专门加入的，意在辅助室内外艺术品，打造完整的体验链条。

3. 当代艺术在空间序列中的组合与具体设计方案

夜晚，乘车或步行路过水边，来到山脚下，你看见了树、看见了天空，也远眺一片闪亮的灯海。天上闪烁着星星，水面波光粼粼，拦腰束上了一条亮闪闪的丝带。

1）室外空间中的当代艺术：以室外景观装置形式表现。

给每棵因建筑开发而被砍伐掉的树木点一盏灯，在他们原来生长的位置上。如果是在地面就在地面上安放，如果在酒店的建筑体内，就在相对应的屋顶安放。

聚
艺术设计学科产教合作创新性人才培养模式实践

Polymerizing
Exploration – Practice of New Cultivating Mode to Combine Industry
with Education in Design Discipline

材料选用原地收集的树木、枝干等，在建设前期收集原有树木的大小高矮，根据这些前期资料，重构一个原地等高的个体装置，且内置太阳能发光装置。然后在整个场地内组合成一个大地艺术系列。

夜晚，从上往下俯视，可以看到点点亮斑，依偎在洱海身旁，诉说着这个山坡曾经的生命。

2）室内空间中的当代艺术：以雕塑、绘画等形式表现。

用那个位置曾经松树上的松果松针等物品做室内公共空间装置、室内的陈设和一些小家具配件并编号。比如，用松果做烛台，用松针组合装饰画，用松木制作一些小的景观雕塑等。

（1）入口

酒店的整体室外入口：这里并无特殊的装置设计，一是为了延续建筑设计中建筑体隐匿于环境的理念，二是为保持室外整体景观装置的整体性与纯净性。

建筑入口处：客人行至建筑入口处，一个大型或中型体量的雕塑艺术品是必要的。它既暗示酒店的整体风格，也画龙点睛地指出度假享受的主旨与灵魂。

在建筑入口处雕塑设计的主题为："废"。

首先，在基础材料的选择上，选择室外景观装置组合剩下的原材料残品收集再组合。无才可去补苍天，枉入红尘若许年，这些在无缘原址的材料组成了穿行于红尘与世外桃源的通道。

其次，在雕塑形状的选择上，选择三面环绕的洞穴式装置去打造入口前端，在形式上触动人心，这是一个初极狭，复行数十步，豁然开朗后，再现"桃花源"入口。

最后，在汉字的含义上，双关了废材与断舍离的双重含义。点化客人随心而入，自在潇洒地享受即将拥有的院落时光。

（2）餐饮空间

露天餐吧：餐厅的空间属性主要是用餐，兼顾交流。因此，空间需要视野开阔，需要打造休闲惬意，让客人更加放松，便于享受美食与交流。由于空间空旷，一味地摆放桌椅与小型桌上用品便显得重复、单调或者无趣，应该设计一个弯曲的饮酒纪念区域，把酒店内的酒瓶插在酒槽内，客人饮完之后，在瓶子上留言再重新插回酒槽，这样堆积起来，构建成当代艺术的景象之一。

全日餐厅：相对于露天餐吧，全日餐厅在属性上更显安静优雅。在这个空间区域内规划了尺度较大的绘画作品。

作品的设计灵感来源于拼装这个主题，左边是场地的原貌图，采用写实的绘画语言，右边是波谱处理后的场地原貌图，预示着已经改变了的与还在一直变化着的改变与冲击。在两侧中间采用综合材料的创作手法拼接一棵残缺不全树的剪影。

（3）客房

客房区域的艺术品规划集中在入口处或需要补色的墙面上，采用挂画的形式为主，与全日餐厅的绘画相比，客房区域的绘画尺幅相对小很多，且不以视觉和思维冲击为目的，采用一些静逸、温和等方向的作品，注重强化整体室内空间的协调性。

3）纪念礼品设计：带走你曾经的大理／带走你的时光／带走你在这里的时光。

把当地的树木进行采集编号，除了应用于酒店室内外艺术品设计作品之外，还会剩余一些材料，比如某棵树上的叶片、松针、松果、树皮等，这些与某个客房、某个餐桌有关系的元素，可以制作成为标本。

假如客人居住了 A 房间，他在这个房间里快乐也好、痛苦也罢，在离开时购买一个陈设在房间里的当代艺术品。比如：室外大地艺术装置的缩小版模型、小陈设品实物、成系列的影像作品光盘、树叶标本等。

4..3 课题研究的意义和可能出现的问题

4.3.1 课题研究的意义

大理满江精品的艺术品策划案侧重地域文化，也带有强烈的个人倾向性，这源于整个设计课题是对当代艺术的研究并以其为基础。当代艺术的概念虽然在学术界仍然存在着大量的争议，理论框架和学术边界也并不明确，但它作为一种文化现象和具有世界范围影响力的艺术流派所具有的规模赋予了它在普遍意义上的一些共性和特点。其中，崇尚个人主义，讲求顿悟、活性、动态等特点，把我的设计思想圈于这个范畴中。

从另一个角度看，个人倾向明显的当代艺术本身具有巨大的话题性，话题性自然而然地吸引世人的眼球，而关注本身即是巨大的商业效益。其次，当代艺术注重隐喻且与哲学关系紧密，可体现酒店设计的一些的思维独特性，或者可以更完整地表现酒店设计的主题。再次，当代艺术的理念边界模糊，相对来说少了些说教性，容易引发思考，更易满足高端或小众精品酒店高端客户的个人需求。最后，当代艺术这个概念本身席卷了设计的各个行业，在建筑和室内设计中，也在

聚
艺术设计学科产教合作创新性人才培养模式实践

Polymerizing
Exploration – Practice of New Cultivating Mode to Combine Industry
with Education in Design Discipline

全球有近乎洗牌的影响。所以大部分后现代主义建筑与现代主义、国际主义的建筑占据了建筑空间的大部分比重。因而当代艺术品陈设的介入，更易于与空间产生对话或结合。

4.3.2 可能存在的问题

作为一个实际的设计项目，这或许在一定程度上没有基于对业主要求进行详细分析与配合，在后续的探讨和实施中可能会出现不同的意见或阻碍。并且，过于理想主义和讲求精神追求、带有一定冥想意味的艺术品规划设计方案，某种程度上狭窄化了消费的客户群体。此外，在具体设计中一个大的工作是需要对原场地的自然表皮元素进行采集保存与再设计，这个实施过程的工作量巨大，且保存分类这些物品不仅需要人力资源，也需要储存空间的支持，这个过程中的各种资本消耗和注入，暂时还没有具体的估测，但无疑是一笔不小的开支，如果没有开发商的支持，恐怕很难落实。

除了上述客观情况，项目策划研究中还可能存在如下问题：

（1）当代艺术与酒店设计的共生性研究是多学科交叉的研究课题，内容涉及当代艺术、室内外设计、地域性提炼深化、环境心理学等诸多领域，需要对相关学科都要有一定的了解才能使研究深入具体，否则就会浮于表面。

（2）由于研究内容庞杂，如何把握提取重点，并在复杂的研究内容中搭建"共生性"研究的框架，突出论文的重点方面有一定难度。

（3）无论是当代艺术，还是酒店设计，研究的内容虽然指向明确，研究案例的独特性却很明显。如何找准课题的切入点，乃至涵盖整个研究对象，需要认真考虑和把握。

谢词

2017年下半年，我有幸参加四川美术学院与YANG设计集团举办的深圳工作站校企合作项目，并着手研究《当代艺术与酒店设计的共生性研究》课题项目。经过深入细致的实地调研，从选题意义与研究思路入手，对当代艺术与酒店设计的相关关键词进行了初步研究。用理论简析和田野调查的方法对当代艺术品在酒店的陈设进行了深入分析，突出强调当代艺术与酒店设计的共生关系，特别是结合大理满江精品酒店项目，提出了具体的当代艺术策划方案。

本课题在课题立项、开题和调查研究过程中得到了清华大学校内导师张月教授和校外导师杨邦胜老师的关心与指导。在调研过程中，YANG 设计集团提供了大量的支持和帮助，并安排刘丽方小姐、赖广绍先生、袁宝根先生、李岱小姐等知名设计师作具体指导和帮助，使课题得以顺利进行。与此同时，四川美术学院、天津美术学院、西安美术学院、四川大学教授学者，以及深圳工作站的知名企业家和设计师们也在各个研究节点给予了我大量宝贵的建议和指导。在此，我向帮助支持我的张月教授、杨邦胜先生、四川美术学院的诸位老师们、深圳工作站的诸位老师和同学们、YANG 设计集团的同事朋友们致以真诚的敬意和感谢！

课题研究过程中查阅了大量资料，咨询了许多老师和前辈，向所有这个领域中的前辈们，再次表示敬意和感谢！

参考文献

[1] 秦渲 . 当代艺术的三重解读：场域、交往与知识权利——中国·宋庄 [D]. 北京：中国艺术研究院 ,2015.

[2] 时胜勋 . 从"西方化"再到"再中国化"——中国当代艺术的文化身份 [J]. 贵州社会科学 ,2008(10).

[3] 魏臻 . 公共场所中的当代艺术——从艺术作品与人的关系论从艺术作品与人的关系论当代艺术的在场性 [D]. 杭州：中国美术学院 ,2015.

[4] 王艺霏 . 中国当代艺术中的地域特性——以贵阳当代艺术生态为例 [D]. 南京：南京艺术学院 ,2016.

[5] 潘曦 . 浅谈建筑地域性的回归 [J]. 华中建筑 ,2011.

[6] 陈卫斌，潘曦 . 中西方隐逸文化的积极共性及其现实意义 [J]. 福建工程学院学报 ,2009.

新艺术运动美学的
现代性演绎
——重庆西派城艺术营销中心
室内空间设计解析 ◎代诗敏

Modernity Deduction of Aesthetics of Art Nouveau
——Analysis on Interior Space Design of Art Marketing Center in Xipaicheng, Chongqing

摘要

"新装饰主义"的悄然兴起，新艺术运动、装饰艺术运动再一次进入了人们的视野。在室内设计行业中，无论是在东方还是西方，我们不可能凭空臆想一段艺术文脉来为设计注入灵魂，只得向经典文化寻求灵感。一种艺术潮流的爆发必是当时人群整体所具有的生存境遇和意识形态的显性转变。作为历史上的一个转折点，其前承工艺美术运动，后启两次世界大战之间流行下来的装饰艺术运动。新艺术运动涉及建筑、平面、产品等方面，同样也影响到了室内设计领域。在现时代的中国她还在演绎着，并在一定程度上为束缚的心灵得到一种遒劲有力的释放。本文通过对新艺术运动自身的美学解读，以重庆西派城空间设计为案例，阐述新艺术运动的美学在中国现代性的融合过程。

关键词

新艺术运动 美学 现代性 方法论

第 1 章 绪论

1.1 研究背景及内容

1.1.1 研究背景

本文将研究新艺术运动的美学原则的基点定于重庆西派城的室内设计。墨子的"故食必常饱，然后求美；衣必常暖，然后求丽；居必常安，然后求乐"，在经济实力提升后的中国，基本生活条件满足后的人们对建筑空间及生活艺术有了更高的追求，而互联网和科技时代比起任何一个历史时期，给予人们更多的选择去了解来世界各国优秀的文化。当下，人们有机会根据自己的需要去选择最能表现其精神内涵的美学形式来诠释自己对居住空间的梦想，经典与时尚的相互交融在

聚
艺术设计学科产教合作创新性人才培养模式实践

Polymerizing
Exploration - Practice of New Cultivating Mode to Combine Industry
with Education in Design Discipline

当今显得那么自然。

人们的审美倾向由以前追求的"大"到现在的"精"和对人性的观照，新艺术运动时期所主张的美学原则正贴合了现时代的审美取向。通过对新艺术运动时期的美学原则的探索，在室内设计的实际项目中的应用，寻找适合我们本土的审美取向进行理论上的总结，以便更精确地捕捉现时代中国的精神状态。

1.1.2 研究内容

"CHINOISERIE 与中国"作为文化融合与创新的典型代表，不仅开启了中国风对西方欧洲设计的影响，也映射了西方文化对中国影响的可能。

工艺美术运动作为新艺术运动的发展源泉，同时装饰艺术运动作为新艺术的继承，对三者之间的历史联系进行梳理解读和新艺术运动时期设计实践，以此来形成新艺术运动的思想主张的探索。

经典案例的解读、新艺术运动美学理论的梳理、现实项目的实践等为新艺术运动的理念在本土发展演变形成方法论规律。在室内设计中，这方面理论的梳理还很不成熟，故以此形成论文研究目的。

1.2 研究方法

1.2.1 文献资料收集法

对新艺术运动时期的相关文献进行大量的收集查阅，深入解读新艺术运动的美学原则及其渊源，并归纳整理国内外案例资料。资料来源主要有相关出版书籍文献（图1）、知网论文（图2）、相关网站等。

1.2.2 案例研究法

新艺术运动美学原则在经历地域性、受众人群、时代性和人文等因素影响后，研究其在室内设计中展开的创新应用和现代性的申诉。整理归纳新艺术运动时期设计理念美学在各国以及在中国的发展并在实践案例中的体现进行分析总结，得出新艺术运动的美学理念现代性的融合发展的可能性和变异性。

1.2.3 实际参与法

实际参与项目的设计过程，对项目理念和设计手法能够有更清晰明确的认知。

图 1 中文出版书籍

图 2 知网关于新艺术运动室内研究的论文

本文致力于重庆西派城艺术营销中心项目的实践，从项目的设计理念和元素的搭配再到材质肌理，再有对施工工艺的强调和匠师们的密切沟通，更全面地解读新艺术运动时期的美学原则在现时代中国的实际应用。

第 2 章　相关概念界定

2.1 美学

　　"美学"的概念是于 1750 年德国哲学家鲍姆加登首次提出。对于"美学"的研究对象不同的流派有不同的看法，但是对于美学是一种审美活动本质、规律和人类的一种精神文化活动而言是统一的。

　　西方的美学一开始便被划入自然哲学的领域，希腊美学思想的萌芽源于公元前 6 世纪的毕达哥拉斯学派宣扬的"美是对立的和谐"、赫拉克利特的"美是斗争"、苏格拉底的"美是有用的"，盛于柏拉图的"美即理念"和作为欧洲美学思想的奠基人亚里士多德的模仿说、净化说、真善美的论证、艺术的整体性等理念。中世纪的文艺思想和美学处于停滞状态，直到但丁的出现才打破了这种僵局。文艺复兴运动又被称为"古典学术的再生"，是精神上得到解放的关键时期，对艺术技巧的追求，对美的绝对性和相对性的思考等，这些都对美学的发展起了推动作用。在公元16~17 世纪时文艺复兴运动在意大利开始衰退，中心便由意大利转向法国。法国在 17 世纪领导了新古典主义，笛卡尔的理性主义、布瓦罗的《论诗艺》是这个时代的声音。同时，培根、洛克、休谟和博克等的美学主张使得在英国的经验主义中自然科学得到重视。18 世纪后美学理论的盛行，德国古典美学的代表康德、歌德、席勒和黑格尔的美学主张，其他流派的俄国革命民主主义和现实主义的别林斯基、车尔尼雪夫斯基，审美的移情说的代表费肖尔父子、利普斯等人，对美的认识也逐渐完善全面。车尔尼雪夫斯基在《艺术与现实的审美关系》中提出了"美是生活"的概念来批判黑格尔的"美是理念的感性显现"的观点。阶级的普遍性也表明了在审美的世界里也有其存在的必然。《西方美学史》中"美的本质问题大致分为五种（1）古典主义：美在物体形式；（2）新柏拉图主义和理性主义：美在完善；（3）英国经验主义：美感即快感，美即愉快；（4）德国

聚
艺术设计学科产教合作创新性人才培养模式实践

Polymerizing
Exploration – Practice of New Cultivating Mode to Combine Industry
with Education in Design Discipline

古典美学：美在理性内容表现于感性形式；（5）俄国现实主义：美是生活"[1]。从古希腊罗马到近代，对于美的看法趋于深刻，但美学理论的发展始终离不开对于自身和生活的思考。

对中国的美学研究来说，以李泽厚先生的实践美学为主流。中国的美学发展由先秦、两汉为发端包括孔子、老子、荀子等哲学的发展思想，魏晋南北朝到明代为这个阶段美学的展开，清代前期作为中国古典美学的结尾。而近代美学的发展集中在了梁启超、王国维、鲁迅、李大钊等等的身上。

无论是西方还是中国、古代还是近代的美学发展，我们都应该站在现代的角度来看待美学，时代在发展，人类的思维在不断的变化和转换，审美意识也会依据自身现时代的环境而改变。

2.2 现代性与审美现代性

2.2.1 现代性

"现代"这个词汇的英文是"modern"，源于公元4世纪的一个拉丁语"modernus"，有"目前"、"现在"的意思。我们一般用"现代性"来指称"现代时期"或"现代时期的社会生活及其事物所具有的性质、状态"，而用"现代主义"来指陈贯穿在"现代时期"或"现代社会生活"中的某种精神或体现这种精神的那种社会思潮。[2] 波德莱尔写道："现代性就是过渡、短暂、偶然，就是艺术的一半，另一半是永恒和不变。"[3]

2.2.2 审美现代性

《牛津英语词典》中关于现代性写道："没有人（只要他有耳朵）会原谅那种语调的现代性，以及观念与措辞的那种新倾向……"在这里所说的"现代性"是指作品的艺术特征，是从审美意义上来解说"现代性"。这是一种"审美—艺术现代性的简称，既代表审美体验上的现代性，也代表艺术表现上的现代性"。[4]

第3章　新艺术运动的发展

3.1 新艺术运动的起源

翻开历史的卷宗，不难发现在这长卷中存在着一种人文性转变的关键体系——新艺术运动（Art Nouveau）。萨姆尔·宾（Samuel Bing）这个德国的商人开启了新艺术运动的大门，一位美术史学家所言：

"新艺术运动对各种美术都具有深刻的解放作用，尽管它有着软弱无力的精致，但正是这种对精致的丰沛想象力，为美术界注入了异样的激动，并提供了令公众的想象得到最终解放的冲击，以便使他们接受并期待新的表现方式。"[5] "新艺术运动"是19世纪末、20世纪初在欧洲和美国产生并发展的一次影响面相当大的"装饰艺术"运动，一次内容很广泛的设计运动，涉及数十个国家，从建筑、家具、产品、首饰、服装平面设计、书籍插图，一直到雕塑和绘画艺术都受到影响，延续时间长达十余年是设计上一次非常重要、具有相当影响力的"形式主义运动"[6]。

新艺术运动的面貌在各个国家出现得均不相同，以法国为先导，随后蔓延到各个国家。奥地利"分离派"运动、德国"青年风格"运动、意大利"自由风格"运动等都是新艺术运动精神的体现。

工业革命的一声号角使得工艺美术运动在英国登上了历史的舞台，1851年在伦敦的水晶宫举办的世界博览会为这场风潮拉开了序幕，宣扬诚实的艺术，要求回溯到手工艺传统反对机械美学。19世纪中后期20世纪初的工艺美术运动对维多利亚矫揉造作过分装饰的风格的反叛和工业化带来的一系列的社会问题的反思，其精神领袖约翰·拉斯金、设计领袖威廉·莫里斯开始了这场工艺美术运动的探索。

威廉·莫里斯对艺术的理解是"艺术的本质，是艺术家之自由个性的表达，艺术的鹄的是对于真实性的寻求"，有着理想主义的情怀、对传统的追思和原始生态的眷恋，意图想通过艺术的手法来唤醒工业时代人心的沉沦，只为留住人性中的美好。

在19世纪末期，尤其是美国。美国在经历了独立战争、南北战争和二次工业革命、赖特等人的推动，致使其在美国产生深远的影响力。不仅接纳了这场运动还致力于形成带有美国风格的探索，商业化的性格便形成了。不同于英国和美国，德国则采取"舍哲学取机械"，强调产品的精确度。工艺美术运动在世界遍地开花，但都是对自身传统的反思，这是场理性主义和浪漫主义之间的竞争，艺术与技术的争辩。

作为一场跨越世纪转折点的艺术潮流新艺术运动，法国作为合众国先由萨姆尔宾的"新艺术之家"、"现代之家"和六人集团在巴黎进行了"新艺术"的探索；比利时霍塔、凡德威尔德追求自由和美学；英国的手工遗风；西班牙巴塞罗那曲线的试验田；捷克的布拉格之春等在世界各国竞相开放。艺术家们以寻求突破法国的19世纪末期的传统艺术美学的枷锁，其生来就不是一种肆意流行的风尚，其强烈的艺术共鸣，为被压抑束缚的心灵打开一扇释放之门，人们得以追求更深层次的精神诉求和极致美

聚
艺术设计学科产教合作创新性人才培养模式实践

Polymerizing
Exploration – Practice of New Cultivating Mode to Combine Industry
with Education in Design Discipline

学。新艺术运动对自然主义的吸纳，东方的异域风情、现代性的申述，对曲线的偏爱，领域涉及
建筑设计、室内设计、首饰设计、家具、招贴画、油画、雕塑等。一种艺术潮流的爆发必是当时
人群整体所具有的生存境遇和意识形态的显性转变。

3.2 新艺术运动之后的流派

当新艺术运动出现衰退之势时，1925 年巴黎国际博览会使得另一种风潮装饰艺术运动（ART
DECO）崭露头角。其流行于两次世界大战之间，可以说其"装饰"了那个时代民众的破碎的心灵。
装饰艺术运动的非单一性，无论是历史的与先锋的、西方的与东方的，还是局域的与普适的、辉
煌的与朴素的等风格的汇聚，有一点不可忽视的是这种潮流是对艺术精神和价值判断、艺术感受
和创作技法的探索。

"工艺美术运动"、"新艺术运动"、"装饰艺术运动"三者作为一个伟大世纪的关键性转折点，
彻底转变了民众的生产生活的传统观念，其精神迸发直抵人们心灵，艺术家们随之带来的美学观
念也逐渐散开来。

3.3 国外经典案例

3.3.1 维克多·霍尔塔 (Vctor Horata)

比利时"自由美学"风格的代表霍尔塔（1861~1947），早期在根特美术学院（Acad é mie
des Beaux–Arts in Ghent）学习，1878 年来到法国，受到法国的后印象派的影响。两年后于布
鲁塞尔皇家美术学院（Acad é mie Royale des Beaux–Arts）学习，期间受到老师阿方斯·巴
拉特注（Alphonse Balat，1818~1895）的新古典理性主义的影响。1885 年自己执业，对新古
典主义的反思使其走向了"新艺术运动风格"。

霍尔塔的经历是其设计理念受到不同风格主义影响的直接原因，但是追求自由精神和时尚
风格是他的显著特点。他的代表作有塔塞尔住宅（Hotel Tassel）、奥垂科住宅（Autrique
House）、"人民之家"（Maison du Peuple）、温格斯住宅（Winssinger House）、索尔维
住宅(Solvay House)、沃奎兹购物中心（Waucquez Shopping Mall）、布鲁格曼医院(Brugmann
Hospital）等，其中塔塞尔住宅（图 3）被认为是表现新艺术运动精神的第一座建筑。弥漫着自
然色彩的塔塞尔住宅，建筑外观上有从自然植物中抽离出来的纹样，弧形的窗、如藤蔓纹样的栏
杆、带有强烈装饰性曲面石材的支柱等都是模仿自然植物的曲线形状。霍尔塔认为墙壁、雕塑、

图 3 塔塞尔住宅

图 4 塔塞尔住宅内部

图 5 米拉公寓建筑外观

图 6 米拉公寓内部

铁件、玻璃以及地毯等元素都应该视为独立的个体加以设计，并且成为建筑的一部分，霍尔塔做设计时往往将建筑与室内看成一个整体。[7] 在细节上，赭石和湖蓝互为补色的花岗岩墙壁、曲线和圆角处理的檐口、采用浮雕表现凹凸效果的五根石柱、花草枝蔓般的植物纹样的铁艺（图 4）。霍尔塔对自然和曲线、对玻璃和铁艺的尝试、对细节追求的精致在这里表现得尽致淋漓。

3.3.2 安东尼奥·高迪（Antonio Gauti）

高迪认为："直线是从来就不存在的，它只是人类想象的结果，只有曲线是真实的，只有曲线才是上帝所认可的。"

1926 年 6 月 12 日，巴塞罗那全城都在哀悼一个人，在他的一生中缔造了卡维特公寓（the Casa Calvent）、文森公寓（the Casa Vicens）、巴特罗公寓（the Casa Batllo）和米拉公寓（the Casa Mila）、圣家族大教堂（Sagrada Familia）等脍炙人口的传奇作品，他就是安东尼奥·高迪（Antoni Gaudi，1852~1926）。若说上帝为人类营建了一处天上的理想国，那么高迪便是站在上帝的视角建了一处地上的伊甸园。被认为是在天才与疯子之间游走的他，对曲线的极尽偏爱，对历史风格的折中处理，反对简单的复古，有选择地吸取历史风格，形成了他自身的艺术语言。

在当时引起市民愤怒的米拉公寓（the Casa Mila），造型极端，宛若即将融化的冰激凌。建筑完全采用曲线构造（图 5），建筑方式采用混凝土模具成型，展现有机主义特点。建筑内外都避免直线和平面，内部装饰、家具、门窗等都采用动植物形态造型（图 6）。这座建筑是"新艺术"运动曲线发展到极端的代表作品。

新艺术运动的代表还有法国新艺术运动代表人物萨穆尔·宾、"分离派"约瑟夫·霍夫曼（Josef Hoffman）设计的斯托克列宫、埃克托尔·吉马尔（Hector uimard）地铁入口等，都对新艺术运动的发展起到了关键性的作用。

3.3.3 奥博利·比亚兹莱（Aubrey Beardsley）

绘画天才比亚兹莱作为英国新艺术运动理念的先驱人物，生于布莱顿，7 岁时便知道自己患有肺结核，26 岁时生命完结。他一边与病痛斗争，一边对艺术和生活充满了渴望和追求。

聚
艺术设计学科产教合作创新性人才培养模式实践

Polymerizing
Exploration – Practice of New Cultivating Mode to Combine Industry
with Education in Design Discipline

图 7 莎乐美插图

图 8 四季

图 9 青岛总督官邸书房

1924 年，鲁迅出版的《比亚兹莱画选》序言中有这样的描述："比亚兹莱不是印象主义者，画他们所看见的事物；他不是幻想家，画他们所梦想的事物。他是个有理智的人，画他所思想的事物。虽然无日不和药物为伴，他还能驾驭神经和情感。他的理智是如此强健。比亚兹莱受他人影响却也不少，不过这影响于他是吸收而不是被吸收。"他把艺术问题当成是哲学问题进行深刻的思考，在他的《亚瑟王之死》、《犹大之吻》、《女性的和平》、《夺发记》和最为世人熟知的《莎乐美》（图 7）等作品中出现的精雕细琢的线条、黑白强烈对比的形式和女性形象，其以他自己独有的方式践行着他的艺术思想和生活态度。

3.3.4 穆夏（Alphonse Maria Mucha）

出生在捷克宗教家族的画家穆夏（Alphonse Maria Mucha，1860—1939），其创作领域涉及建筑设计、家具、室内设计、油画、招贴画、书籍插图等方面，以独特的艺术理念被称为"穆夏风格"，在史书上留下一笔，成为"新艺术"运动的同义词。其中，以招贴画创作最为出名。

1894 年的《吉丝梦坦》（Gismonda）海报、1896 年的《四季》（图 8）、1897 年《四季花》等作品与克里姆特和比亚兹莱不同，穆夏所传达出来的艺术审美大都有着借用日本木刻对外轮廓细腻的刻画、流畅而富有装饰性的线条、花草藤蔓蜿蜒的曲线、女性的优雅和圣洁的特点。

3.4 国内经典案例

青岛总督官邸是新艺术运动波及中国的产物。官邸于 1905 年开始建造，历时两年的时间完成。由德国的拉查鲁维茨设计和施特拉塞尔施工合作完成。官邸分为 4 层，呈花园式住宅建筑，建筑总面积为 4083 平方米，总高 30 米。由于当时青岛是德国的殖民地，因此设计风格带有强烈的德国新艺术运动特征。[8]

青岛总督官邸建筑空间内部的多变性又具有密切的关联性。空间流线设计安排跌宕起伏，富有立体感。地下室有服务、储藏、娱乐等功能；一层为接待、聚会等官方公共空间，建筑中间为大厅，周围有书房（图 9）、餐厅、花房、客厅等；二层为私密空间，包括客房、女儿房、仆人房等。

图10 青岛总督官邸花房

青岛总督官邸内部的自然元素的装饰性，将自然元素引入室内空间是一大装饰特征。动物、卷草植物、花卉，以及曲线形元素装饰细节的重复出现，展现了主人人文性的趣向表现，并且极具表现力（图10）。

建筑空间内外对新材料的探索，营造装饰细节和整体性氛围的统一。壁纸、地毯、窗帘布艺等的纺织品材料纹样传达出强烈的视觉效果、家具和地面的木材施工工艺的创新应用、卷草纹的瓷砖、模仿自然界动植物的铁艺等元素的应用，与建筑形成呼应统一。

3.5 小章总结

从西方新艺术运动时期艺术家们对当时自身生活环境的反思而展现出的实践作品，"自由美学"风格的代表霍尔塔、安东尼奥·高迪、奥博利·比亚兹莱、穆夏等的作品设计原则都鲜明地体现了他们的审美意识和现代性的申述的变化形式，对以前的繁复装饰、人文性关爱的缺失等有了自己的话语。

新艺术运动波及中国后，在中国因地因时的制宜中将中国的审美融入其中，所传递出来的当前地域的本土化和生活的思考，以及对新事物的积极探索的精神，对现世的我们有极大的借鉴意义。无论是其文化价值、历史价值以及审美价值，都向我们述说着人们通过艺术审美和技艺对我们生活的价值，将美学的现代性也展现得淋漓尽致。

第4章 新艺术运动的美学原则

4.1 自然与自由原则

无论是"工艺美术运动"、"新艺术运动"还是"装饰艺术运动"，都提出了"回归自然"的概念。工艺美术运动与新艺术运动不同的是工艺美术一方面要回归的是中世纪工匠技术与艺术集于一身的"自然"状态，另一方面秉持"自然至上"和"无为"的观念，而新艺术运动的自然主义其一是1859年达尔文的《物种起源》唤醒了

聚
艺术设计学科产教合作创新性人才培养模式实践

Polymerizing
Exploration – Practice of New Cultivating Mode to Combine Industry
with Education in Design Discipline

人们对人性的觉醒；其二是哲学上的卢梭的人性"天然的美好"和康德的"自由本性"，其三是工业化带来的问题将自然素材创意性地通过艺术的手法装饰抚慰人心。赫克托·吉玛德说："自然这部巨著是我们所有灵感的最终源泉，我们要在这部巨著中寻找出根本原则，限定它的内容，并按照人们的需求精心地运用它。"

新艺术运动所坚持的"自由"有两层含义：一为风格的自由。建筑上为了摆脱以前过于庄重和严谨的特点，在结构和装饰上尽显自由特性；二为内涵的自由。由动植物进行提炼出来的曲线元素的自由内涵的表达，"源于自然高于自然"在这里解释得淋漓尽致。抽象而又具有青春活力的曲线，更能表达出对自由的向往。

4.2 细部原则

大的特征是对细部表达的重视。细部设计是对空间认识的深化解读方式。细部空间的意义主要分为两种：其一是对空间界面的转变暗示；其二是建筑细部、节点的象征意义。

细部也体现了与建筑空间整体性的呼应关系。对建筑立面装饰元素、门窗、栏杆、支柱结构、地毯甚至是窗帘纹样等结构的关注，都体现了与建筑空间整体性的相协调。色彩也属于细部设计的一部分，色彩的和谐使用，各个元素之间的相呼应，最终达到整体与细部的相携相生。

4.3 手工艺与传统历史相结合原则

对一种风格的继承与创新，不仅仅是将其技艺和施工工艺方式保存下来，更应该是思想潮流、艺术美学的意识进行相互融合的一个过程。新艺术运动对材料的研究、对质地的考究、对工艺节点的重视、对人文的关注等，将新艺术运动中与手工艺相关的精神继承下来并与现代的需求元素完美结合创新出脍炙人口的作品。

钢铁、玻璃、混凝土等新材料的探索，尤其是铁艺技艺表达了线的强劲表现力和生命力的内涵。

4.4 技术与艺术相结合原则

新艺术运动最显著的特点是艺术家的参与。工业化的风潮、机械美学的泛滥、机器流水化生产、对维多利亚式过度装饰的反叛等因素造成了产品质量的下降，艺术家们敏锐地嗅到审美趣味的偏向转变，致使在追求技术发展的同时也将艺术的元素应用到设计领域中。

4.5 地域性原则

新艺术运动从来就不是一个统一的风格，她由法国、英国和比利时为中心，而后蔓延至德国、

新艺术运动美学的现代性演绎——重庆西派城艺术营销中心室内空间设计解析 / 代诗敏

Modernity Deduction of Aesthetics of Art Nouveau——Analysis on Interior Space Design of Art Marketing Center in Xipaicheng, Chongqing / Dai Shimin

意大利、奥地利、西班牙和美国。值得注意的是，在各个国家新艺术运动所呈现出来的面貌绝不雷同。

法国的巴黎和南锡作为新艺术运动的重镇，支撑起了这场运动的精神。赫克多·吉马尔德（Hector Guimard）设计并建造了一系列新艺术运动风格的地铁站后，"地铁风格"（Style Metro）成了法国新艺术运动的代名词。同时，在法国的首饰设计、家具、招贴海报也形成了自身的美学特色。

德国的"青年风格"（Jugendstil）的命名来源于 1896 年在慕尼黑首次出版的《青年》杂志，用于宣传新艺术。在建筑和室内设计上表现最为明显，亨利·凡·德·威尔德（Henry van de Velde）的引领，苏格兰"格拉斯哥派"的影响，带有理性的思想。

比利时"自由美学"（Libres Esthetiques）风格，经维克多·霍塔（Victor Horta）发展成熟的曲线风格成为特色。

4.6 艺术生活化原则

王尔德说："生活模仿艺术，生活事实上是镜子，而艺术却是现实的。"不似王尔德唯美主义的"为艺术而艺术"，"为生活而艺术"的口号更能与人性性灵发生碰撞的火花。

新艺术运动是在特定的时代对特定的精神下对人的某一种时空下的生活状态的表露，是那个时代艺术家们对生活的理念或者是对这些理念的追求，进而展现在我们面前。由此，我们可以说新艺术运动是"生活化的理念"。

第 5 章　实践案例——重庆西派城艺术营销中心

5.1 新艺术运动精神的传承者——颜政

在获得德国 iF "INTERIOR ARCHITECTURE INTERIOR DESIGN" 设计大奖、英国 SBID "Finalist of New Build & Development Category" 及 "Best Residential Project under 1 Million" 国际设计大奖、英国 London Design Awards 两项国际设计大奖、意大利 A' Design Award 三项国际设计大奖和美国 IDA Honorable Mention 荣誉奖等奖项的背后是一位

聚
艺术设计学科产教合作创新性人才培养模式实践

Polymerizing
Exploration – Practice of New Cultivating Mode to Combine Industry
with Education in Design Discipline

女性室内设计师，她坚持"创造一个空间仿佛拍摄一部电影，首先，需要了解未来的精神归属和价值认同，并以此为主线，展开空间的故事情节，而有关风格、材料、灯光，以及陈设都是服务于特定的内在抒发即将被 DIY 重组的角色，没有哪一个角色可以孤立的存在。脱离了情感和生命感动的这条主线，任何一个独立环节的优秀都是平面的，吹拂可散"，深入解读每个项目特定的文化语素和内在的精神内涵，在经典与未来之间实现一个恰到好处的平衡，品味的坚持是创意的核心和依据，对细节探索和强调作品个性与精致的深度表达，继承了新艺术运动的美学原则和精神在现时代的中国将这种精神进行极致演绎。

颜政摒弃了沉溺于自身民族复古的狭隘主义和历史虚无主义的桎梏，有对于现如今社会人们的心理情感归属的敏锐捕捉，通过自身艺术涵养为客户营造精神归属的慰藉。在经历经济快速发展阶段之后，人们的压抑情绪需要找到一个出口，由粗犷到细腻，由标准化到私属化，大众的审美趣味趋于雅致状态。对于生活品质的要求也越来越精致，将美学的范畴引用到生活中已是必然。

艺术实验者的匠人情结

"伪善的行为各个时期都有，虚伪的奢侈却为民主时期所独有。为了满足人类求虚荣的各种新欲望，艺术只得竭尽其欺骗之能事。"[9] 模仿者为达到表面的形似而将作品蒙上了一层与其本源毫无关联的辉煌表皮，以此来掩盖其艺术的匮乏。

机器的出现彻底打破了世界的生产运作方式，标准化的生产流水线冲击了原来的手工作坊。产品质量的下降，工艺的缺失，借由艺术的华丽外衣横行于世。而现在时代的未来科技已来，人们的生产生活方式也会发生翻天覆地的变化。

设计师怀揣着一颗"匠心"开始了一场对新艺术运动美学的解读。在她的作品中对于工艺的精益求精，与合作的手工艺匠人们的交流，将手工制作方式与现代建造过程进行有机性结合，实现了作品的条理性与艺术性。

5.2 从场所出发——营销中心的地域性

有着"江城"、"雾都"的重庆还有着"山城"之称。重庆丰厚的历史文化底蕴和快速的经济发展，使隶属于重庆市的江北区寸滩虾子蝙地区来作为艺术实践的试验田提供了可能。强调地域性，归根结底还是重申设计的因地制宜。不同的场地、不同的人群需求、不同的人文，在众多流派和风格中抽取适宜的文化内涵解决实际的问题，远离抄袭的桎梏。

　　建筑场所区域包括地形、外观、街道、密度等的集合，利用叙事性手法唤醒建筑本身的"直接记忆"和"间接记忆"。考察其周边环境的商业娱乐项目、居住区品质、人群消费的定位，注定了项目基地（图11）的涵养高度定位。伴随着新艺术运动在装饰艺术的语境下，开启一场以文化为先导、艺术为元素、美学为纲领、工艺为基石空间氛围营造的实验之行。

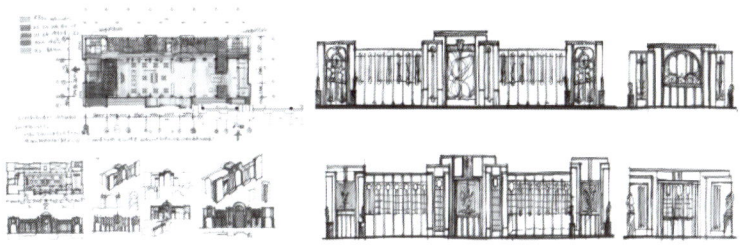

图 11 建筑现状

　　进入虾子蝙区域，穿过主干道，迎面而来的是被修剪过的绿植和花丛交互掩映下的庭院小径。走过弯折的小径，映入眼帘的便是矗立在水边的两层建筑（图12），建筑占地面积 1320 平方米，高 12 米。

图 12 建筑场地

聚
艺术设计学科产教合作创新性人才培养模式实践

Polymerizing
Exploration – Practice of New Cultivating Mode to Combine Industry
with Education in Design Discipline

建筑空间的叙事性包含两方面的意义：其一是建筑本体所传达出来的语义，其二是空间在叙事的过程中表现出来的本身含义。销售中心的建筑外立面的体块穿插布局对比，带有强烈的节奏感。遒劲线条的立面装饰效果和简洁概括的结构美感，共同营造了建筑散发着典雅、安宁、柔和、恢宏大气的气质内涵。提取建筑自身所带有的性格，应用在其室内改造部分建筑特点，使建筑表里和谐统一。

拱形的天窗是建筑空间的一大亮点，为光与影的参与创造了条件。建筑场地语素为直线与曲线的呼应对比，修改后的新方案，没有对原方案做本质上的调整。比利时新艺术运动的代表人物亨利·凡·德·威尔德（Henry van de Velde，1863 ~ 1957）认为："线条是一种力，这种力的作用与其他基本力一样。"以曲线作为装饰语素，整个空间领取强大生命力的蔓延趋势。

建筑四周的落地窗使得室内室外融为一体，空气水的流动光影斑驳，触动情感深处，是一场对生命的礼赞。镜面式水元素的引用为整个营销中心的建筑带来了活力，建筑开阔的落地窗形成亦真亦幻的视觉感受。室内空间便在这拉幕般的语境中登上舞台，推门拾级而上，一场美学盛宴便由此开始了。

5.3 从空间出发——营销中心室内设计的现代性

现代性的申诉使得空间氛围迎合现代的人群精神感受，不是哗众取宠式的炫技，而是切实的从受众的需求出发。

Laurence Nicolas 说，"销售的一天与剧场的一天并无太大的区别，对于他们而言彩排和准备都很关键，背台词、搭建舞台、营造气氛、遵从导演的意见，为了一个独特的目标——迷住观众"，作为销售空间的设计同样也诠释了这个意象。艺术销售中心的氛围营造便诠释了这个剧本的脉络行迹。摘取新艺术运动时期的元素加以融合为空间氛围营造和设计语言的述说创造条件。

5.3.1 路径和平面空间安排

在营销中心的设计中，设计者通过两条路径将整个空间和各个故事节点巧妙地链接起来。空间是叙事性的，在路径的引导下销售中心的各个空间如大提琴的节奏缓慢被展开。销售中心室内空间在设计手法上采用在丰富与单纯之中尽可能用单纯的空间形象来激发观者丰富的精神联想，力图使作品达到一种静穆和隽永，使空间像一首寓意深刻的诗。

从各层平面看（图13~图16），销售中心的功能组织具有严密的逻辑性。规则型的长方形基地，各个空间功能相互独立但又有联系。一层空间功能划分为：接待大厅、洽谈区、休闲咖啡区、艺术展览区、水吧、模型展示区、品牌展示区、发布厅、VIP 洽谈区、儿童活动区、男女洗手间；二层平面功能主要为：艺术展览回廊、签约区、办公室等分区。

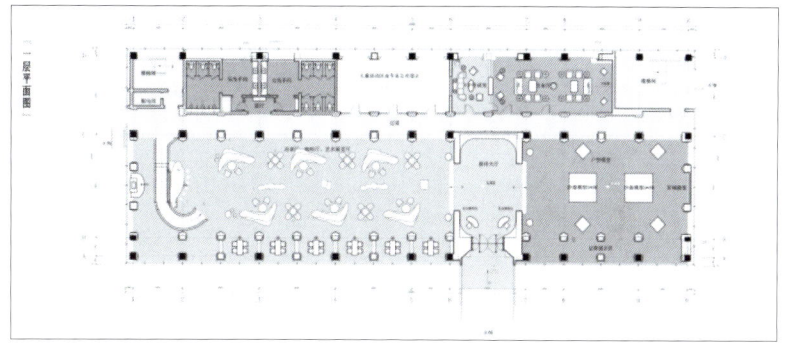

图 13 一层平面布置图

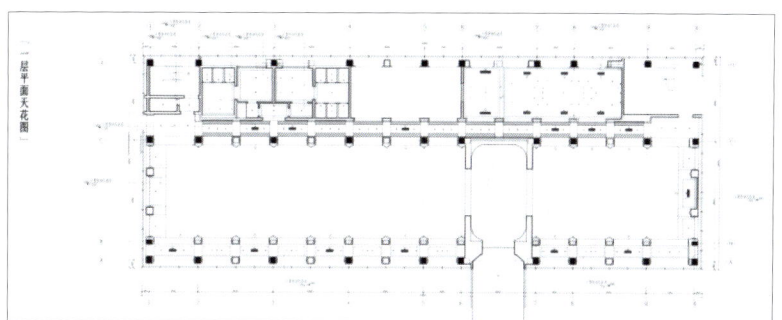

图 14 一层天花布置图

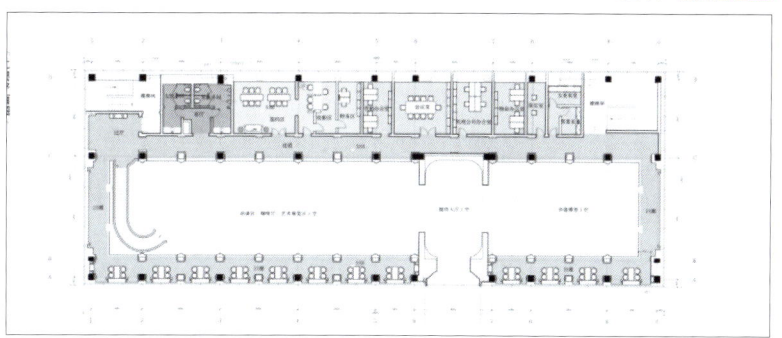

图 15 二层平面图

聚
艺术设计学科产教合作创新性人才培养模式实践

Polymerizing
Exploration – Practice of New Cultivating Mode to Combine Industry
with Education in Design Discipline

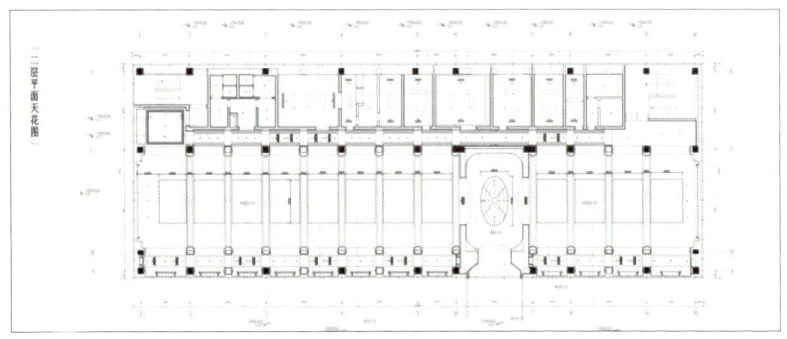

图 16 二层天花布置图

5.3.2 交接

由室外进入室内拾级而上两级台阶便将两个空间分离开来。迎面而来的是迎接大厅（图 17），左右矗立着有女性线条美感的裸体雕塑灯具，在其旁边是前厅迎接台。承接着接待大厅空间精神表述的是正对门口的立面雕塑墙，似齿轮或贝壳的层层晕染开来的漩涡纹在旋转的过程中又形成了新的发散的纹样，这些纹样以大厅正立面为核心向天花和四周发散，曲线的深度和密度随之减弱直至消失。

路径 A：穿过接待大厅向左行进，拱形的洽谈区空间是整个设计的高潮部分。飞马浅浮雕（图 18）让人产生一种继续窥探的欲望，这是一座有一首诗的文字的斜碑，英姿飒爽的女子骑着一匹飞马。抽象概括的人与马的形象，既柔美又大气。

洽谈区以 12 米的高度空间、弧形露天开窗、阵列的雕塑灯，空间的雄伟壮阔的气势展露无遗。格子铺地图案与拱形天窗方形铁艺形成呼应关系，家具、节点和装饰的曲线又有柔美的因素在其中，将美学上的"崇高"与"优美"两个概念表达深刻。空间以 7 个 4 米距离间隔阵列排布，通往二层的弧形楼梯下是水吧区域，立面空间（图 19）更将典雅的设色和肌理，简洁现代的收口处做法，将空间优雅与细腻和硬朗的外轮廓谱写成刚柔并济、柔美高贵的情怀。

路径 B：接待大厅向右是模型区和品牌展示区。模型台设置的大小对比，节奏有序排列。大理石的质感和光与影的参与，犹如音乐里最华丽的篇章与平静细腻的质感形成极致优雅的高贵，光与影对空间影响的变化，不同的光影，渲染出不同的

图 17 迎接大厅效果图

图 18 洽谈区飞马浅浮雕

图 19 立面空间

故事情节。

5.3.3 细节

销售中心的细部是经过深思熟虑精心安排，理性中夹杂着对新艺术运动时期的感性认知。

（1）前厅女雕塑手捧灯具

图 20 女雕塑手捧灯具

女雕塑手捧灯具（图 20）灵感来源自古典明亮女神，象征着那个时代的她，留着男孩子气的发型又安详的体态。在销售中心的项目中将原来的雕塑体态进行抽象的概括，黑色大理石石座，如银白色流体金属的色彩和质感，更增添了女性安宁祥和的动态。

图 21 舞者雕塑

舞者雕塑（图 21）选择了 20 世纪新艺术建筑的装饰规律，运用线条的挺拔和起伏关系，带着较强的机械感和生长形态，错落有致的光影斑驳，实现了空间的灯光层次感，结合 GAYLORD HO PARIAN 精神舞蹈雕塑，传统艺术追求与机械化时代的艺术相互碰撞，典雅高贵、柔和大气，于挺拔硬朗的轮廓中渗透优雅细腻的痕迹。

（2）洽谈区铺地

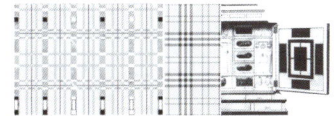

图 22 地材的拼贴图案

地材的拼贴图案（图 22）灵感来源是 BURBERRY 的格子图案，撷取 1650 年巴洛克时期的柜子图案比例，不同色度层次米白色石材，搭配少量的灰色，雪花白在格子的图案下体现了简易之中不凡的气质，与整体空间相互交融。

（3）绘画

马赛克绘画（图 23）源于 20 世纪初新艺术运动时期的艺术家 TAMARA 和

聚
艺术设计学科产教合作创新性人才培养模式实践

Polymerizing
Exploration – Practice of New Cultivating Mode to Combine Industry
with Education in Design Discipline

图 23 马赛克绘画

CATHERINE ABEL 的经典作品，艳丽夺目又耐人寻味的色彩，独特的造型，画面给人以强烈的视觉魅力感受。

（4）工艺

将新艺术运动对于手工艺、材质、节点的关注继承在销售中心的设计中，与匠人们的密切合作是不可缺少的一环，如铁艺、石艺、木艺等，形成了手工制作方式与现代建造的有机统一。

销售中心的门、天窗铁艺结构美感的强调，楼梯及其扶手的精湛做工（图24），雕塑（图25）、家具等都是在与手工艺匠人们经过长时间的沟通与实践中进行产品结果打样，在对品质、材质、做工等都达到要求才能在实际的案例中出现。

第 6 章 结语

如今，未来科技、交通网与信息网的发展，人们对异国的文化、人文等较之以前有了更深刻的理解。当我们在传承和研读自身文化的同时，糅合其他国家的文化精髓进行重组、融合甚至是再创造，演绎出新的适宜我们自身行为、意识审美习惯的生活方式。不同的时代和区域的文化交融在一起时所摩擦出来的一种一致的对艺术的品位与审美观，形成这种极美并不是能用简单的定义的标准来衡量。信息的快速传播使得人们对美的理解冲破了各种束缚。经得起时间考验的文化并不是一成不变的，在岁月的洗涤下，设计的现代性紧跟时代和人们精神观念进行不断的创新生成。

新艺术运动在整个设计历史上承担着很特殊的角色，她形成的艺术形式和美学理念是一种对于美的视觉感受的一种全新的探索，为后来者提供了大量的艺术经验。艺术家们对于线的价值应用达到前所未有的高度，富有感情色彩的曲线传达出极强的生命力和表现力。另外由神到自然的转变在这一时期也被推崇至上，自然的元素大量应用在建筑、室内、插画、产品等的领域。

对重庆西派城销售中心的设计实践的分析解读，展现新艺术运动时期的美学理

图 24 楼梯口细部

图 25 雕塑细部

念在中国生发、渗透和现代化的过程。有选择地提取新艺术运动的美学因素来满足我们现时代人们的精神涵养和心理诉求，是对生活的美好向往的愿望，来扩散这种积极向上的、理性平和的人文涵养。

参考文献

[1] 朱光潜 . 西方美学史 [M]. 北京：人民文学出版社 ,2003.

[2] 谢立中 ."现代性"及其相关概念词义辨析 [J]. 北京大学学报(哲学社会科学版),2001(5):26.

[3](法) 夏尔·波德莱尔 . 现代生活的画家 [M]. 郭宏安译 . 上海：上海译文出版社 ,2012:19.

[4] 王一川 . 现代性文学：中国文学的新传统 [J]. 文学评论 ,1998(2):98.

[5] 高兵强 . 新艺术运动 [M]. 上海：上海辞书出版社 ,2010.

[6] 王受之 . 世界现代设计史 [M]. 北京：中国青年出版社 ,2012.

[7] 林崇华 , 史艳琨 . 维克多·霍塔 [M] . 北京：中国电力出版社 ,2008.

[8] 张凡伟，李沙 . 浅谈新艺术运动室内设计风格——以青岛总督官邸为例 [J] 艺术与设计 ,2017(5):70–72.

[9] (英) E.H. 贡布里希 . 秩序感 [M]. 范景中 , 等译 . 长沙：湖南科学技术出版社 , 2000.

网络游戏介入下的主题乐园景观设计探索

Exploration on Theme Park Landscape Design Involved Online Games

◎叶澜

摘要

随着网络信息技术的发展与移动设备的普及，网络娱乐正逐渐成为现代大众的生活常态，由此衍生出的"二次元"、"御宅族"等亚文化爱好群体，新兴文化形态影响着国人的思维模式、生活方式和价值观念。与此同时，消费者的角色正发生着深刻转变，人们更注重接地气、有温度的休闲方式以及对文化的深层次、多样化体验，以更好地满足其对精神文化生活的追求。

网络游戏与主题乐园作为其中典型的文化形态与娱乐形态，在文化内涵、社会功能、市场特征等方面具有极好的契合度与互补性。网络游戏的融入，将满足逾4亿中国互联网用户的庞大娱乐需求，同时使得主题乐园在彰显基本功能之外形成独特吸引力；而作为休闲旅游典型形式的主题乐园为网络游戏提供了一种线下体验的新方式。动画与电影同样作为线上文化产业，其与主题乐园融合发展的已经形成一套相对成熟的开发模式，网络游戏的介入，使得这种新类型的主题乐园如何开发以及在景观空间中如何设计的问题引发了思考。

本文采用文献研究、跨学科研究、案例研究等方法，从以下四个方面对课题展开研究：（1）网络游戏与主题乐园概念的确定及理论研究的基础；（2）网络游戏介入主题乐园实践情况；（3）同类型主题乐园设计手法的经验与启示；（4）网络游戏介入下主题乐园景观空间的设计策略。力求为网络文化的传播与主题乐园的建设提供一种新的思路。

关键词

网络游戏 主题乐园 景观空间 景观设计 虚拟性环境氛围

聚
艺术设计学科产教合作创新性人才培养模式实践

Polymerizing
Exploration – Practice of New Cultivating Mode to Combine Industry
with Education in Design Discipline

第1章　绪论

1.1 研究背景

1.1.1 "互联网+"时代下，线上线下互动融合成为社会趋势

在相继提出"互联网金融"、"互联网+"、"创客"等国家战略后，国务院总理李克强在2016年政府工作报告中指出："鼓励线上线下互动，推动实体商业创新转型。"如今，线上线下互动的模式应用于社会的方方面面：销售行业中，电商平台与实体店联合销售已成为人们日常的购物方式；旅游行业中，在线旅游预订与线下旅游活动实现了旅游的全方位服务；教育行业中，整合网络教育资源与线下课堂教学的方式突破了上课地点、上课时间的限制。线上与线下互动的形式在资源整合、产业融合方面起到了极大的推动作用。

1.1.2 以体验为主、为文化买单的现代消费模式的转变

随着物质消费时代的逐渐淡出，大众的消费模式逐渐向充满审美和文化意义的情感体验转变，也由此带来文化产业在传统的生产与传播模式的改变。消费过程中人们更注重接地气、有温度的休闲方式以及对文化的深层次、多样化体验。与此同时，消费者的角色正发生着深刻转变，他们不再只是产品的接受者，同时希望通过主动参与共创体验价值，以更好地满足其对精神文化生活的追求。

1.1.3 新媒体传媒下构建的二次元文化新形态

《2015年中国二次元行业报告》指出，2014年中国核心二次元用户规模达4984万人，而泛二次元用户规模达1亿人。[1] 报告预测，核心二次元用户将会稳定增长，预计2016年规模达7008万。"二次元"是指ACGN（动画Animation、漫画Comic、游戏Game、轻小说Novel，简称ACGN）作品中虚拟世界以及ACGN人群文化圈中所形成的独特价值观与理念，二次元文化不仅包括ACGN作品，还包括由ACGN延伸出的手办、舞台剧、Cosplay(角色扮演)等文化衍生物。二次元文化是新媒体传播形式下网络一代的语言体系，并由此构建出的新兴文化形态，以其独有的符号语言打破了虚拟世界与现实世界的壁垒，影响着国内青年群体的思维模式、生活方式和价值观念。

综上所述，在线上线下产业的互动融合下，网络游戏与主题乐园首先作为新时代文化

中两种娱乐形态，在产业模式上具有极高的融合性与互补性；同时，在现代文化消费理念下，网络游戏在主题乐园中的介入无疑为现代旅游的体验需求提供了很好的产品雏形。基于对以上社会现状的思考，本文从景观设计角度出发，试图通过调查与研究，对网络游戏在主题乐园中的体验特征、介入形式及方法等方面提出具有建设性的思路，为主题乐园带来多层次、多元化的景观体验。

1.2 研究目的及意义

1.2.1 顺应及引领趋势，为网络流行文化提供新的传播表现方式

主题乐园实现了网络游戏从虚拟向现实的逆向跨越，为以 ACGN 为代表的网络文化的传播提供了一种全新的方式，在建立以网络文化为主题的游乐设施及旅游产品的同时，主题乐园为网络游戏的线下活动及文化衍生品的销售提供平台，与旅游、科技、商贸等关联产业融合互动，将线上线下两个互动娱乐平台进行有机整合。

1.2.2 "网民 + 游客"的资源整合，为转型下的国内主题乐园提供新思路

[2] 据新致恒旅游咨询（上海）有限公司调查显示，截至 2016 年 12 月，国内已建成 810 家主题乐园，仅在山东省就已建成 80 家主题乐园。2016 年 6 月内地首家迪士尼乐园在上海开业，进一步激发了国人对主题乐园的旅游热情。我国兴建主题乐园的热潮开始于 1991 年深圳锦绣中华文化主题公园引领的一大批微缩景观园的建成，随后历经以娱乐化表演为主的影视村、民俗村，到大量科技投入的游乐型主题乐园的变化过程。当前，我国主题乐园已从最早的观光型过渡为器械游乐型，并且正在向以体验消费为主的品牌主题乐园转型。

[3] 作为体验时代的两个具有代表性的产业，网络游戏在文化内涵、社会功能、市场特征等方面与主题乐园具有极好的契合度。网络游戏体验的融入，将满足逾 4 亿中国互联网用户的庞大娱乐需求，同时使得主题乐园在彰显基本功能之外形成独特吸引力。

1.2.3 网络成瘾现象普遍，对青少年儿童健康生活方式的引导

[4] 中国青少年宫协会儿童媒介素养教育研究中心于 2016 年发布的《互联网 + 时代的儿童在线风险和机遇——中国青少年宫儿童网络安全和媒介素养状况报告（2014–2015）》显示，幼儿园时期（3~6 岁）的儿童手机、平板电脑、电脑的接触率分别为

聚
艺术设计学科产教合作创新性人才培养模式实践

Polymerizing
Exploration – Practice of New Cultivating Mode to Combine Industry
with Education in Design Discipline

91.8%、83.4%、80.6%，其中在周末使用电子媒介的占比高达89.1%。触网年龄的低龄化、数码产品的普及，使得网络娱乐正逐渐成为现代少年儿童的生活常态，网络虚拟体验对其在现实生活中的人际交往不可避免地产生了负面影响，而作为休闲旅游典型形式的主题乐园为网络娱乐提供了一种线下体验的新方式，创造出精彩健康的娱乐风尚。

1.3 国内外相关研究现状

网络游戏介入下的主题乐园尚属于新型旅游方式，国内外已有不少实践案例，但在理论方面尚未形成系统。主题乐园属于旅游产品的一种形式，因此对理论研究现状的梳理首先从网络游戏与旅游业相关文献出发，其后深入到网络游戏与主题乐园相关研究中，以便进一步明确本文的研究重点。

1.3.1 关于网络游戏与旅游的研究

[5] 在网络游戏与旅游的互动研究中，被国内学者提及较多的是"网络游戏情景旅游"一词，对其的明确定义最早出现在《网络游戏与旅游互动的初步研究》一文中，是指根据网络游戏中的场景设置、设施装备、社会结构、文化和情景氛围而建设的主题景区，简称"网景游"。同时，作者还从社会功能、市场特征、心理体验等方面论述了网络游戏与旅游互动发展的可行性，指出网络游戏对于旅游产品的开发与设计将产生深远意义。《网络游戏情景旅游产品开发策划》一文则进一步从这种休闲娱乐方式所具有的体验性、娱乐性、交流性特点入手，通过以网络游戏《仙剑世界》为蓝本的网景游策划构建出网络游戏在旅游中运用的一种可行模式。

此外，相关理论研究还从多种学科视角探讨了网络游戏与旅游结合的可能性，《论网络游戏业与旅游业的产业融合》一文从产业角度出发，论述了网络游戏产业与旅游产业的融合发展为两者市场的开发、产品设计等方面带来的积极影响；而在《集教育游戏与旅游为一体的电子商务模式研究》中第一次以数据形式证明了两者融合的可能性；《网络游戏旅游开发模型设计初探》一文则以网景游"天龙游"为切入点，创新性地将软件工程中的螺旋模型引入，从地理学角度构建出网络游戏旅游理论意义上的开发模式。

1.3.2 关于网络游戏与主题乐园的研究

国内最早提出将网络游戏与主题乐园结合发展的学者是王采平，他在《我国主题公园借网络游戏寻求新发展的思考》一文中将网络游戏作为解决国内主题公园建设趋同化的解决途径之一，通过网络游戏实现对主题公园的动态更新及可持续发展，文章还指出除了将现有网络游戏植入主题公园的形式外，根据主题公园自身的建筑、场所特征开发新的游戏玩法，也是突破性发展的一条新思路。陈科育在硕士论文《体验经济下的数字游戏主题公园开发与规划设计初探》中结合体验经济时代人们的旅游需求，论证了网络游戏主题公园开发的可行性，并提出这一新型旅游方式中的规划与设计原则，指明了网络游戏的引入对增加主题公园互动参与性与趣味性的现实意义。

以上研究从网络游戏作为乐园主题的角度进行了探究，《RPG 模式在主题公园设计中的应用》一文则从游戏模式出发，以浙江省海宁市金庸武侠城设计实践为例，将网络游戏中的角色扮演 RPG(Role-Playing Game) 模式引入主题乐园设计当中，从空间平台、软件管理、技术保障等方面探讨了以 RPG 模式为体验核心的主题乐园设计策略，点明了网络游戏模式在主题乐园文化深度开发方面的积极作用。

1.3.3 小结

总的来说，现有的网络游戏与主题乐园相关理论研究大多从旅游规划及管理出发，主要集中在以下几点：（1）游戏产业和旅游产业行业状态及市场需求的剖析，从产业融合层面论证两者互动发展的可行性；（2）从不同角度探讨网络游戏与旅游结合的方式，指明了网络游戏的介入为不同旅游产品的开发带来的积极影响；（3）结合具体的实践案例，探讨了网络游戏模式在主题乐园中的运用方式。尽管有不少创新观点的提出，但国内理论研究结论普遍停留在产业互动关系与旅游产品形式的层面，距离形成系统还有很长一段路要走，特别是对于具体设计手法的研究鲜有提及，这也将作为本文的研究重点之一。

1.4 研究方法

1.4.1 文献研究

网络游戏在主题乐园中的介入相关理论较少，本文的文献研究主要分为三个方面：（1）通过相关权威机构研究报告中的数据整理，分析现代娱乐方式、网络游戏的普及化、主题乐园的建设现状等，为课题的可行性提供依据；（2）通过数据库收集整理相关领域前沿学科文献，为课题的研究提供理论支撑；（3）通过互联网收集国内外相关案例的介绍，

聚
艺术设计学科产教合作创新性人才培养模式实践

Polymerizing
Exploration - Practice of New Cultivating Mode to Combine Industry
with Education in Design Discipline

对课题研究内容进行深度了解。

1.4.2 案例研究

主题乐园景观设计属于应用范畴，在理论分析的同时，结合国内外案例，本文主要针对两方面的实践案例进行分析总结：一类是以迪士尼、环球影城为首的动画、电影类主题乐园，本文将对同类型主题乐园的开发模式、设计手法等方面进行分类研究；同时对国内外网络游戏在主题乐园中的介入现状进行普遍了解，从产业融合、介入形式等方面分析现存问题及经验启示。

1.4.3 跨学科研究

本文根据需要结合相关领域前沿学科的研究成果进行探讨：第一，主题乐园作为一种旅游产品，结合旅游产业与游戏产业结合的相关文献；第二，网络游戏作为一种文化产业，适当结合心理学关于网络游戏对玩家情绪体验方面相关文献进行分析研究。

1.5 论文框架

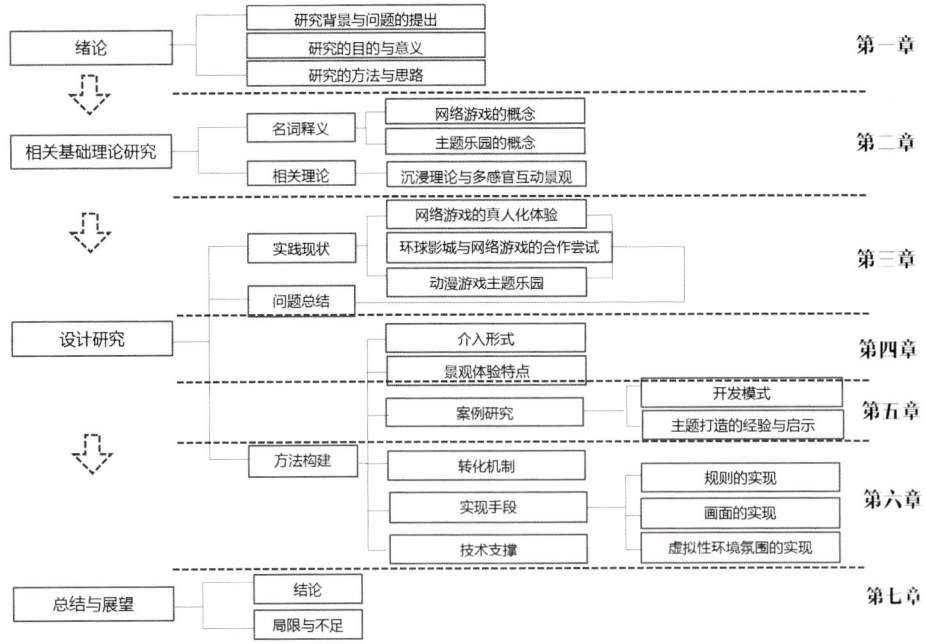

第 2 章　基本名词释义及相关理论概述

2.1 名词释义

2.1.1 网络游戏

网络游戏，又称为在线游戏（Online Game），是指以互联网为传输媒介，通过计算机、手机等电子设备，以游戏客户端软件或网页为交互窗口的游戏方式。网络游戏作为互联网时代下一种典型的体验产品，为传统游戏中玩家与游戏、玩家与玩家之间提供了一种新的互动形式。

对于网络游戏的分类，学术界尚没有一个统一的标准，不同文献根据研究对象的不同有各自的分类方式，游戏企业则普遍按照娱乐方式或适用人群的年龄段进行分类。[6] 其中较为详尽的是分类是《游戏机实用技术 (总 193 期)》提出的电子游戏的 12 种类型，分别为 ACT（Action）动作游戏、AVG（Adventure Game）冒险游戏、FTG（Fighting Game）对战游戏、STG（Shooting Game）射击游戏、SPG（First–Person Shooter Game）第一人称射击游戏、MUG（Music Game）音乐游戏、PUZ（Puzzle Game）益智游戏、RAC（Race Game）竞速游戏、RPG（Role–Playing Game）角色扮演游戏、SPG（Sport Game）体育游戏、SLG（Simulation Game）策略游戏以及其他游戏。

实际上多数网络游戏都不能简单地划分为某一类型范畴，根据玩法的不同他们往往是两至三种游戏类型的结合，例如儿童游戏《洛克王国》（Roco Kingdom）以角色扮演为基础，其中穿插大量策略类、益智类小游戏，以增强游戏的可玩性。

2.1.2 主题乐园

我国"主题乐园之父"马志民先生曾提出，"主题乐园是作为某些地域旅游资源相对贫乏，同时也是为了适应游客多种需要与选择的一种补充"；[7] 而专家董观志先生则认为，"旅游主题乐园是为了满足旅游者多样化休闲娱乐需求和选择而建造的一种具有创意性游园线索和策划性活动方式的现代旅游目的地形态。"

聚
艺术设计学科产教合作创新性人才培养模式实践

Polymerizing
Exploration - Practice of New Cultivating Mode to Combine Industry
with Education in Design Discipline

总的来说，主题乐园是一个有游乐设施的景点，是一种以休闲娱乐为目的的旅游产品形态，以其独特的文化主题和环境氛围受到大众的欢迎。

在笔者看来，相比其他旅游方式，人们进入到主题乐园后，体验的是与日常生活的暂别和没有束缚的"虚拟世界"，通过惊险刺激的主题设施与梦幻欢乐的环境氛围，主题乐园带来的游玩体验更具备娱乐性与避世性，这也是主题乐园受欢迎的原因之一。

2.1.3 网络游戏介入下的主题乐园

无论是网络游戏中的"虚拟体验"还是主题乐园中的"梦幻体验"，大众在其中身处有别于日常生活的特殊时空框架，并从中获得愉悦的身心感受；同时，网络游戏与主题乐园作为休闲活动的两种不同形态，是大众娱乐方式与精神追求的体现，表达了同一层次的心理需求。

网络游戏在主题乐园中的介入内容主要包括三个方面：（1）特定的主题场景、人物、建筑等游戏构成要素；（2）游戏玩法机制；（3）游戏中的虚拟性环境氛围，这三者在主题乐园景观空间中如何实现是本文的主要研究内容。

2.2 相关理论基础

2.2.1 沉浸理论

沉浸理论 (Flow theory) 是由美国心理学 Mihaly Csikszentmihalyi 于 1975 年首次提出的，解释了当人们在进行某些日常活动时为何会完全投入情境当中，集中注意力，并且过滤掉所有不相关的知觉，进入一种沉浸的状态。[8] 参与者在沉浸状态中的心理体验主要有两点，一是真正的享受与忘我，随之产生的自我激励；另一点是沉浸中的满足感吸引人继续进行探索。

2.2.2 多感官体验景观

多感官体验景观是现代景观发展趋势之一，伴随体验经济的发展应运而生，凭借其独有的互动性与体验性正慢慢深入现代生活，依靠游人的互动参与构建起游人与景观沟通的桥梁。[9] 多感官不仅包括我们通常理解的视觉、触觉、听觉、嗅觉及味觉五感，还包括对空间、时间、位置等体感感知（图1），通过多感官及各种情绪反应的融入，人们能够以完整的生物个体融入景观空间当中。

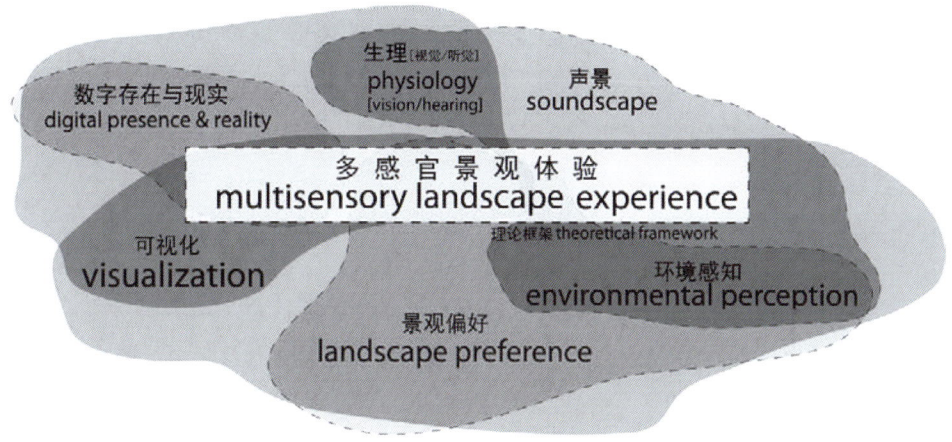

图 1 多感官景观框架

2.2.3 对主题乐园景观设计的启示

人们在网络游戏与主题乐园中进行娱乐活动的过程中往往感觉完全被所做的事深深吸引并且难以察觉时间的流逝，这种全身心投入的状态是人们在其中获得愉悦体验的前提之一，沉浸理论为这一心理状态的产生做出了科学完整的解释，对于景观设计而言，沉浸意味着体验的深入，从而与环境形成一种特殊的互动关系，而多感官景观的提出则为这种体验方式在景观空间中的实现指明了方向，在网络游戏介入下的主题乐园景观空间设计过程中结合多感官感知及各种情绪反应的融入，有助于游客在其中得到整体的游玩体验。

第 3 章　网络游戏在主题乐园中的介入现状

3.1 网络游戏的真人化体验

射击游戏《反恐精英》（Counter–Strike）、冒险游戏《密室逃脱》(TAKAGISM) 等真人化为网络游戏的在现实生活中的体验打开市场，各大主题公园开始寻求与网络游戏的合作。

聚
艺术设计学科产教合作创新性人才培养模式实践

Polymerizing
Exploration - Practice of New Cultivating Mode to Combine Industry
with Education in Design Discipline

图2 游戏《生化危机》截图

图3 "真实的生化危机2"活动宣传照

图4 嬉戏谷"星际传说"(左)、"传奇天下"(右)
实景化效果

2002 年，Viacom Entertainment Group 的分公司把《古墓丽影》(Tomb Raider) 改为多场景的游乐场，地点在俄亥俄州，引起了热烈反响；[10]2004 年，盛大在四川体育馆构建了《传奇世界》(The World Of Legend) 中的"沙城"，举办了主题为"传奇世界、欲望之城"的大型嘉年华活动，取得了空前的成功，随后宋城集团与其合作，将宋城的主体按照盛大自主研发产品《传奇世界》内的中州皇城进行改造，并将游戏中的铁匠铺、药店、杂货铺等真实再现。[11]2014 年，西游记主题公园在江苏淮安开建，项目占地面积约 550 亩，计划投资 15 亿元，是一个集文化旅游、娱乐教育、演出演艺、动漫影视、商贸餐饮、休闲度假为一体的主题乐园。乐园以"寻梦"为主题脉络演绎唐僧师徒四人西天取经的故事，乐园中创造性引入了网络游戏中常见的"攻关·积分"模式，将其与《西游记》中"九九八十一难"故事结构相结合，网络游戏的引入为主题乐园的建立提供了新的主题与体验模式。

3.2 环球影城与网络游戏的合作尝试

日本大阪环球影城于 2001 年开业，园内分为纽约、好莱坞、旧金山、小黄人乐园、侏罗纪公园、小镇亲善村、水世界、环球奇境 8 个区域，2014 年扩建增加哈利波特主题园区。2012 年开始，大阪环球影城开始尝试与网络游戏的合作，设置由冒险游戏《生化危机》（Biohazard）（图 2）改编的同名系列电影主题设施，2013 年 8 月，园区内举办了以《生化危机》为主题的展览游玩活动，命名为"真实的生化危机 2"(Biohazard The Real 2)，游客在以游戏为蓝本布置的场景中获取一枚散弹枪造型的激光枪作为防身武器对抗"丧尸"（图 3），吸引了一大批游戏爱好者的参与。

2015 年至 2018 年间，大阪环球影城连续三年推出特别企划活动"Universal Cool Japan"，引入《怪物猎人》(Monster Hunter)、《最终幻想》(Final Fantasy) 等著名游戏与升级版游戏设施，这是完全不同于另外三家环球影城（美国奥兰多环球影城、美国洛杉矶环球影城、新加坡圣淘沙环球影城）的创新之举，在以好莱坞电影为主旋律的乐园中加入了日本本土特色。2018 年的"真实版怪物猎人"（Monster Hunter:The Real）还推出了"能成为猎人"的步行参观式游乐设施，让游客在现实空间中体验游戏中的猎人体验。另外，奥兰多环球影城还可能开发以魔兽世界为主题的体验区域，[12] 此前，传奇影业与暴雪娱乐联合出品，将大型即时战略游戏《魔兽争霸》(Warcraft) 改编为电影《魔兽》，环球影城的这一实践是对"游戏 + 电影 + 主题乐园"产业融合形式的有趣尝试。

3.3 动漫游戏主题乐园——常州嬉戏谷

2010 年，嬉戏谷进驻进武进太湖湾旅游度假区，是国内首家以动漫艺术和网络游戏文化为体验核心的主题乐园，嬉戏谷一期工程占地 74.13 万平方米，根据大型游戏《星际传说》(Star Story)、《传奇》(Mir 2)、《魔兽世界》（ World of Warcraft）、《奇迹世界》（SUN）及虚拟社区《摩尔庄园》（ Mole's world ）中的元素打造特色游乐设施及主题文化体验（图 4），二期工程与多人在线扮演游戏《完美世界》（World 2）合作，以水上娱乐为主。嬉戏谷不仅将众多动漫及游戏元素引入主题乐园，借此打造主题旅游精品项目，还在园区内配套建有一座 365 天的"China Joy"国际动漫游戏文化博览及版权交易中心以及由国家体育总局授权承办国内电子竞技大赛的国家电子竞技运动中心。[13] 嬉戏谷不仅是一座以娱乐为主的主题乐园，更是将科技、旅游、商贸等关联产业融入，打造了一个全方位展示网络游戏文化、动漫艺术文化的平台。

3.4 小结

在动画、电影、游戏等现代网络文化的介入下，主题乐园的整体氛围与游玩体验被赋予了全新的主题，常州嬉戏谷更是开启了国内以动漫游戏文化为核心的主题乐园的先河。可惜的是，嬉戏谷因为过多借鉴和采用迪士尼的艺术手法，影响了其动漫主题优势以及个性发挥。[14] 事实上，在网络游戏介入主题乐园的实践中，无论是场景、人物这类主要构成元素，还是食物、装备等细节元素的还原，都是游戏中可感的实体元素进行现实世界中的再现，通过对景观空间的打造，我们能够还原网络游戏中的一部分环境，但作为网络游戏体验核心的玩法机制却很少在现有主题乐园中得到体现，这也是本文研究的重点内容之一。

聚
艺术设计学科产教合作创新性人才培养模式实践

Polymerizing
Exploration - Practice of New Cultivating Mode to Combine Industry
with Education in Design Discipline

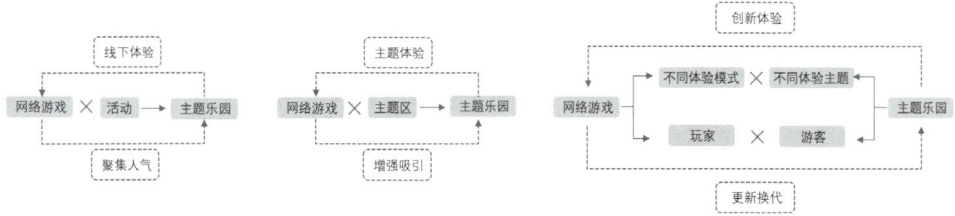

图 5 网络游戏在主题乐园的三种介入形式

第 4 章　网络游戏在主题乐园中的介入形式及景观体验特点

4.1 网络游戏在主题乐园中的介入形式

按照网络游戏与主题乐园的互动程度本文将网络游戏的介入形式分为三种（图4）：首先是将主题乐园作为网络游戏活动举办的场地，例如大型展览、Cosplay（角色扮演）活动、电子竞技活动等，在这种形式下，网络游戏并不真正成为主题乐园实体的一部分，而是通过期间限定活动的举办，在短期内为园区快速聚集人气。其次，以某一款或几款游戏打造主题区，通过差异化的体验设置增强吸引力、带动总体流量，同时与园区内其他主题区形成联动效应。上文中提到的"Cool Japan"属于将这两类形式的结合，因为活动的成功举办，大阪环球影城在好莱坞区建成"Cool Japan"专区，成为高人气动漫与网络游戏线下体验的固定场所。每一年的活动开

图 6《熊出没》系列电影

图 7 华强方特乐园 "熊出没" 剧场

幕式就能吸引大批游客。 第三类则是将网络游戏与主题乐园的开发完全融合，通过场景、人物等的打造，虚拟网络游戏在真实空间中得以呈现，实现线上线下的同步互动，以网络游戏的更新换代带动主题乐园的持续发展。同时，可根据市场导向及品牌需求选择与乐园主题相匹配的网络游戏模式，以乐园为基底开发对应的网络游戏，经典游戏模式的重现不再只针对某款游戏的玩家，通过扩大受众范围，使其成为乐园线上产业的一部分，更利于主题公园文化的深层次开发，真正实现网络游戏与主题乐园内容与形式上的相互转化与相互补充。

4.2 网络游戏介入下主题乐园景观体验的多重互动性

4.2.1 虚拟与真实的互动

游戏中的 "世界观" 是指游戏中世界的样子，通常来讲包括世界背景、物品说明、人物设定、角色关系、游戏规则等。网络游戏中世界观可以根据生活场景、真实历史、风土人情等构建，也可根据文学、电影、动画作品中的虚拟世界构建，甚至可以根据游戏需求构建一个架空世界。世界观是对游戏玩家产生原始吸引力的关键因素之一，主题乐园将这一设定在真实空间中得以实现，通过新兴的方式与参与者互动，操控游戏的方式不再局限于计算机屏幕等游戏设备前，而是一种全身沉浸式的交互，[15] 参与者在真实世界中继续虚拟世界的体验，主题乐园中的场景、角色的还原所带来超现实的艺术氛围在线下对网络游戏进行延伸与升华。

4.2.2 叙事的互动

传统主题乐园通常以动画、电影或历史故事、神话传说为蓝本，通过人物、场景等的实景化，游客以观看者的身份阅读故事、感受故事。比起电影与书籍，身为交互艺术的网络游戏让人们真正走入了故事，游戏通过玩法机制为玩家与故事建立了互通的桥梁。正如著名游戏设计师 Chris Crawford 所说，"交互性才是计算机游戏的卖点"。在游戏的过程中游客与故事情节产生交互，以获得不同的故事体验，他们既是主题乐园叙事空间的阅读者又是书写者，作为故事中的一部分，从单方面的阅读与观赏转变为了多向的主动干预与反馈，成为空间的参与者。

聚
艺术设计学科产教合作创新性人才培养模式实践

Polymerizing
Exploration - Practice of New Cultivating Mode to Combine Industry
with Education in Design Discipline

4.2.3 感官的互动

网络游戏在听觉与视觉上已达到与真实世界相差无几的效果，但触觉、味觉乃至空间感觉暂时无法在网络游戏中得以实现，而在现实世界中，人和世界进行多感官多维的互动。多感官的意思是我们通过视觉、触觉、听觉、嗅觉、味觉等感觉接收真实世界的信息，多维的意思是真实世界通过各种方式反馈给我们信息，我们也通过各种方式反作用于真实世界并从真实世界得到反馈。[16] 在网络游戏的介入下，虚幻作为一种能动的空间情绪，使人们对于传统空间的认知加载了梦幻成分，主题乐园将视觉、听觉、触觉以及对时间、空间的感知融为一体，使游客由观赏者转换为主动感受从而达到在这些感官的相互作用下产生出多重互动的特性，游客与游戏空间、乐园空间之间衍生出交叠的沉浸感。

第 5 章　同类型主题乐园主题打造的经验与启示

5.1 动画、电影类主题乐园开发模式

许多动画和电影是基于网络游戏改编而成的，而通过高人气的动画和电影制作相应网络游戏的也不在少数，迪士尼公司就以旗下热门动画《冰雪奇缘》、《星际宝贝》、《玩具总动员》为主题开发过多个小游戏。动画、电影与网络游戏的关系十分密切，以迪士尼和环球影城为首的动画、电影类主题乐园已经发展出一套相对成熟的开发模式。

今天的主题公园竞争已经不是单体主题公园凭借简单的产品、人才竞争取胜，而是通过企业集团的方式，建立集团内部产业链和多元化的盈利模式，实现主题公园的外部经济，为主题公园的持续发展提供技术、资本和平台支持。[17] 以迪士尼"动画产业 + 主题乐园 + 主题酒店"度假区模式为例，从 1955 年第一家迪士尼乐园在美国加利福尼亚州开业，到 2016 年内地首家迪士尼乐园在上海落地，已在全球范围内建成 6 家迪士尼乐园度假区，其中 1971 开业的奥兰多华特迪士尼世界度假区占地面积最大，达到 12400 公顷，包含 4 家主题乐园及 30 家主题

酒店。迪士尼集团已形成线上 IP 产业与线下主题乐园、主题演艺、主题酒店、文化衍生品等融合发展的全产业链模式。近年来国内主题乐园受到迪士尼发展模式启发，相继开发出自己的 IP 产业，华强方特集团以"特种电影 + 动漫产品 + 主题演艺 + 文化衍生品"为核心文化内容，先后出品 30 余部动漫作品，《九州神韵》、《牛郎织女》等特种电影、《猴王》、《孟姜女》等主题演艺项目，与线下旅游度假区共同发展，其中《熊出没》动画及系列电影（图 6）广受少年儿童的喜爱，在方特乐园中专门为其打造了主题园区（图 7）。

5.2 主题氛围的整体营造

将主题乐园的整体体验作为核心产品，是迪士尼乐园、环球影城等主题乐园长盛不衰的重要原因之一。通过交通空间、标识系统的主题化设计对乐园氛围进行外部延伸，让游客在真正踏入乐园大门之前就提前感受到欢乐的气氛；游玩过程中通过主题设施、主题景观进一步展现乐园文化，让游客完全沉浸在乐园构建出的梦幻氛围之中；而离开乐园后游玩并没有结束，主题酒店为整体的氛围营造做出最后一步的渲染，至此游客在其中获得了对乐园主题文化的全方位感知。

5.3 主题故事转化为景观体验

动画、电影类主题乐园整体是一座戏剧舞台，这出大戏的构建首先要有剧本，在剧本和舞台的基础上将故事情节转化为景观节点，并通过空间序列的合理排布让游客在游玩过程中跟随既定路线体验故事情节。

上海迪士尼中的爱丽丝梦游仙境迷宫是根据 2010 年蒂姆·波顿执导的真人电影《爱丽丝梦游仙境》为蓝本打造的主题区，园区内通过三个主题景观园将故事转化为不同的游园体验，并通过空间的排布实现了故事情节的有机串联（图 8）。通过小门进入主题园区，游客化身为电影主角爱丽丝，体验故事中的三重情境：岩石围合的小道，在草丛与树木的掩映下出现的大毛兽、盯着人看的花朵和滑稽可笑的盔甲小动物，对应着爱丽丝刚进入异世界时看到的奇妙景象；通过桥下隧道进入树篱围成的复杂迷宫，游客沿着迂回曲折的小道前行，感受的是爱丽丝在异世界中的迷失；着空间体验的不断转换，故事情节也随之推进，由此游客在景

聚
艺术设计学科产教合作创新性人才培养模式实践

Polymerizing
Exploration – Practice of New Cultivating Mode to Combine Industry
with Education in Design Discipline

观空间中对故事进行了完整而有趣的互动式体验。

5.4 主题元素的提炼与表达

爱丽丝梦游仙境迷宫中的"红皇后的御花园"无疑是景观空间对主题人物展现的范例。"红皇后"为电影中的重要角色，因其夸张的造型与乖戾的性格受到大众的欢迎，在主题景观的打造中，首先将凸显形象特色的人物雕塑放在了园内中心位置，同时通过一系列主题元素的利用营造出主题景观园的整体特色（图9）：（1）对标志性色彩及图案的反复利用，突出景观的主题性；（2）相关配角及标志性物品的加入使得场景分为更具真实性和趣味性；（3）在栏杆、路灯等景观细节中充满对主题的呼应，通过空间中不同层次景观要素对主题的体现，形成完整的故事氛围，使游客在游览过程中与故事氛围产生强烈的心理联系。

电影剧本

爱丽丝从树洞里进入另一个世界，遇到朋友们 → 爱丽丝在异世界中迷失 → 爱丽丝遇到红皇后

景观空间

奇妙花园　　　　　树篱迷宫　　　　　红皇后的御花园

图8 "爱丽丝梦游仙境迷宫"中电影剧本与景观空间的转换

图9 "红皇后的御花园"中对主题元素的利用

第6章　网络游戏介入下的主题乐园景观设计策略

6.1 网络游戏模式在主题乐园景观空间中的转化机制

由于网络游戏的类型与玩法较为广泛，本文从其共性进行分析，将网络游戏的基本模式分为三部分：规则、玩家、画面。游戏规则是对玩家产生原始吸引力的关键因素之一，它决定了游戏中的故事背景、玩家在游戏中的行为方式及游戏的反馈机制；而游戏的画面决定了游戏的整体质量与玩家的体验感受，除了画面的精美程度外，由气候、温度、色调等画面元素构成的整体氛围也是重要组成部分。在主题乐园的设计中，本文将网络游戏语言转换为景观设计语言，并从路径构建、空间组织、建筑及场景、景观元素构成的虚拟性氛围几点出发，构建网络游戏在主题乐园中的实现方式（图10）。

6.2 游戏规则在主题乐园景观空间中的实现手段

6.2.1 路径模式

主题乐园的游览路线起着组织空间、引导游览、交通联系并提供游客散步休憩的作用，它似脉络一样，把主题乐园的各个景区、景点连成整体。[18] 迪士尼集团旗下6个度假区中一共建立了12个主题乐园，每个乐园中的空间结构与主题区构成稍有不同，但主要采用环线模式，由主题大街作为中轴线将游客引入公园中心广场，以中心广场作为主要交通集散地，各主题区以圈层拓展的方式围绕中心广场分布，通过环路在各主题景区间建立联系，游客既可以在不同主题区间连续游览，也可在游览完一个主题区回到中心广场，再选择去下一个主题区游览（图11）。深圳欢乐谷则是由一条主路贯通整个园区，串联欢乐时光、玛雅水公园、

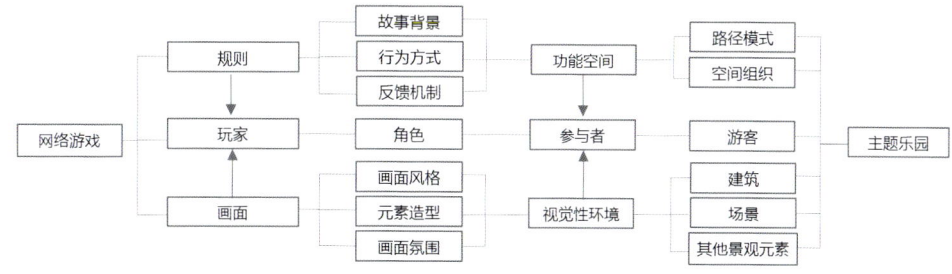

图 10 网络游戏模式在主题乐园景观空间中的转化机制

聚
艺术设计学科产教合作创新性人才培养模式实践

Polymerizing
Exploration – Practice of New Cultivating Mode to Combine Industry
with Education in Design Discipline

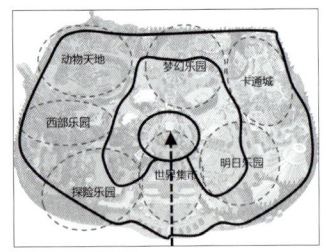

图 11 环线路径

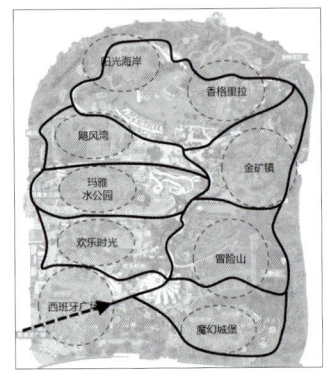

图 12 树枝形路径

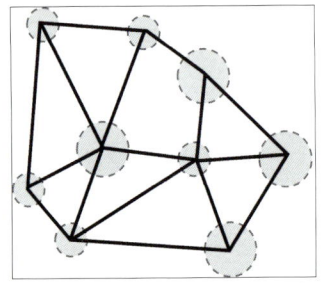

图 13 网状路径

飓风湾、阳光海岸、香格里拉、金矿镇、冒险山及魔幻城堡八个主题区（图12）。

　　网络游戏模式下的路径模式不同于传统主题乐园，正如游戏中的体验一样，游客在乐园中的游线更强调自由与随机性，不同于环线或树枝状游线下每一处景点的可通达性，在网络游戏"角色扮演"体验模式以及"任务—奖励"的玩法机制下，乐园游线形成一种不同路径交织的网状随机地图，不同路径之间的交叉点便是景观节点，对应游戏空间中的城镇、建筑等（图13）。

　　在传统空间中，人们会很轻松地领会到其结构的内容，而不需要深度的思考，从某种意思上说，它是以一种强势的态度面对观者，观者只能被动地收集其传达的信息，[19] 而在网络游戏的介入下，主题乐园强调的是游玩过程的随机性，鼓励游客进行主动的思考与探索。例如冒险游戏《暴雨》（Heavy Rain）以四名主人公为主线，故事分支情节众多，根据玩家行动的不同最后可能导向数十个不同的结局。在园区中，由于游人的不同选择和事件触发后引发新元素的结果，同样的景点对于不同的虚拟角色人生也会有不同的意义。[20] 在这样的路径构建下，游客在乐园中的体验有了更多可能性，作为主角共同体真正参与到故事的发展当中，每一次游玩都有新的感受。

6.2.2 空间组织

　　游戏设计者通过对于物象空间的描绘为玩家提供了游戏叙事所需的地理场景、时代背景、声像环境以及人物形象，这使得网络游戏具备了空间叙事的基础，[21] 主题乐园将各部分景观空间通过并列、连续、穿插等不同方式组合，形成一个有机整体，呈现出不同的叙事结构与游园体验，不同的主题区有各自不同的风格与活动性质，每个景观空间具有自己独特的故事情境，他们共同组合成园区的完整体验，这与网络游戏中的不同场景的设置具有天然的契合度（图14）。主题乐园常常采用景观并列空间组合，把各个主题乐园以独立展示区的模式，以园区边界分隔，共同分布在大主题园区。[22] 游客在游览完一个主题区后自然进入下一个主题区，在这种组合手法下，可以将游戏中不同场景像拼贴画一样布置在空间中，

图 14 常州嬉戏谷中根据不同游戏风格设计
的建筑立面

图 15 穿过桥下进入"玩具总动员"主题区
（香港迪士尼乐园）

图 16 迪士尼乐园中不同动画场景的实景化

图 17 《One Beat One Tree》项目在世界
地标建筑上的互动投影

游客在其中获得连续不断的多种体验。不同故事空间之间可以通过铺地、植物等景观元素的变化进行自然过渡，让游客在游览过程中不知不觉进入下一个场景中，以达到流畅连续的叙事体验；另一方面，通过一扇门或一段走廊来直接连接两个风格迥异的主题区（图 15），在视觉上反而能带来跳跃与惊喜感，呈现跨时间和空间的游园效果。

6.3 游戏画面在主题乐园景观空间中的实现手段

6.3.1 建筑立面的风格化

建筑立面既是景观的边界又是景观空间的一部分，作为体现主题特色的重要元素，除了彰显基本功能价值外，还应考虑其外形处理如何与主题氛围相配合。主题乐园中的建筑不同于一般建筑，它们必须新颖独特，甚至夸张，才能充分体现游戏背景的时代特色。一般来说，在设计过程中可以通过三种方式实现对建筑立面的风格化打造：（1）对游戏中的建筑元素加以利用，结合空间的功能要求对游戏中的建筑进行一定程度的还原；（2）将游戏中的景观元素与建筑进行结合，立面不再局限与传统的表现形式，可以构建出"树洞道""隧道"等更为丰富有趣的入口形式；（3）对游戏中的主题元素加以提炼与重构，使之成为建筑立面的装饰构成。

嬉戏谷根据不同游戏的故事背景对相应建筑物外立面进行了不同的打造，与景观空间共同构成逼真的环境（图 16）。

除了对静止的建筑物进行设计和布置以外，还可通过其他方式对人体进行多感官的刺激，来影响人的情感。[23]最常见的是利用 LED 屏幕及投影化多媒体技术，将虚幻影像与实体建筑结合起来，建筑立面作为背景幕布，呈现出动态影像。投影化的多媒体景观给人们带来的是一种体验，比通常静态景观单纯的视觉感受更有吸引力，[24]而即时互动技术的加入为游客在其中的体验带来了更多的可能性，观者的行为被编码成为人机交互的语法，在真实的空间获得对应的信息反馈，比利时艺术家娜兹哈·梅斯特奥伊（Naziha Mestaoui）的项目《One Beat One Tree》通过即时互动技术将观众的心跳数据传输到数据库中，虚拟的树木图案实

聚
艺术设计学科产教合作创新性人才培养模式实践

Polymerizing
Exploration – Practice of New Cultivating Mode to Combine Industry
with Education in Design Discipline

图 18 网络游戏《荒野行动》中的多个场景

图 19 嬉戏谷中的主题人物雕塑

图 20 嬉戏谷中的山地与湖泊

图 21 不同几何形态的微地形

时投影在建筑立面上（图 17），实现了观众与作品的互动。图像信息的加入，使得建筑立面围合而成的空间也随图像的变化而时刻改变，景观发出的信息变得生动，形成更加多元与虚幻的视觉环境。

6.3.2 虚拟场景的实景化

对于动漫游戏而言，场景是承载整个游戏开展的虚拟舞台、游戏中虚拟人物存在的空间，也是游戏任务开展的场域。[25] 通过景观打造将网络游戏中的虚拟环境与现有景观空间形成的一种新的融合，制造出真实存在而又与现实疏离的乐园环境。

（1）游戏场景的实景化再现

场景是游戏中一种固定的经验模式，也是游客获得空间体验最直接的途径，选取游戏或故事中的代表性场景，按照游玩过程对空间尺度的需求进行一定比例的还原，作为乐园空间的基本环境构造，让游客化身为游戏场景中的主角；另外，将场景中的山石、植物、构筑物等在现有景观空间中进行重构，与园路、广场等结合，也是游戏场景再现与游戏氛围体验的一种方式。

迪士尼乐园的不同主题区中实现了多部动画、电影场景的还原，赛车总动员主题区在空间中对故事的发生地"66 号州际公路"旁的"水乡温泉小镇"进行了实景化打造，游客可以坐上赛车在园路中驰骋；在冒险乐园里，游客们乘船来到加勒比海岸，夜游岸上的小镇，目睹海盗们烧杀掠夺的情景（图 18），[26] 实景化的场景为景观塑造了新的视觉感受，使游客的体验由现实变为超现实。

（2）场景主题的提取与强化

主题乐园还利用主要人物的实景化来体现真实的主题背景（图 19），通过对人物形象的再塑造，使其成为一种新的景观符号，以独立主题雕塑的形式，或作为空间中构筑物、主题景观的组成部分，共同参与到对游戏场景的再现中。

6.4 主题乐园中虚拟性环境氛围营造

网络游戏中的环境氛围是使玩家产生沉浸体验的核心因素之一，通过声音效果、视觉效果及环境效果带给玩家身临其境的感觉，冒险游戏《银翼杀手》(Blade

Runner) 的场景设置在洛杉矶，游戏中的蒙蒙烟雨与蒸腾雾气增添了游戏的惊险感；射击类游戏《异形：隔离》(Alien: Isolation) 中则通过昏暗的色调与闪现的灯光将恐怖氛围与紧张感打造得淋漓尽致。虚拟性环境是主题公园视觉性环境和互动性环境建设的重要提升，是主题公园氛围营造的主要手段，也是主题公园区别于其他一般公园的重要特征。[27]

主题乐园中的虚拟性环境氛围分为两种，一种是由空间中的景观元素通过不同的组合形式与设计手法，打造出的具有超现实体验的实景性环境氛围，另一种则是多媒体技术介入下景观元素与虚拟信息交叠形成的影像性环境氛围。通过地形、水景、植物等景观元素不同形态的呈现，以及他们与空间中其他环境要素多样化的互动关系，实现神秘性、刺激性、梦幻性等多种游戏氛围在主题乐园空间中的移植与再现。

图 22 迪士尼乐园中的植物造型

聚
艺术设计学科产教合作创新性人才培养模式实践

Polymerizing
Exploration – Practice of New Cultivating Mode to Combine Industry
with Education in Design Discipline

6.4.1 地形对虚拟性环境氛围的营造

地形对主题乐园中的氛围表现起着至关重要的作用，从空间组织方面来说，自然形成的高山湖泊分隔了乐园空间，形成富于变化的乐园景观（图20），为游人带来或开阔或聚合的游玩感受。另外，人工塑造的微地形的合理利用能产生多种景观形态。从竖向高差上微地形基本可以分为山地（包括山峰及台地）、平地（包括平地与缓坡地）及洼谷地（包括山谷、盆地及下沉平地），[28] 同时，几何形态的微地形（图21）还能为景观空间注入更多虚拟成分。除了视觉上的独特体验，微地形带来了多样化的运动场地，这种空间在人们的游玩过程中增加了对其空间觉、位置觉上的感官刺激，游客以多维视角感受景观空间当中，从而获得更丰富的游玩体验。

6.4.2 水景对虚拟性环境氛围的营造

景观空间中的水是最容易让人产生亲近欲望的元素，因喷水形式的不同而形成水帘、水雾、喷泉等不同的水景形态，加以计算机对水景动静变化的控制，能够制造出新的观赏体验与交互效果。[29] 同时，均匀平滑的水幕本身可以作为信息呈现的媒介，不同于实体的投影幕布或建筑立面，水幕的形态变化更为丰富，能呈现出更加虚幻与动态的影像效果，形成实体水景与虚拟影像交叠的

图23 玛琪萨克花园

数字化景观，这种景观具有极强的时尚性、时代性和新颖性，对信息时代的大众具有极强的视觉吸引力和沉浸性，大众通过数字化的景观能够体验到只有在虚拟网络中才有的视觉体验和空间感受。

6.4.3 植物对虚拟性环境氛围的营造

植物景观本身具有独立的审美价值，经过栽培、修剪，乔灌类园木被赋予特定造型，虚拟世界中的角色形象、图案符号在乐园中得到重现，人工雕琢的痕迹使得植物完全不同于其自然生长的形态，反而增添了乐园空间柔和的梦幻气息（图22）；法国玛琪萨克(Marqueyssac)花园通过植物造型打造出了令人赞叹的"迷宫"，园中所有灌木都被精心修剪雕琢成圆润的气泡状，他们彼此拥挤着、翻滚着，仿佛被赋予了生命（图23）。

另外，通过对植物种类的选择、造型方式、与构筑物的互动关系，能够营造出各种各样的环境氛围，既能表达出游戏氛围中的梦幻与美好，又能烘托出时间流逝的苍凉感，冒险解谜游戏《失落之城》（The Lost City）中残破的建筑物与漫布的藤蔓打造出失落森林的神秘气息（图24），深圳欢乐谷的飓风湾景区就是利用植物来体现了4种场景：飓风过后、自然恢复、利用现状、重新建设（图25），通过植物对氛围的营造，展现出飓风侵袭后的斑驳残迹，让游客在其中得到更深层次的游玩体验与情感共鸣。

6.4.4 景观公共设施对虚拟性环境氛围的营造

景观空间中细节同样是环境氛围营造中不可缺失的一部分，景观服务设施对主题的体现保证了环境氛围的整体性。景观功能设施主要包括公共座椅、售卖亭、休息亭等娱乐服务设施，花坛、树池、垃圾桶等环卫设施，路灯、配电箱、窨井盖等能源设施，导视牌、路名牌、店招等信息设施以及消防栓、灭火器箱等防灾设施。在主题乐园中，配电箱等游客不直接接触的设备通常通过一定方式隐藏在环境中，而公共座椅、垃圾桶等服务设施则通过艺术化处理将其融入整体环境中（图26）：（1）设计为与周围建筑、景观风格相协调的艺术化造型；（2）通过主题图案、色彩的运用进行外观上的美化；（3）将文字信息转化为符合主题的表达方式。

图24 游戏《失落之城》截图

图25 深圳欢乐谷利用植物营造景观氛围

聚
艺术设计学科产教合作创新性人才培养模式实践

Polymerizing
Exploration – Practice of New Cultivating Mode to Combine Industry
with Education in Design Discipline

图 26 景观设施的艺术化处理

6.5 主题乐园中虚拟体验移植的技术支撑

6.5.1 增强现实技术

　　增强现实技术（Augmented Reality，简称 AR）利用图像技术将虚拟图像叠加在现实空间中，并通过计算机或移动设备屏幕得以呈现，这一技术早在 1990 年提出，近年来在工程设计、医疗研究、休闲旅游等领域中均有应用。增强现实技术为游戏带来了全新的操作方式与更高的可玩性（图 27）。AR 游戏《精灵宝可梦 GO》（Pokemon Go）于 2016 年发布后迅速在全球范围内引发热潮（图 28），游戏的一大亮点是在现实世界中进行小精灵的搜索与捕捉，小精灵会分布在世界各地名胜古迹、标志性建筑、著名景点等，AR 技术与地理位置的完美结合，虚拟游戏中的场景、角色出现在真实熟悉的生活环境中，进一步激发了玩家在现实空间中体验游戏的热情。相比虚拟现实技术（Virtual Reality，简称 VR）以可穿戴设备为中介，增强现实技术通过手机等移动设备就能便捷地进行体验，为网络游戏中角色与场景在乐园空间中的呈现提供了另一种方式。

图27 软件Snapchat通过AR技术更换天空

图28 AR 游戏《精灵宝可梦 GO》

6.5.2 虚拟货币

虚拟货币的利用首先是通过支付宝、微信等现代支付方式实现便捷化的小额交易，用于主题乐园餐饮、文化衍生品购买等消费支出；其次，网络游戏中的"积分"形式也可通过虚拟货币移植到主题乐园的体验中，游客通过参与游戏项目来获取或消耗虚拟货币，借助网络游戏的虚拟货币系统为主题乐园打造更富趣味性的游玩体验。

6.5.3 社交媒体

随着微信、QQ 等的全民普及，使得以社交媒体为媒介的游戏形式备受关注，社交关系与好友互动作为核心亮点，为主题乐园中"对战"、"组队"等游戏形式以及线上线下的同步体验提供一个平台，游客不仅可以与家人、好友共同在园区进行游玩，还可以共同参与线上游戏的体验，并通过用户分享达到深度宣传的效果，实现乐园的营销策略。

第 7 章　成果与展望

7.1 研究结论

本文通过对相关文献的整理与研究、国内外实践案例的分析与总结等，提出网络游戏在主题乐园中的介入形式、景观特点及实现手段。在对方法的研究过程中，结合多感官设计与沉浸理论，从景观设计的角度出发探讨了网络游戏模式中规则、画面与虚拟性环境氛围在主题乐园景观空间中的实现途径，并提出一系列可行的设计策略。通过本文的研究，一方面希望对主题乐园的开发模式提供新思路；另一方面结合网络游戏的景观设计手法同样能够在其他类型的景观空间中合理运用，以带来更具趣味性与互动性的体验。

7.2 研究的局限与不足

由于网络游戏介入下的主题乐园尚处于发展阶段，理论与实践研究的基础都有所欠缺，在此基础上，本文结合了网络游戏与旅游业的相关理论研究；在实践研究方面主要则从同类型的动画、电影类主题乐园进行横向对比分析，理论与实践两方面来看研究深度都是不够的。另外，由于对网络游戏的学习研究不足，在研究过程中本文从模式共性上进行总结与应用，导致部分内容的泛泛而谈，希望今后能有机会对课题做更进一步的完善。

参考文献

[1] 张力，王秋婷，刘鹏飞. 新兴的文化现象：二次元文化与精品 IP[J]. 新闻与写作，2016(06):36-38.

[2] 大数据：2016 已开业中国主题公园统计分析 [EB/OL].

http://www.pinchain.com/article/107981.

[3] 冯海霞. 网络游戏情景旅游产品开发策划 [J]. 企业活力，2010(02):35-38.

[4] 2015 中国青少年宫儿童媒介素养状况报告发布 [EB/OL].

http://www.cnypa.org/dcyj/983832.jhtml.

[5] 梁留科，余汝艺，李华辰. 网络游戏与旅游互动的初步研究 [J]. 旅游学刊，2007(07):58-63.

[6] 魏程远. 网络游戏类型对玩家人际交往能力的影响 [D]. 上海：上海交通大学，2014.

[7] 吴迪. 主题乐园的景观创意与设计研究 [D]. 南京：南京林业大学，2013.

[8] 高明清. 教育游戏场景设计与实现 [D]. 芜湖：安徽师范大学，2014.

[9] 姜婷婷. 基于感官体验的景观设计研究 [D]. 南京：南京艺术学院，2014.

[10] 盛大网络联手宋城涉足旅游产业启示录 [EB/OL].

http://news.17173.com/content/2004-4-12/n530_446877.html.

[11] 江苏淮安开建西游记主题公园 占地面积约 550 亩 [EB/OL].

http://www.linkshop.com.cn/web/archives/2014/297069.shtml.

[12] 新华网：借电影东风！奥兰多环球影城或将建魔兽主题公园 [EB/OL].

http://www.xinhuanet.com/info/2015-07/30/c_134459141.htm.

[13] 秦先普 . 嬉戏谷：给世界一个全新主题——访常州嬉戏谷有限公司执行董事总经理丁俊伟 [J]. 中国广告 ,2016(07)：43–48.

[14] 方四文 . 主题公园环境艺术的视觉性研究——以常州市三大主题公园为例 [J]. 中国园林 ,2014,30(07)：48–51.

[15] 夏梦霖 . 新媒体游戏的多重互动性体验研究 [D]. 武汉：华中师范大学 ,2016.

[16] 余艾琪 . 沉浸式虚拟现实心理放松游戏的设计及体验研究 [D]. 哈尔滨：哈尔滨工业大学 ,2016.

[17] 吴侯位 . 中外主题公园经营战略比较 [N]. 中国旅游报 ,2012–09–28(011).

[18] 张丽芬 . 主题乐园的空间布局 [N]. 中国旅游报 ,2004–06–14.

[19] 毛浩浩，俞传飞 . 序列的重组·空间的幻化——试分析比较电脑游戏空间与实体空间的超链接特性 [J]. 建筑与文化 ,2009(09)：108–109.

[20] 胡哲，陈可欣 . RPG 模式在主题公园设计中的应用——以金庸武侠城设计为例 [C]. 中国住房和城乡建设部，国际风景园林师联合会 . 和谐共荣——传统的继承与可持续发展：中国风景园林学会 2010 年会论文集（上册）. 住房和城乡建设部，国际风景园林师联合会 ,2010.

[21] 陈阳 . 网络游戏中的空间交互与玩家社交体验研究 [D]. 哈尔滨：哈尔滨工业大学 ,2012.

[22] 胡骁杰 . 主题公园景观设计研究 [D]. 南京；南京林业大学 ,2008.

[23] 周况，方田红 . 虚拟现实技术在主题公园中的应用 [J]. 设计 .2018(02)：142–143.

[24] 黄智冠 . 多媒体介入当代景观的研究 [D]. 广州：华南理工大学 ,2010.

[25] 孙钦玲 . 虚拟动漫场景设计以及在现实风景园林中的应用 [D]. 广州：华南农业大学 ,2016.

[26] 赵娜冬，段智君 . 浅析主题公园设计手法的发展趋向 [J]. 中国园林 ,2003(11)：44–46.

[27] 方四文 . 主题公园虚拟性环境艺术研究 [J]. 美苑 ,2013(05)：85–87.

[28] 李鑫 . 主题乐园分区景观研究 [D]. 天津：天津大学 ,2005.

[29] 卜骁骏 . 视觉文化介入当代建筑的阐述 [D]. 北京：清华大学 ,2005.

酒店设计中地域文化的当代再现

——以大理满江精品酒店为例 ◎刘洪琴

Comtemporary Representation of Regional Culture in Hotel Design

—A Case Study of Dali Manjiang Fine Products Hotel

摘要

在全球"趋同化"背景下，酒店的设计正逐渐被整合为单一的国际化和标准化模式。旅游业的快速发展和体验经济时代的到来，千篇一律的传统酒店模式满足不了人们对精神上的享受和情感上的需求。当下的人们更希望在酒店设计中能够得到一种独特的文化体验之旅，收获一份不同的地域记忆。本文通过文献研究和田园调查等研究方法，用当代设计理念与表现手法以大理满江精品酒店为实践载体，对精品酒店设计中的地域文化进行当代再现，并归纳和总结酒店设计中地域文化当代再现的设计方法。首先，运用文献分析法和田园调查法对大理白族自治州的物质资源与非物质资源进行梳理，选取文化价值高的 DNA 元素。其次，用价值含量高的基因元素，围绕当代设计理念中的新地域主义，采用解构、借用、重塑对空间和材料进行创造性再造，在设计中融入以人为本、社会伦理学和生态学等思想创造性再造具有隐喻性、抽象性的酒店设计。空间的再现主要通过白族民居空间格局和构建元素的正负空间关系与图底关系的解构、借用与重塑，创造性设计出生态化、人性化、个性化和具有时代文化内涵的象征性空间。材料再现用当代转译方法，对材料的质地、色彩和肌理进行再现。

关键词

精品酒店　地域文化　当代设计　新地域主义

第 1 章　绪论

1.1 研究背景及意义

1.1.1 研究背景

大理满江位于云南省大理州满江天井山北麓，整体地势南高北低，面朝洱海。苍山洱海是大

聚
艺术设计学科产教合作创新性人才培养模式实践

Polymerizing
Exploration – Practice of New Cultivating Mode to Combine Industry
with Education in Design Discipline

理州有名的旅游景点，是大理的天然生态屏障，属于国家级自然保护区。据统计，大理白族自治州总户籍人口约为 358.44 万，州内共有 25 种民族，其中白族人口占 121.79 万人，是以白族为主的多民族聚居地区。[1] 从大理州旅游发展委员会了解到，2017 年大理州共接待海内外旅游者 4222 万人次，同比增长 9.4%；旅游业总收入 647 亿元，同比增长 21%。

最近几年大理州旅游人数呈不断上涨的趋势，旅游收入占大理州全民经济总收入的比例也随之增大。旅游业的快速发展与体验经济时代的到来，使酒店客栈的数量需求也相继而增，加上人们对品质生活的追求，住宿空间品质的提升及相应配套设施的完善便利是现如今酒店设计需要关注和解决的问题。精品酒店也开始诞生发展，这使酒店已经不再仅仅是住宿的场所，更是对所在地的精神和文化的体现。如何更好地挖掘地域文化，同时，用当代设计理念与表现手法对传统地域文化进行创造性再现，让本土人情在酒店设计中复苏，是如今精品酒店设计更需要思考解决的问题。

1.1.2 研究意义

如今，在欧美时尚潮流处于领先位置的情况下，如何让酒店设计符合当下的审美意识，在引起人共鸣的同时又能制造出具有自身民族特色的时尚，具有重要的意义。论文尝试从专业角度出发，以传统元素、地域元素为立足点，研究探讨和论述传统地域元素向当代时尚转换的可能性与方式。

发现地域文化的差异性，提取地域文化中最独特的文化基因，并结合当代设计理念与表现手法，参与到实践项目酒店设计中，如果这一命题能够得到整理，对酒店设计行业有一定积极的参考意义及推动作用。

1.2 国内外研究现状

国外精品酒店的发展有近四十年的历史，可追溯到 20 世纪 80 年代。精品酒店英文名为"Boutique Hotel"，"Boutique"一词最初来源于法语，释义为"精品"。这种酒店起源于欧洲，弘扬于美国，主要集中于欧美发达国家，其次是澳大利亚、加拿大、墨西哥，再次是亚洲局部旅游胜地。与其他酒店不同的是精品酒店有鲜明的主题文化，国外的精品酒店注重高品质的设计装修。为了体现精品酒店的独有特点，在设计中融入地域文化，突出个性与风格，提供优质的服务和精准的高端定位。随着中高端消费群体的扩大及人们消费观的改变，国外精品酒店的定位开始向大众化倾斜。随着人工智能大数据时代的到来精品酒店也开始走向智慧化和智能化，为人们提供个性科学并且有温度的服务。

精品酒店从 20 世纪 90 年代开始在我国迅速发展。从国内研究现状来看，对精品酒店空间设计中地域文化的表达理论研究远不及对于精品酒店旅游和管理角度的理论研究，设计优秀的精品酒店也仅多在北京、上海、深圳、杭州等一线城市及一些如丽江、大理、九寨沟、张家界等旅游热点城市，在表达手法上还存在比较传统的方式，千篇一律，创造性不够。除此之外，在设计中精品酒店定位不清晰，把"精品"理解为奢华，而忽略精品酒店特有的文化初衷。或者有文化意识但对文化特色的分析把握还不到位，很多对精品酒店所在地域文化意境的理解和把控，以及在地域文化在酒店设计中的设计表达上多数依然局限于简单的复制粘贴。

1.3 研究内容及方法

1.3.1 研究内容

文化的传承不是拿来主义，对文化基因的提取也不是简单的复制、挪用和拼接。这就对我们提出了地域文化挖掘的重要性与再生的可能性。同时，当代人的文化修养与审美品质在较过去二三十年有了更大更快的提高，当下对设计师提出了更多的新期望，设计师需设计出符合当代精神内涵的作品。面对多种多样的传统文化，保留精髓，去除糟粕，挖掘价值含量高的地域文化基因再用当代设计理念和表现手法对地域文化进行创造性再现，是需要设计师需思考问题。

论文需要分析精品酒店的发展历史，对酒店设计再现地域文化的理论研究的现状、目的和意义进行梳理，对"地域文化"、"当代设计"和"精品酒店"定义进行分析，梳理三者之间的关系。归整大理白族自治州地域文化，提取有价值的文化基因。在当代设计理念的指导下用具有时代特征的表现手法对传统文化、地域文化进行创造性再现，并结合大理满江精品酒店设计实践对再现方法的多种可能性进行规律总结，为精品酒店设计中地域文化的当代再现进行方法论梳理。

1.3.2 研究方法

论文研究方法主要通过以下方面开展：

文献分析法：收集查阅相关文献资料，梳理相关研究理论，构思论文初步框架。

田野调查法：在研究期间以云南大理州古镇村落为主要研究对象，对洱海周边村镇和相关客栈、酒店的设计及地域文化有一些了解。进行田野调查，收集相关资料，找出问题并进行分析研究，为研究论文提供依据。

聚
艺术设计学科产教合作创新性人才培养模式实践

Polymerizing
Exploration – Practice of New Cultivating Mode to Combine Industry
with Education in Design Discipline

实践法：将理论与实际相结合，将地域文化的理论用到大理满江精品酒店设计的案例中，在项目设计实践中深入研究。

第 2 章　方法与途径

2.1 地域文化与当代设计的定义

2.1.1 地域文化的定义

[2] 文化是依赖象征体系和个人记忆而维护着的社会共同经验。每个人的 "当前"，不但包括他这个人 "过去" 的投影，而且还是整个民族 "过去" 的投影。人类学意义上认为所谓 "地域文化" 是指在一定空间范围内特定人群的行为模式和思维模式的总和。[3] 不同地域内人们的行为模式和思维模式的不同，便导致了地域文化的差异性，其中，体现群体人格的深层次文化是判断地域文化差异性的主要依据之一。

学术界普遍观点认为，地域文化属地理人文学科，研究人类文化空间组合，所以，又称为 "区域文化"。另一些人把地域文化定义为 "文化传统"，专指中华大地特定区域从古至今保存下来的，具有相对特色的，传承至今仍发挥作用的文化传统。还有人则把地域文化等同于特定区域的人文精神的体现。总之，地域文化是指在特定的地理空间形成，并经过长期积累，包括自然元素、社会人文元素在内，是具有自我特色的诸多元素的总和。

2.1.2 当代设计的定义

"当代设计" 指的是当下的设计，其定义与 "现代设计" 是不同的，两者具有本质的区别。当代设计可追溯到 20 世纪 70 年代，与其他比较固定的设计风格不同的是，当代设计的设计风格可以在仅仅几年的时间内发生转变，其与特定的时代特征没有绝对的关联性。

当代社会是一个由 "物" 系统构成的消费社会，而当代设计这一消费社会语境中的造 "物" 形式，在社会活动中承载着特殊意义。[4] 当今人们独特的活动性质及思维方法，标志着当代设计实现从现代设计的飞跃，也使当代 "设计美" 从传统审美范畴，如 "技术美"、"艺术美" 中凸显而表现出其独立性。我们对当代设计审美价值的透视，即由此关联与对比切入。在设计中融入以人为本、

图 1 大理的水

图 2 大理的山、云和雪

图 3 大理的花

图 4 大理的藤

图 5 大理的松

社会伦理学和生态学等思想，渐渐成为当代设计的趋势。

2.2 大理州地域文化特征提取

2.2.1 自然特征的提取

1. 大理的地形和气候

大理地处云南省中部偏西云贵高原与横断山脉结合部位，东西南北相邻的地名分别为雄州、思茅、保山和丽江。地势西北高，东南低。苍山以西为高山峡谷区，苍山以东为陡坡地形。苍山位于州境中部，州内湖盆众多，多呈带状分布。属于低纬高原，所以年温差小，四季如春。由于地形地貌复杂，海拔高差大，垂直气候差异显著。海拔越高气温越低雨量越多。形成了"河谷热，坝区暖，山区凉，高山寒"的气候特点。

2. 水光万顷开天镜——大理的水

洱海位于大理市苍山东麓，素有"高原明珠"之称，属于内陆淡水湖泊，四季风光明媚，水面如镜，为国家级重点风景名胜区。因湖形如耳，浪大如海，故名洱海。洱海是大理"风花雪月"四景之一"洱海月"之所在。如图 1 所示，洱海水质清澈碧蓝，水产资源丰富。西面有苍山横列如屏，东面有玉案山环绕衬托，空间环境极为优美，"水光万顷开天镜"就是形容洱海的。

3. 云雪泉石点苍山——大理的山和云

大理的山以苍山最为出名。苍山又名点苍山，属横断山脉云岭山系，巍峨挺拔，以云、雪、泉、石著称。如图 2 所示，山上的云景变幻多姿，每到夏末秋初，雨后初晴，常有如飘带似的乳白的云萦绕苍山，把苍山横腰截成两半，云慢慢地在阳光的辉映下显出七彩斑斓的颜色，形成独具一格的"苍山云景"。大理的云景中"玉带云"、"望夫云"、"海盖云"最为出名，并且这些山云的来源都有相应的民间传说。苍山不仅有云景，还有雪景，苍山有十九峰、十八溪，峰峰相连，险峻峥嵘。海拔都在 3500~4122 米之间，因山高冬季常年积雪。其中，马龙峰山顶积雪，终年不化。

聚
艺术设计学科产教合作创新性人才培养模式实践

Polymerizing
Exploration – Practice of New Cultivating Mode to Combine Industry
with Education in Design Discipline

图 6 大理的茶文化

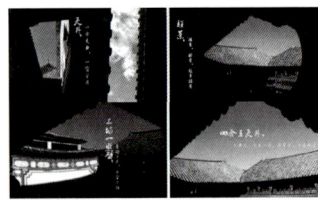

图 7 白族民居

图 8 大理白族自治州博物馆"三坊一照壁"模型

4. 山色四时环翠屏——大理的花、藤和松

山色四时环翠屏形容大理植被常绿，四季花开。大理人自古就有种花、爱花的习惯。冬无严寒、夏无酷暑的低纬度高原气候使大理适宜种植的花卉品种较多，除了常见的山茶、杜鹃、月季、报春、百合，近年来，如牡丹、波斯菊、多肉植物、大小丽花、马鞭草等花卉在大理缤纷涌现。大理古城里面家家户户石篱笆、石头墙爬满藤蔓植物，其中九重葛最受喜爱，临街小店也都洋溢月季做的鲜花饼的香甜味（图3，图4）。乔木类常见的有松柏、云杉、柳、竹。其中以松柏最具特色，苍山上、崇圣三塔里、大理白族自治州博物馆都有形态各异的松柏，松柏掩映，鸟语花香（图5）。

2.2.2 文化特征的提取

1. 茶马古道古茶韵

大理白族自治州是古代"茶马古道"必经之路，大理的茶文化闻名遐迩，早在南诏国时期形成了最初的云南茶文化。在白族的茶饮文化中以三道茶最负盛名，是白族茶文化的结晶。三道茶是大理白族喜庆节日或接待贵宾之时的茶礼，所谓三道茶即头道苦茶，即响雷茶；二道甜茶，即乳扇茶；三道回味茶，加入蜂蜜、桂皮、姜汁等用茶水冲泡而成。

茶马古道古茶韵，贾来发在《游茶马古道》中描写："古道悠悠韵尚留，马帮铃响过芳丘。松风拂处烟岚翠，似在青山梦里游。"茶马古道上经久回荡的马蹄声和赶马调，坚定驮起这白族人矢志不渝、勇往直前的信仰。而三道茶蕴含着丰富的人生哲理，将茶的物质属性放于一旁，更多的体现了白族人民对生活的思考与追求（图6）。

2. 白族民居

（1）院落和空间布局

在大理环洱海一带，白族的村寨或建在平坝，依山而修顺水而建，与自然地理环境融为一体。大理白族民居的平面布局大体可分成两种，一种是单体民房建筑，主要是"一坊两耳"。另一种是组合式民居建筑，两者主要的区别为多数组合式的白族民居为封闭型的内向院落式，即有大井或院落。组合式民居建筑主要包含三种形式："三坊一照壁"、"四合五天井"、"六合同春"。除了上述三种组合外，还有用"三坊一照壁"，"四合五天井"的单元形式组合的横向纵向多重院落，从"一进两院"直至"一进五院"或更多的重院。三坊一照壁即一个方形围合院子，中间为天井。"四合五天井"，是由四坊房子组成的一个正方形，中间为天井，四角分别有一个小天井，具有入口、厨房、畜圈、厕所和储物间等功能。"六合同春"为"三坊一照壁"与"四合五天井"两种布局的组合（图7，图8）。

（2）构建元素

白族民居建筑的构建基本要素为：门楼、照壁、坊、庭院(主院落与天井)、廊道。其中正坊、庭院、照壁和门楼，四个要素构成了大理白族传统民居不可或缺的部分。"坊"是白族民居建筑的基本单位，坊构成了封闭围合的院落，常见的形态有L形、凹形、Ⅱ形等。庭院多由石板或卵石铺砌而成，是日常生产生活和人群交流的活动场所，也是绿化休憩场所。在四个重要组成元素中，照壁是白族民居所特有的。照壁体现了白族民居自然理念、生活习惯、建房习俗等显著特色。白族民居的建造从风俗习惯而言，由于朝向自西朝东而且风大，为使房屋背风暖和，东面垒一面墙遮挡大门而形成"照壁"；其次，也能让一缕阳光照耀其上，便于采光，于是形成"照壁"，又名"风水壁"。在所有构建元素中的主次关系为：正坊主，其余坊从；正坊中，正厅主，其余两房间从；其余坊中，正房主，其余两房间从。[5] 庭院中：大院落主，漏角天井从；院墙中，照壁主，其余墙从。群体院落中，正大门主，其余次门从。

3. 扎染

扎染在我国已有1500多年的历史，是丝绸之路所遗留下的文化精髓。扎染又称绞缬，制作工艺主要包括"扎花"和"染色"两大板块，现代简称"扎染"。扎染扎结方法包括：夹杂、捆扎、结扎、缝扎等。染色方法包括：套染、吊染、扎退、喷染等。传统的扎染是纯草本染料，包括用蓼蓝、板蓝根、艾蒿等天然植物熬制而成的蓝靛溶液。然而现代的染料或是草本染料与化学染料混合，或是纯化学染料。

图9 扎染工艺

图10 大理周城村段氏璞真扎染坊扎染的肌理

图11 大理周城村段氏璞真扎染坊扎染的图案

聚
艺术设计学科产教合作创新性人才培养模式实践

Polymerizing
Exploration - Practice of New Cultivating Mode to Combine Industry
with Education in Design Discipline

图 12 剑川工艺匠人工作室

图 13 剑川木雕作坊

图 14 白族传统民居木雕

扎染主要制作流程为在白布上印上花纹图样，然后用针线将"花"的部分重叠或折皱缝紧，呈"疙瘩"状，然后入染。冷热反复浸染，由于折叠紧缝"疙瘩"部分不能濡染，即成蓝底白花各种图案形态（图9）。

在白族扎染工艺流程的结扎过程中，不同的图形样式呈现的是不同的结扎肌理，所结扎的"疙瘩"形态各异。

扎染题材纹饰多来自白族居民的生活生产环境，包括动植物题材、自然景观题材、人物故事及民间传说题材、宗教题材、字体诗赋题材等。纹饰最常见的动植物自然题材有山茶花、蝴蝶、山峰和石林等；以宗教为题材的八卦太极图、庙宇、亭阁、莲花和宝相花等；以生产生活为题材的金花少女和洱海渔民等白族居民日常劳作形象等（图10，图11）。

扎染是我国古老的民间工艺，在两千年的历史进程中它曾经无比辉煌，是中国传统文化的瑰宝，现代快速物质的生活需要具有质朴归真文化内涵的扎染来弥补，使之更温情更接近本真。扎染的发明和发展一直伴随白族人民的生活实践，它以其独特的存在给人们带来浓郁的文化氛围。面对优秀传统工艺，在酒店空间设计中怎样"遗貌取神"，精研"古为今用"的新时代设计有很强的现实意义。

4. 木雕

大理剑川以木雕为名，被文化部命名为"中国木雕艺术之乡"，被世界纪念性建筑基金会宣布为"茶马古道上唯一幸存的古集市"。2011年，大理剑川木雕被国务院列入第三批国家级非物质文化遗产保护名录。在剑川有很多生产木雕的匠人工作室及木雕作坊（图12）。清张泓在《滇南新语》中描述，剑川巧匠所建寺院牌坊、房屋皆极精致，经久不圮。[6]而且斗栱重叠、屋角飞翘，门窗用透雕法刻出一层层的人物花鸟，具有浓厚的民族风格。

大理木雕常用的雕刻技法有透漏雕、圆雕、浮雕、透雕、平雕等，常出现在白族民居的门窗、雀替、枋额、壁画、廊柱和斗栱等构筑上。其中比较有代表性的为大理严家大院里的木雕（图13）。近现代木雕发展到家具、室内摆设装饰及工艺饰品。在装饰多有透雕效果，因而多有几何图形，常见的有波纹、灵格纹、

图 15 白族民居—严家大院、张家花园里的诗词

图 16 大理不同材料 不同肌理

回纹、人字纹、工字纹等。色彩上除了木质原色更有红、黄、白、蓝多色。题材多以山水花鸟、瑞兽飞禽、几何类、历史典故类为主，传统木雕图饰言必有意，意必吉祥，如牡丹配凤凰代表高贵，白鹤配飞松代表长寿，牡丹花、荷花、菊花、梅花分别代表春、夏、秋、冬。孔雀与白象，是云南剑川白族木雕特有的吉祥图案。

大理剑川是民族文化、地域文化的载体，是白族生产生活环境及生活习俗的映射，不仅体现一千多年的南诏大理国文化更是继承了传统的雕刻技艺，对其文化价值的挖掘与研究是对其进行保护与再生的重要前提（图14）。

5. 诗词和民间传说

南诏到大理国时代，由于处于"丝绸之路"、"茶马古道"的必经之地，社会经济交流频繁，汉文化、佛教的渗入使此时期大理文化快速发展，涌现了大量的民间传说和民间故事。有风俗传说、风物传说、地名传说、木匠传说、历史传说等。大理如诗，诗颂大理。走进大理，不可不读大理的诗词。大理诗词通过有节奏和韵律的语言反映大理生活与习俗，抒发情感。大理诗词多赞美大理秀丽山川，记录大理历史人文，或咏史怀古咏物写景，或描绘民情风俗，题材丰富，无不尽收。如郭若沫的"苍山韵明月，奇石吐云烟"；如清代云南督学吴应枚的《滇南杂咏》，其五描写道："宛转红墙绿树萦，感通佳处试茶新。望中洱海开奁影，照出山腰玉带横。"

大理民间传说和优秀古典诗词是思想性和艺术性的完美统一，不仅能给人思想的启迪，更能给人艺术的享受（图15）。

2.2.3 材料特征的提取

大理人还喜爱用夯土作为建筑材料，明清时期，大理一带的经济和文化已经基本上与内地处于同一水平。在民居建筑方面，早就采用汉族式的木构架、夯土墙、瓦顶建筑。如今在大理州多地还保留着完整的夯土建筑，最有代表性的为大理诺邓古村的夯土建筑。此外，笔者大理考察期间发现很多燃烧秸秆现象，固体废料秸秆除了焚烧掉其实也是一种新能源。在国外秸秆也已被用为建筑材料代替砖、木等常规材料，发挥其节能环保、隔音隔热等功能（图16）。

聚
艺术设计学科产教合作创新性人才培养模式实践

Polymerizing
Exploration – Practice of New Cultivating Mode to Combine Industry
with Education in Design Discipline

2.2.4 文化、自然与物质的关系

物质是当今世界最基本的元素，小到一个夸克，大到一座摩天大厦都属于物质的范畴。物质世界构成了我们的自然环境，也构成了我们的生活环境，物质是文化与自然的基础，但是三者相辅相成。文化正是人们在进行一系列物质生产活动的过程中所形成的特殊生活习惯符号、意识形态符号和思维方法符号，物质的繁荣和自然的兴盛促进了文化的繁荣，不同区域的文化也深深的烙下了区域内的物质和自然的印记。当今社会，只有追求物质、自然和文化共同发展、和谐发展和全面发展才能实现人类社会的繁荣昌盛。

2.3 方法

2.3.1 新地域主义

新地域主义也叫批判地域主义或"抽象的"地域主义，指的是在设计的过程中，从所在地的文化环境、自然环境、社会环境、经济环境和科学环境等因素中找到创作的灵感和创作的依据，同时在设计的过程中借鉴世界范围内进步的设计理念与当代科技发展的成果来进行原创性设计实践的一种设计观念和策略。[7-9] 新地域主义不是对传统的设计进行仿古和复旧，这种设计理念要遵循当代的标准和各种需求，在设计中要强调对场地、光线、材料和气候等地域因素的应用，用创造性的手法对当地的地域文化进行再生。

对于所在地的地域文化特征，传统地域主义只是简单地进行模仿或者改造，而新地域主义则是将各种传统地域文化特征进行升华和抽象化处理，同时又遵循当代的设计标准。新地域主义没有固定的设计模式，它强调的是充分理解并表达所在地的地域精神，因而任何形式的设计表现都是被接受的。

2.3.2 生态可持续

21 世纪无法回避对 20 世纪的反省和挽救之责任。设计也无法脱离"环境的再生"、"消费—使用—丢弃的文明怪圈"以及"人情复苏"这三重考量而存在。[10] 人类社会在过去一百年的时间里取得了飞速的发展，与此同时也带来了资源的过度消耗和环境的严重污染。随着人们对更高生活品质的追求，人们对环境的质量要求也越来越高，生态问题成为人们当下关注的一个热点话题，生态设计也成为当代设计的一个重要理念。

1993 年在《可持续发展设计指导原则》中详细列举了有关生态设计的相关"可持续的建筑设

计细则"，概括为：降低对环境的破坏，考虑生物气候地域条件，提倡适用技术，运用可再生能源及建材的循环使用。

2.3.3 人性化

在近年来的设计领域中，"人性化"的概念成为引人注目的亮点，并逐渐形成一种不可抗拒的潮流。[11] 在设计中，所谓人性化设计是指设计师在对自然、建筑和人三者进行和谐的统一，即在"以人为本"的基础上，利用自然条件和人工手段，从环境、内部空间和细节当中，把人的愿望和需求利用介质表现出来的一种设计方式。

进一步分析，人性化的设计思维要求设计者以使用者的角度看待问题，通过征求和采用使用者的五官感受和意见对设计作品的形式和功能进行改变。并且人性化设计从科学的角度以人的心理和生理感受为指导，从而让设计作品的使用者有更加满意的身心体验。

2.3.4 伦理化美学

新的美学形式被基朗和蒂伯雷克称作伦理化美学，这种新美学改变了美的产生次序：美来自于内而不是外。[12] 伦理化美学要求我们把设计作品当成生命来对待，要充分考虑设计作品的与环境的关联性，设计作品要参与到自然系统的循环中。

伦理化美学告诉我们，我们在进行设计创作的过程中要理解物质和物质世界之间内部深层结构的美学联系，然后将这种美学联系表现出来，这种深层结构的美学联系被人们认定为是人与自然之间深层的关系。

2.3.5 相互关系

无论是新地域主义理念、生态可持续理念，还是人性化理念及伦理化美学理念，都要求设计者深层次考虑物质、自然、文化以及作为活动者的人在设计载体中所扮演的角色。人类社会不断地发展，正如当下中国的基本国情已经从当初的解决温饱问题转变为建设中国特色社会主义新时代，当下的设计已经不是简单的美学的设计，它还要综合考虑生态学、经济学、伦理学、社会学、心理学和物理学等学科。

这些设计理念在设计中交相呼应，设计过程中只有将这些设计理念进行综合，才能使设计载体更加符合当代社会的发展以及人类和自然的需求。

2.4 途径

2.4.1 解构

解构主义是在现代主义和后现代主义之后被提出的，希望借此对当代的设计进行反思并寻求设计表达的出路。解构不是简单的拆解，而是一种活跃的思维方式，是非常有创意性的重构重建。解构这种方法给我们传达的最重要的哲学理念是：不能以固定的思维去看待和分析事物。[13] 地域文化不是一成不变的，解构主义要求我们以辩证的、发展的观点对待地域文化。

2.4.2 借用

借用是指在设计中借用某些艺术作品的风格或者设计的手法，甚至是某些音乐和诗词的创作思想和技巧，将其应用到设计的作品当中。针对地域文化而言，挖掘地域文化中各种具象或抽象事物的特点，将其表达或创作的手法应用到设计中，从而实现地域文化在设计中的升华。

2.4.3 重塑

重塑，从字面意思上来说是"重新塑造"的意思，地域文化的重塑是将地域文化进行保留、演变、延续和创新的过程。地域文化的重塑要将地域文化的特征元素进行提取，用类型学的观点将这些特征元素选择性、目的性的进行文化整合，然后通过创新的技术手法将整合的地域文化特征在设计中进行体现。

2.4.4 再造

文化不能被看成是奄奄一息的死物，并且对地域文化进行简单的延用已经无法满足当代酒店设计的需求，只有通过文化的再造才能完成质的蜕变。再造即进行重新表达和创新，是其他地域文化再现手法的基础。

第3章 价值与意义

3.1 精品酒店的特征

3.1.1 精品酒店的地域文化表达的概念

精品酒店的地域文化表达是以地域文化为基础，注重人文主义精神为核心，从而酒店的整个设计都是围绕这个地域文化而展开，即设计元素来源于酒店所在的地方文化，通过对本土文化的浓缩与提炼找出地域文化元素符号，运用匠心独到的设计作品使体验者感受到当地地域文化的特色。地域文化是动态发展的，可以拓展的空间很大，地域文化是酒店的精神和灵魂，是精品酒店不断创新的源泉，是精品酒店可持续发展的动力。

3.1.2 精品酒店定位

精品酒店译为"Boutique Hotel"，刚开始指的是卖时髦服饰的小店，精品酒店以提供定制个性居住服务与浓郁地域文化和历史记忆作为自己与大型连锁酒店的区别。[14] 美国精品酒店的创始人伊恩·施拉格 (Ian Schrage) 明确提出："精品酒店"仅指那种具有一个鲜明的、与众不同的文化理念内涵的酒店。总之，精品酒店具有主题性、地域性、时尚性，并且从文化、社会、设计等多种角度去给群众提供个性定制化服务与独特地域文化与主题设计风格体验。

精品酒店定位为高端酒店，客群锁定 30~50 岁的具有一定经济基础并且注重文化涵养的消费人群，所以客房价位往往高于普通五星级酒店，一般 1000~5000 元之间，更有的上万元人民币。精品酒店的规模一般较小，客房在 50 间为常，不高于 100 间不低于 10 间，少于 10 间可称谓精品客栈。精品酒店规模决定它自身的特性，与大的五星豪华酒店相比，紧凑的氛围及情调是最显而易见的特点。精品酒店提供精选的有限服务，由于酒店规模不大，服务和消费也较私密，员工客房比为 3 : 1 到 5 : 1 之间，甚至更高，提供定制个性化服务与独特地域文化、浓厚历史以及主题设计风格体验。例如成立于 1901 年的缅甸仰光 The Strand Hotel，历史悠久，极具殖民风及传奇色彩。

3.1.3 精品酒店的文化特征

与其他类别酒店客栈不同的是，精品酒店多具有鲜明的文化特征，主题文化的定位与价值取向不仅仅是企业行为，其对旅游地的影响也得到更多关注和重视。优质的文化融入机制，能规整文化功能和酒店功能的统一。[15] 文化融入是精品酒店主题文化建设的目标和任务，住宿和餐饮功能依旧是精品酒店的主体功能，主题文化定位则是优化这两大功能的有效举措。

精品酒店在主题文化定位上，主要表现为两个方面，一是依靠开发旅游资源、二是再造文化与休闲主题。精品酒店强调"在地化"设计，即以地域文化为基础，人文主义精神为核心。地域文化贯穿整个酒店设计的始终，即在全程设计中，呈现元素来源于酒店所在区域的文化，通过对地域文化的归纳，提炼找出价值含量高的文化元素 DNA，运用有地域特色的符号和神韵的设计作品使体验者感受到当地特色文化。地域文化是动态发展的，具有较大的可拓空间。地域文化是精

聚
艺术设计学科产教合作创新性人才培养模式实践

Polymerizing
Exploration – Practice of New Cultivating Mode to Combine Industry
with Education in Design Discipline

品酒店的灵魂所在，是精品酒店持续创新的源泉，是精品酒店可发展的助推器。

3.1.4 精品酒店的功能与空间特征

精品酒店按功能主要分为以下几个区域：

（1）入口空间：人的心理过渡是伴随着入口空间由外向内地逐渐过渡完成的，这个过渡能直接体现出游客对酒店的感知。入口空间的逐渐变化，能引起人的心理状态自然地转化调整，以更好地适应室内的环境设计。

（2）庭院空间：一般情况下，庭院分为：前庭院、中庭院、内庭院、下沉庭院。

（3）大堂空间：大堂是精品酒店公共空间的象征和精髓所在，是精品酒店的心脏。在功能具有多样性和复合性。大堂空间除了需要提供顾客登记、服务、休息等候和交通组织等基本功能，还得是室内空间与外部环境相联系的媒介。

（4）中庭空间：是自然环境与内部空间的协调关系。主要功能包括观景观赏、就餐、交往、休息，即使室外天气不佳也能享受旅游的快乐，它不受外界自然因素的影响。

（5）廊道空间：酒店建筑在公共空间体系和自然环境之间形成的自然过渡空间，是庭院天井与廊檐的结合，可以取得良好的遮阳、纳阳、采光效果、气候调节功能、场所调适功能和审美怡乐功能。

（6）餐饮休闲空间：餐饮休闲部分相对于其他空间有相当大的独立性，精品酒店的酒吧及餐饮空间需要有它们自身特点。

（7）客房：在客房的布局、家具、装饰和创新设计上精品酒店往往注入了更多文化血液。

精品酒店局部功能的强化与弱化：

值得注意是精品酒店的功能定位应在保留食宿功能的基础上，弱化某些高消耗的功能区域，同时增值一些能体现地域文化、强化独特体验的功能，在功能设置与服务设计方面，为定位的目标客户设计出"精选模式"下独特的生活方式。通过对除核心需求睡眠、餐饮之外的时间轴进行划分来定制客户的生活。通过健身与养生 SPA 和 Limo 服务、阅读、文创生活、社交生活、美食美酒、文化艺术、目的地景区体验等，使客户的体验时间延长同时创造新的消费热点与收益。

3.2 精品酒店的地域文化价值与商业价值的装潢

3.2.1 商业价值在现实中的必要性

酒店在品牌定位、经营理念及各种主题风格的引入，综其最终目的都是为了实现酒店的附加值即商业价值。精品酒店也不例外，商业价值的实现是酒店赖以生存和发展的根本物质基础。在精品酒店中，优秀的设计总是能给项目带来更多的附加值。"意大利米兰三年展"主席卡什莱托教授 (Prof. Andrea Cancellato) 在"意大利的设计"的演讲中提到，设计在意大利固然有悠久的传统，但从现代工业化的意义上来说，它更有其重要的商业价值。当一个社会发展到一定程度，工资水准已足够地高时，就必须生产附加值高的产品，否则就不可能持续发展，这在很大程度上依赖于设计。

文化本身支配着人们的判断和意见，决定"是非"标准，最终改变人们的态度、信念和价值以影响人们的行为。[16] 酒店设计是将酒店的外在特征展现于人们眼前，这决定了是否吸引到客群。而酒店的各方面综合呈现是决定客户能否再次选择的因素，无论酒店的大小、品牌和定位，酒店设计和酒店服务是精品酒店实现商业价值的核心。酒店设计要立足于商业经营的维度，优秀的酒店设计必然产生相应的商业价值。面对当代多元化设计思潮和趋同化的千篇一律，文化的介入已不可避免，其介入的方式是多重性的。通过空间、材料、陈设和色彩的设计，产生一定的文化内涵，达到其一定附加价值。

3.2.2 精品酒店中地域文化的价值意义

地域文化的介入是精品酒店的重要特征之一，也是提升精品酒店商业价值的核心手段，地域文化中提取的物质文化与非物质文化只有通过设计才能再现其文化价值，从而实现精品酒店的商业价值。地域文化在酒店设计中的应用实际意义是为了让酒店设计作品具有灵魂和生命力。需要掌握好精品酒店定义核心，再现地方特征，在文化内涵中体现追求精致与优雅的生活态度。精品酒店提供休闲生活体验，在空间与材料中传承地域文化内涵，利用品质和服务体系营造市场效应并与地域文化衔接，将酒店打造为精品文化体验场所，让精品酒店在文化内涵营造与盈利能力中找到平衡。

精品酒店设计中地域文化转化为酒店商业价值包括三个重要途径：其一，要深入、全面地了解目标客群；其二，提取价值含量高的地域元素进行在地化演绎；最后，协调整合各个机制，创建全新的活动体系，将最初的设想转变为实际操作，从而实现持续的盈利运营。

聚
艺术设计学科产教合作创新性人才培养模式实践

Polymerizing
Exploration – Practice of New Cultivating Mode to Combine Industry
with Education in Design Discipline

图 17 丽江悦榕庄酒店

3.2.3 论据——以丽江悦榕庄酒店为例

悦榕庄是全球知名酒店品牌，品牌价值是为客群提供贴近自然生态、享受奢华并且富有文化特色的体验。丽江悦榕酒店秉承悦榕集团文化，力求通过创造与众不同的文化体验，结合品牌生态可持续的理念，给顾客以独一无二的享受。酒店的选址是极具地域文化特征的旅游胜地丽江。从丽江独特的物质文化和非物质文化中采集素材，提炼出有价值含量的元素符号，并通过当代设计理念和手法，把物质文化和非物质文化融合于酒店的整体设计中（图 17）。

丽江悦榕酒店海拔两千多米的涑河古镇，坐落于玉龙雪山脚下，五十五栋纳西式的别墅具有开阔的视野可眺东北方的玉龙雪山，海拔六千五百米的玉龙雪山风景如画屏般呈现于宾客眼前。并且酒店用丽江古城的传统建筑形态、格局和当地特有的材料，如灰色的砖 、五彩的石头等通过当代设计理念再现，大量用于建筑景观室内设计，客人们能体验壮丽的高原风光和独特的少数民族风情。丽江悦榕庄对地域文化的挖掘与当代再现，增强的客群的在地体验感，加之它服务标准不是依据酒店行业的标准而定，而是取决于顾客的满意度。因提供个性的地域文化内涵和优质服务，丽江悦榕庄虽价格昂贵，却具有高企业形象和固定的市场，成功实现了文化价值与商业价值的完美转换。

第4章 地域文化在大理满江精品酒店设计中的创新性运用

4.1 新地域主义—— 设计风格的定位

4.1.1 白族民居院落格局在酒店设计中的再现

平面布局的再造：满江精品酒店平面布局提取大理传统院落式民居的平面格局，把"三坊一照壁"、"四合五天井"中的院落格局通过重塑再造富有标识性的平面布局，并使之与酒店文化特质和谐并存。酒店平面布局模式提取"院"为基本单元，采用白族民居"院"之间的串联组合方式，形成一定的空间序列特

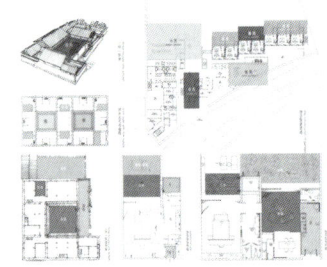

图 18 酒店平面布局

图 19 白族民居院落与构建元素用图底关系的解构与重塑（1）

征，即把"院"作为构成酒店平面功能分区的基本单元，再通过重塑、再造使每个功能单元相互有机串联。再现了大理白族民居院落的院落格局与院落精神（图18）。

白族民居院落与构建元素用图底关系的解构与重塑：在具体的空间设计中，从白族民居院落和构建关系中挖掘二维三维图底关系，再用解构、借用等当代手法对各元素进行重塑，从而创造性再造出具有新地域特征的空间。

以满江精品酒店大堂和茶吧为例，提取白族民居院落构成中丰富的图底关系，包括借景、对景及框景等白族民居常见的空间格局。再从这些空间格局中捕捉最佳构成关系，用图底互换、解构的方法将传统的院落空间关系打散重组。同时，借用白族民居中的构建，如门楼、照壁、坊、庭院（主院落、漏角、天井）、廊道再次解构重组，分析不同的点、线、面和空间关系，找出最优空间关系运用于酒店茶吧设计中。

三坊一照壁正负空间的借用与再造：负空间一般用与摄影及平面构成中，后来被引用到城市空间研究。城市空间和建筑都有着双层功能：第一层是由规划和设计者所事先规定的（正空间），第二层是由环境和生活所逐渐赋予的（负空间）。正空间其存在意义是决定的，而负空间存在意义是生成的。负空间不是规划和设计者的创造，而是复杂的社会环境变化的空间投影，是地域参与的结果。在满江精品酒店大堂和茶吧的设计中把"坊"通过解构、重塑，再造符合时代精神的新特征运用于空间中。在茶吧的设计中，将3个"坊"以半开放木栅格盒子形式设计，形成不同功能的正负空间。盒子内部是半开放的酒店茶饮空间，负空间自然形成走廊和通道。所有盒子的地面基础退于边缘之内，给人以悬浮、轻盈通透之感。同时，结合酒店空间内的体积、采光情况，酒店陈设的风格与位置等整体宏观布局来精准设计。室内空间内的造型、纹理、彩、材料的材质等元素进行统一调配，创造出和谐共生的当代酒店空间（图19~图21）。

4.1.2 传统工艺在酒店设计中的再现

满江精品酒店空间设计中提取大理扎染和木雕的色彩、造型和肌理特征，再

聚
艺术设计学科产教合作创新性人才培养模式实践

Polymerizing
Exploration – Practice of New Cultivating Mode to Combine Industry
with Education in Design Discipline

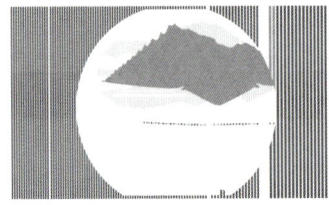

图20 白族民居院落与构建元素用图底关系的解构与重塑（2）

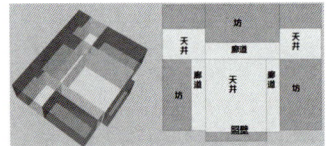

图21 白族民居"三坊一照壁"正负空间示意图

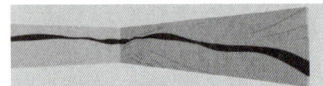

图22 水元素在大堂的运用

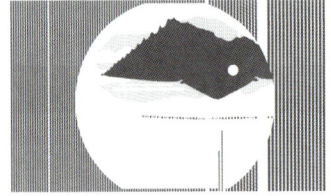

图23 云元素、山元素、在茶吧的运用

经过现代设计手法统一主题并应用于酒店的家具、装饰品、布艺织品、灯饰和盆栽植物的设计中。扎染的靛蓝和木雕的黄以及扎染工艺制作中的手工痕迹元素提取运用到家具陈设中，通过隐喻与象征让体验者迅速就能鉴别空间设计所要表达主题并与空间产生共鸣，把大理特有的地域色彩与特征含蓄地表达出来。

在满江精品酒店具体的设计中，把扎染和木雕作为主题化空间的点缀，主要包括两大方面，一是扎染和木雕符号再造，二是协调空间的意境烘托。扎染的符号是具有代表大理意义的标识，是一种"特征纪念"。通过借用、重塑把扎染和木雕图形轮廓所表现出来的物象外形与结构，通过隐喻与象征介入空间室内陈设中，以各方面给回应空间，使之都符合统一主题。在大堂入口的雕塑与大堂吧的小品设计中提取扎染工艺制作中的"扎花疙瘩"用当代处理手法置于具有隐喻性的雕塑轮廓，进行创造性再造；在大堂吧柜台的设计上，把传统木雕雕刻过程中的肌理解构、重塑、整合简化，使之不但有传统工艺特征，而且有时代精神。

4.1.3 自然特征在酒店设计中的再现

水元素的创新性应用：水元素最大化的体现了当代的生态绿色理念，用自然水形态创造生态生活意境。在满江精品酒店的设计中，挖掘洱海的水纹元素，如漩涡纹、流水纹、水波纹、点波纹（洱海水中的树与水碰击而产生的纹饰）经过抽离、解构、重塑的加工手法，运用在大堂门厅墙面地面装饰中，并延伸至大堂吧和茶吧的空间中。经过组织，这些流线组成具有灵动性、变动性以及高度的协调性的线性空间（图22）。

云元素的创新性应用：云元素的使用主要体现在大堂门厅的当代艺术品的设计上，是进入整个酒店空间时最委婉之处，用虚实的手法抽离处理，做自然化的设计点缀，流动虚空的当代表现手法与正对大堂厅外的自然实景相互借用，一实一虚，图底交互。同时，云元素的当代再现也与建筑主题相互呼应。

山元素的创新性运用：在茶吧设计中的创新性运用，用木栅格横向纵向穿插点线面关系，将山元素符号轮廓似是而非的象征性再现。大堂门厅设计中，屏幕般开场空间将自然山色引入室内，图底互换（图23）。

在酒店平面设计中，根据不同功能分区结合大理独特的自然地理，如大理的水（洱海）、花（月季）、藤（九重葛）、松，形成鲜明的文化特征的"花院"、"藤院"、"松院"、"水院"和"前庭"。自然之美在于和谐，和谐之本在于协调。自然界中灵动流线性元素的介入，可避免室内空间的呆板规矩，体验自然的婉约细腻。自然元素与空间的不同结合形式，还可以划分与协调空间主题。灵活运用自然元素的形态不仅可以丰富空间的层次，更是室内使用者境界的艺术体现。

4.2 生态可持续——材料的再现

满江精品酒店设计中，材料的使用考虑其生态可持续性，从本土选择绿色环保的生态材质，如夯土、砖石、木材、大理石等，降低对环境的破坏，考虑生物气候地域条件，提倡适用技术，运用可再生能源及建材的循环使用。在室内设计的范畴内主要装饰材料有木材、竹材、石材、金属、玻璃、墙纤维质品等。材料具有形态、色彩和质感等特性。材料的生态化、地域化主要表现在地域材料的质地、肌理和色彩三个方面的本土特点。地域材料生态的再现也离不开这三方面。

传统材料的当代生态转译方法：从材料的质地、肌理和色彩三个方向对传统材料进行现代转译，转译方法主要包括三方面。第一点是传统图案提取＋现代图形理念（图24）。第二点是传统加工工艺优化＋现代加工技术（图25）。第三点是地域材料（传统材料）＋现代材料的结合（图26）。

传统图案提取＋现代图形：将传统图形形式提炼结合当代图形理念再生将传统图形形式提炼结合当代图形理念简化处理，保留了传统的地域符号语言的同时有意的将其放大，形式是新的，却有地域烙印。

传统加工工艺优化＋现代加工技术：利用材料的特性，对传统加工工艺优化的同时，利用现代技术探索和开发材料新的制作工艺，使传统工艺技术与新工艺新技术结合，拓展地域性材料在酒店空间设计运用的广度和深度。

地域材料与当代材料的结合：对材质新特性的发掘是帮助设计师实现创新的又一路径，建立传达情感的酒店空间意向，让使用者产生认知感，通过外部纹理的处理与之相协调，传统地域材料与现代材料的结合中产生了更多设计手法，形成既保留传统质感又具有现代气息的建筑形式空间美。

4.2.1 质地的再现

质地：质感，通常指的是某种材料的结构的性质，即物面的理化特征。白族扎染的布料给人以柔软，舒适感；大理夯土砖、墙给人以乡土、淳朴和归真感；大理石质地温润，较前两者硬度较强。不

聚
艺术设计学科产教合作创新性人才培养模式实践

Polymerizing
Exploration – Practice of New Cultivating Mode to Combine Industry
with Education in Design Discipline

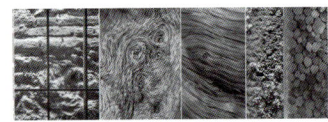

图 24 传统图案提取 + 现代图形理念

图 25 传统工艺 + 现代加工技术

图 26 色彩再现案列

同质地决定了材料不同的特性和感受。在茶吧的空间设计中墙面用夯土与大理石的结合，夯土的质朴的舒张感与大理石的硬朗紧密感，形成不同质地对比。在大堂吧柜台的设计上，把传统木雕雕刻过程中的中硬度质感与扎染雕塑的柔和质感形成对比。最后，满江精品酒店总体设计中不仅使用了传统的夯土、青砖、木材、也配合使用了质地紧密的钢架结构、玻璃等当代材料。

4.2.2 肌理的再现

肌理：人对事物表面纹理特征的感受。例如大理石的天然瑕疵；白族扎染工艺流程中结扎部分，不同的扎花方式呈现不同的疏密的肌理和不同的劳动节奏感，不同的扎染图样点线面的排列也呈现不同的肌理；传统夯土不同添加物比例不同，创造出具有不同的粗糙细腻不同的纹饰，同时传统夯土与传统砖石不同的加工工艺及不同的搭配方式也有不同的肌理；在酒店具体设计中，提取传统夯土、石砖石墙、木雕工艺过程及白族扎染过程中的材质肌理，采用当代技术与现代图形理念精简处理。图形图饰用现代图形理念进行抽象、简化，通过外部纹理的处理与之相协调。比如在满江精品酒店的茶吧墙面设计中，挖掘传统夯土的肌理元素，经过当代图形理念，重塑、再造出符合当代人生没得肌理纹样。尊重材料的肌理设计出的作品使空间生机盎然。

4.2.3 色彩再现

色彩：作为第一视觉语言的色彩借助材料载体表达感情，如大理印象是蓝色、白色、黄色的集中感觉。大理的洱海蓝、天空蓝、扎染蓝；大理的民居墙体白、白族服饰白、苍山雪白；大理的木雕黄、夯土黄；这些颜色是大理这座城市常见又的独特的，设计中注重材料颜色的选择与搭配，把对大理的特色色彩直观表达。在大堂入口门厅以白族民居墙面的白、白云的白作为主基调，适当点入几笔扎染洱海的蓝与夯土木雕的黄，并且将这几种色彩延伸如大堂吧和茶吧的空间设计中，以此影响人的知感，留住城市印记，在材料的组合与搭配中展示地域的色彩魅力。

地域材料再生过程中有更多的可能性与现实性，大理满江精品酒店发现并研究这一可能性与现实性，以此对地域材料进行现代转译。格瑞精品酒店将传统地域材料在设计中充分发挥这种可能性与现实性，从而产生出既保留传统又具时代设计感的建筑形式空间美感。同时，有意用地方生活体验、地方色彩和图形诱导来增强空间形式的导向作用，把人们印象中这个地域应该有的特征含蓄的表达出来。

4.3 人性化——旅游角度

大理满江精品酒店的人性化设计既满足地域性，又满足旅居者的好奇心；不但具有舒适度，同时有一定的设计呈现方式。使用者的五官感受和意见对设计作品的形式和功能进行改变。酒店人性化设计从科学的角度以人的心理和生理感受为指导，从而让设计作品的使用者有更加满意的身心体验。空间上带给旅居者地域性的五官感知，布局上通过传统手工艺扎染的"扎花"劳动节奏与大理自然特征的形态造型，体现地域的韵律感和层次感。通过协调空间内的各项点、线、面的关系，使旅居者体验空间规划各个方面配合的次序感与过渡性。不同空间在协调的基础上，体现出不同的地域特色，满足人们对本土的好奇心。同时，在酒店的室内陈设与材质的选择上具备本土性、实用性、经济性、舒适性，在满足室内设计需要的同时更关心旅居者的心理生理要求，把艺术设计与人文性、科学性相结合，营造一个实用、舒适、合理的高品质旅居环境。

4.4 伦理化美学——对传统美学和现代美学的态度

习近平同志在党的十九大报告中指出，文化自信是一个国家、一个民族发展中更基本、更深沉、更持久的力量，并强调要推动中华优秀传统文化创造性转化、创新性发展。这一重要论述，为中国传统美学思想的创新弘扬提供了基本遵循和方法论指导。

对待传统美学要传承弘扬，对待当代美学思想要包容开放。传统的美学思想是当代美学建设的重要资源，这正是我们传统美学精神在当下应当发扬光大的原因。美学作为人文价值学科，应当重视中国传统美学思想的价值。在大理满江精品酒店设计中的对传统手工艺的再现应该是一种继承、创新与发展的态度。对传统手工艺中体现的美学思想，如和谐、自然、象征与工巧也应该是继承和发扬，体验传统工艺接触自然、身心合一的美学乐趣。

4.5 展望

面对全球"趋同化"，精品酒店在未来的发展会更多立足于中国文化背景，注重地域文化的表达和传播，运用与时俱进的思想观念，追求人性化、艺术化、个性化的绿色设计。在设计的过程中更加注重借鉴世界范围内进步的设计理念与当代科技发展的成果来进行原创性设计。在未来，精品酒店的

聚
艺术设计学科产教合作创新性人才培养模式实践

Polymerizing
Exploration - Practice of New Cultivating Mode to Combine Industry
with Education in Design Discipline

整体设计将更紧密地与艺术、美学、科技、生态和人文相结合。与生态学、社会学、自然科学各个学科领域相互交叉更频繁。人工智能大数据时代的到来精品酒店也会开始走向智慧化和智能化，为人们提供个性科学并且有温度的服务。

第 5 章　结论

5.1 方法论

酒店设计中地域文化的当代再现两大步骤实现：一是地域文化的挖掘，二是运用当代设计理念和手法对酒店设计中地域文化的创造性再现。

挖掘部分，首先运用文献分析法对大理白族自治州的自然、地理、历史、文化和民居等要素进行文献梳理，初步选定文化 DNA 元素。其次，通过田园考察法现场调研结合居民访谈等方法查漏补缺。最后，综合考虑市场需求以及文化的特色性、内涵及影响力选取价值含量高的基因元素。

地域文化当代再现部分，用选取的价值含量高的基因元素，围绕新地域主义、生态可持续、人性化、伦理化美学的等当代设计理念，采用解构、借用、重塑对空间和材料进行创造性再造。空间再生主要通过白族民居空间格局和构建元素的正负空间关系与图底关系的解构与借用，创造性设计出生态、人性化、个性和富有是时代文化内涵的抽象空间。材料是空间重要组成部分，用当代生态转译方法（传统图案提取 + 现代图形理念、传统加工工艺优化 + 现代加工技术以及地域材料与现代材料的结合），通过对材料质地、色彩和肌理的当代再造实现地域材料创新性再现。

5.2 论文主要内容

第 1 章概述了论文的研究背景、国内外研究现状以及研究内容和方法。第 2 章对地域文化的当代再现与途径进行定义。对文化进行物质文化与非物质文化的划分，并在自然地理、物质资料、文化特征这三个大方向下梳理大理州地域文化，提取价值含量高的基因元素。第 3 章论述地域文化在精品酒店中的价值体现，地域文化中提取的物质文化与非物质文化通过设计重塑其文化价值，从而实现精品酒店的商业价值。第 4 章以新地域主义、生态可持续、人性化和伦理化美学为理论依托，以大理满江精品酒店为实践主体，对酒店地域文化进行当代再现，设计出具有时代特征和抽象隐喻性的酒店。第 5 章为方法论的梳理与论文总结。

5.3 论文不足

（1）地域文化的当代再现可以借鉴的理论研究不多，对理论驾驭的能力有限，文字表达层面专业性和精确性欠缺。

（2）理论进行完全创新有一定的难度。

（3）不全面，论文很多方面研究的够深度有待提升。

参考文献

[1] 李洁. 2017 年大理州共接待海内外游客 4222 万人 [EB/OL]. http://www.yunnan.cn/.

[2] 费孝通，刘豪兴. 乡土中国 [M]. 上海：上海人民出版社，2013.

[3] 张凤琦. " 地域文化 " 概念及其研究路径探析 [J]. 浙江社会科学，2008(4):63–66.

[4] 李平. 异质间性：当代设计审美价值透视 [J]. 深圳大学学报 (人文社会科学版)，2004，21(4):39–42.

[5] 程瑶，王冬. 大理白族院落式传统民居的解析与运用 [J]. 华中建筑，2012(10):169–173.

[6] 佚名. 白族简史 [M]. 北京：民族出版社，2008.

[7] 李冬. 朝鲜当代建筑创作本土化研究 [D]. 长春：吉林建筑大学，2014.

[8] 刘亚哲. 当代地域性建筑创作方法研究 [D]. 天津：天津大学，2011.

[9] 汪丽君，舒平. 当代西方建筑类型学的架构解析 [J]. 建筑学报，2005(8):18–21.

[10](日) 田中一光. 设计的觉醒 [M]. 桂林：广西师范大学出版社，2009.

[11] 何晓佑，谢云峰. 现代十大设计理念：人性化设计 [M]. 南京：江苏美术出版社，2001.

[12] 史蒂夫·基朗，詹姆斯·蒂伯雷克. 走向伦理化的美学 [J]. 世界建筑，2005(4):25–27.

[13](美) 魏欣怡. 解构·再认·重塑——新世纪甘肃小说的地域文化内蕴阐释 [J]. 赤子 (上中旬)，2015(17):46–46.

[14] 王叶濛. 精品度假酒店的营造与赏析 [M]. 北京：旅游教育出版社，2013.

[15] 侯兵，陶然，毛卫东. 文化生态视野下的精品酒店主题文化定位与价值取向 [J]. 旅游学刊，2016，31(11):42–54.

[16] Sorge A. Culture's Consequences: International Differences in Work–Related Values. by Geert Hofstede[J]. Social Science Electronic Publishing，1980，36(1):129–130.

聚
艺术设计学科产教合作创新性人才培养模式实践

Polymerizing
Exploration – Practice of New Cultivating Mode to Combine Industry
with Education in Design Discipline

重塑乡村宗祠空间的当代价值

Reforming the Contemporary Value of Rural Ancestral Space

◎ 张亚婷

摘要

随着宗族观念的复兴，乡村宗祠的修建日益增多。而当代乡村的各个方面都与现代文明相接轨，宗祠的重建造成了资源的极大浪费。如何改造宗祠，转换其功能，为乡村的经济社会发展以及乡村民众的生活提供服务，展现其当代价值是本文研究的重点。文章通过文献查阅、案例分析等方法对中心问题进行梳理，通过对传统宗祠的布局、功能以及现代人的生活方式分析，寻找宗祠功能转换的内在逻辑，提出了重塑乡村宗族空间的设计方法。以期对未来的设计实践提供一些思路与方法。

关键词

宗祠 宗祠文化 现代生活方式 当代价值 设计方法

第 1 章 绪论

1.1 研究背景

宗祠文化是村落文化的一部分，同村落文化一样是乡村发展进程中留下的宝贵财富。它是一根凝聚乡村力量的绳子，也是人类血液里"祖先崇拜"、"血浓于水"的宗族认同与村落认同的精神纽带。随着近些年城镇化发展，新农村建设以及农业现代化、村民生活方式的转变，无论宗祠形象还是功能以及在乡村扮演的角色都不一样了，传统宗祠应如何转型，引起了学者们的强烈关注。

1.2 研究目的及意义

1.2.1 研究目的

宗祠文化在浩瀚的乡村文化中由来已久，根植于村落的方方面面，是中华民族多元

聚
艺术设计学科产教合作创新性人才培养模式实践

Polymerizing
Exploration – Practice of New Cultivating Mode to Combine Industry
with Education in Design Discipline

文化的一个分支。它是人们祭祖尊贤、缅怀先祖的一种精神寄托，也是教化族人和传递家族观念的一种方式。而宗祠建筑作为这种文化的载体，更与人们的日常生活息息相关。本文通过对宗祠的传统格局，功能以及当下现状的分析，探讨重塑宗祠空间的价值与方法，以期能够对宗族文化的保护贡献一份力量，也为乡村精神空间的重塑提供新的设计思路。

1.2.2 研究意义

目前，国内的各个地区的宗祠面临相似的问题，一类是政府将具有历史保护价值的宗祠设定为文物保护单位（点），并实施了修缮，恢复了历史风貌，功能大多为展馆、纪念馆等，以发展旅游业。而另一类乡村宗祠则因为年久失修而倒塌、损毁，或者在城市化进程中被拆、迁、毁，无法还原其历史风貌。可喜的是，近来一批批文化人对宗祠的保护开辟了新的实践，如"碧山计划"、"浙江祠堂转型"等。但是，对重塑祠堂空间的当代价值与方法在文献方面的探讨却很少，笔者希望通过自己浅薄的研究，为这一研究领域提供参考。

1.3 研究内容与方法

1.3.1 研究内容

本文主要对乡村宗祠空间的传统功能和现代人的生活方式进行交叉研究，从而寻找到以保护乡村传统文化为前提，重塑乡村宗祠空间的当代价值与设计手法，以求激发宗祠的可持续生命力。

第1章阐述了研究的背景，研究目的、研究意义以及内容与方法，旨在说明研究的可行性。

第2章阐述了宗祠及宗祠文化的相关概念，宗祠的演变历史、思想基础、传统功能与布局等，表明乡村宗祠对传统乡村人们具有极强的控制力。

第3章阐述了现代人们的生活结构，具体从人群结构、行为特征、精神文化需求等方面进行论述，充分表明了传统的宗族文化与现代生活有时代的矛盾性。

第4章针对以上的分析，提出了重塑乡村宗祠空间的当代价值及设计方法，以求在重塑空间的同时，保留宗祠本真精髓，提出具体设计思路与现代生活相结

图1 山西常家大院常氏宗祠

图 2 广州凌氏宗祠

合的方法。

第 5 章对论文进行总结与展望。

1.3.2 研究方法

文献研究法：在论文的前期，阅读大量的文献，对相关问题的背景、前人研究的深度进行多方位了解，以求客观。

实地调研法：实地考察具有当代代表性的各区域祠堂，深入了解其格局以及当前的使用状况和原因，通过第一手的资料研究，为解决问题提供依据。

交叉研究法：宗祠文化也属于社会学范畴，通过从不同角度研究它的当代价值更为全面客观。

案例研究法：甄选优秀的案例，究其成功与不足之处，运用在自己的项目实践当中，取其精华，去其糟粕，总结设计方法与策略。

第 2 章 宗祠基本概念及相关理论概述

2.1 宗祠与宗祠文化

2.1.1 宗祠

宗祠，源自家庙，俗称"祖厝"，亦称"家庙"、"祠堂"。[1] 在汉代有"庙祠"、"祠堂"和"斋祠"等不同名称，是宗族供奉祖先圣贤牌位、举行尊祖敬宗、崇先祀贤的重要聚集场所，是宗族议事、传承礼德、执行族规、婚、丧、寿、喜等重要事物活动的发生场所。它作为宗族文化的物质载体，代表着物化的"宗法制度"，所谓"追源溯本，莫重于祠"，即是这个道理。宗祠又分为总祠、支祠、家祠，它是指庞大的家族体系由总至分，层层细分的关系。虽然宗祠只是一种建筑、一种载体，其本身并不存在多少教化和治理功能，但与各种规矩、活动结合后，宗祠就成为宗族活动的中心，从而逐渐形成了以宗祠为核心的宗祠文化，宗祠也成为族规、家规、制度的象征。正是这种特殊的象征意义，使之成为宗族的精神

聚
艺术设计学科产教合作创新性人才培养模式实践

Polymerizing
Exploration – Practice of New Cultivating Mode to Combine Industry
with Education in Design Discipline

信仰中心，发挥着家族发展、社会教化功能，书写着社会的治理逻辑。

本文所论述的乡村祠堂就是基于血缘的、以农业为经济活动基本内容的祠堂，它属于一个地理概念，与城市祠堂这一概念相对。

2.1.2 宗祠文化

宗族是社会发展逐渐形成的一种特殊的社会组织。男性在宗族组织中占有主导地位。宗族组织者或组织机构以血缘、地域、社会关系等组成一个群体，慢慢形成了宗族组织。该组织以修建宗祠（图1，图2），制定宗庙、宗法制度为物质文化表现，宗祠文化也由此应运而生。宗祠文化的发展常常与祖先崇拜有着密不可分的关系。所谓祖先崇拜，就是相信祖先的灵魂存在，仍然会影响到现世，其作用在于确立和巩固家族的血统，保证家族权力和财产的正常分配与继承。宗祠文化宣扬的仁义、孝悌、礼德以及对宗族成员之间矛盾纠纷的解决、祖先祭祀活动等，在封建社会，对统治阶级的社会治理发挥了举足轻重的作用。

2.2 宗祠历史概述

宗祠文化滥觞于原始社会人们的自然崇拜和祖先崇拜。早在殷商时期，祠庙祭祖的活动已经非常盛行，但祭祀礼仪尚未形成定制。到周代，实行分封制和宗法制，以宗庙为核心的祭祖礼制逐渐完整、规范、系统。在《周礼》中有规定"古者天子七庙，诸侯五庙，大夫三庙，士一庙，庶人祭于寝"。明代嘉靖十五年明世宗允许臣民进行祭祖活动，曰"许民间皆联宗立庙"。于是，民间的宗祠修建具有合法性，由此掀起了各个宗族修建宗祠的高潮。明清时期为宗祠修建的巅峰时期。在此时期修建的宗祠功能齐全、内涵丰富、装潢豪华，并且对宗祠的管理更加规范化。在山东、江苏、浙江、江西、安徽、福建、广东、广西等地，宗祠建筑几乎随处可见，甚至形成"族必有祠"的盛然局面。宗族制度最终在民国时期开始走向衰落，有些祠堂功能意义上也有一定的私塾作用。随着新中国成立，西方文化的引入使得宗祠的原功能性逐渐被削弱，人们对于宗祠文化的记忆也慢慢淡化。而改革开放以后，随着宗族观念和文化的复兴，特别在乡村地区，又出现了修祠堂、编谱牒等现象。然而，此时的乡村文化结构却出现了新的意义，在一个传统自治文化、国家意识形态和大众消费文化三种关系交合的时代背景下，祠堂的未来应该在哪？这成为现代农村公共文化建设的重要讨论部分。

2.3 宗祠发展的思想基础

宗祠的发展几经浮沉，延续千年而不断。解读传统乡村宗祠的精神文化与建筑，也许要从儒、释、道三教共生的思想与精神入手。儒家思想作为中国传统社会的主流思想，对传统宗祠具有重要的影响作用。无论是先秦时期儒家学说提倡的"忠孝"，还是日后宋明理学所推崇的"三纲五常"，儒家学说一直都奉行着维护宗祠发展的伦理思想。各地建造的宗祠、家法族规也大都体现了忠、孝、节、义等儒家传统伦理原则。"三教合一"思想对传统祠堂的影响主要表现在建筑平面布局上及其装饰上。汉传佛教的庙宇起初很多以富贵人家的住宅为寺庙，而儒、道也都为本土文化，因此基本继承了中国的建筑传统：多进式院落形式、平面布局为中轴对称。三教的故事传说和图案符号也被共同应用在建筑空间内，相辅相成，各有意蕴。

在漫漫历史中，中国的"阴阳五行"学说也影响着宗祠的发展。

2.4 宗祠基本格局及空间功能

我国幅员辽阔，各地的地质条件、风俗各不相同。再者，传统宗祠的建制并没有明文规定。因此，宗祠建筑因地制宜，外形规模各不相同。然而作为一个宗族的象征，宗祠大多富丽堂皇、蔚然壮观。宗祠建筑样式大体可以分为民居式、庙宇式、天井庭院式和园林式，基本由门屋、享堂、厢房、寝堂等建筑单体组成。总体上宗祠建筑格局为中国传统中轴对称、纵向串联布局，这在礼制建筑中非常普遍（图3~图5）。这明显受到传统文化中"折中"思想的影响。而宗祠一般分为一进一出式和多进多出式。

2.4.1 入口空间

在中国古代自然观的影响下，宗祠是村中建筑的重点，居住团块的中心。宗祠建筑空间序列中先是入口空间，常设有墨池、泮池、旗杆、牌坊、宗祠大门、门楼等风水景观设施。

2.4.2 祭祀空间

祭祀空间通常是按照"尊卑顺序"的主次关系和"前下后上"的等级制度建造的，沿轴线依次布置大门（如有戏台就结合大门布置）、享堂和寝殿等，中间穿插着天井花园。享堂（祭堂）是举行祭祀等宗族活动之所，是宗祠的正厅和核心，在整个宗祠建筑群中无论是规模、用材、装饰都是最为讲究的，通常给人庄严肃穆，大气磅礴的视觉和心理感受。梁柱、斗拱、彩绘、匾额

聚
艺术设计学科产教合作创新性人才培养模式实践

Polymerizing
Exploration – Practice of New Cultivating Mode to Combine Industry
with Education in Design Discipline

图 3 山西运城万荣县李氏宗祠　　　图 4 广州从化钱岗村仁敬沈公祠　　　图 5 徽州宗祠的式样

等丰富多彩，木雕、砖雕、石雕等装饰层出不穷。如门口有守护石狮，取辟邪守护之意；屋顶多龙飞凤舞则寓意吉祥如意；其他诸如牌楼、戏楼顶部、柱子等之上也雕刻狮象、麒麟等瑞兽，装饰手法丰富、技巧高超。厢房一般处于正门或天井的两旁，是家族成员居住、放置祭祀用品，抑或是作柴房等用。寝堂一般位于建筑后部且设有神龛，安放祖先牌位或者纪念对象，隐喻宗祠为宗族圣殿，心灵栖息的地方。相对小一点的宗祠，则不建寝堂，而在享堂或直接在厢房里建神龛，形成两进一院的格局。

2.4.3 其他建筑空间

除上述大门、中堂和寝堂三个宗祠最基本建筑元素外，宗祠建筑中还有许多辅助建筑元素，如耳房、拜亭、照壁、戏台等，以此来丰富宗祠的精神文化内涵。

图 6 马斯洛需求层次模型

第 3 章　当代乡村生活结构及对传统宗祠的影响

3.1 当代乡村生活结构

　　自给自足的封建小农经济以及传统儒家宗亲思想，是传统乡村生活赖以展开的基础。村民在群体中往往缺乏个人独立想法，对自己及其社会地位没有主体认知，一切生活行为都依据社会伦理或习惯。随着社会的发展以及国家对农村的扶持，过程中对村民的生活模式发生了潜移默化的影响。传统以宗族为中心的利益群体随着宗祠传统经济功能、政治功能的减退而慢慢在解散，对于宗祠这个村落中经济、政治、文化中心给予的关注度越来越低。

3.1.1 人群结构

　　随着社会生产力的提高，村民的生产方式，农村社会产业结构以及各类信息的传播方式，较以前有了很大的变化。由此，乡村人群结构也随之改变。村民们逐渐重视自我独立意识，向往追求更高的生活水平和经济收入。基于宗族的血缘纽带有所松懈。大多数村里的精壮劳动力将外出务工作为主要的生存手段，留在村内的村民大多是妇女、老人和儿童。其中一些成年人平时经营小本生意，农忙时进地干活，更多的人更多时间是在照顾老人、小孩以及自我休闲娱乐。尤其是距离城市较近的乡村，生产方式的改变、村民的结构分层较为明显。就算是离城市较远的乡村，村民们也因经济利益驱动而或多或少进行人员的结构分化。例如2006 年湖北省宜昌市秭归县向外输出农村劳动力 6.6 万人，农村出现了大量的留守人群，据统计，全县农村留守人群占农村人口的 13.12%，其中老人有 1 万余人、儿童有 8 千人左右。

3.1.2 行为特征

　　现代村落生活中，人们生活方式、行为活动日益倾向城市人的模式，更加规律，往往注重提升自我感受的舒适度。闲暇时，人们会在村里的公共空间小聚闲聊，进行休闲娱乐活动，甚至是在祠堂的院坝里。儿童们也会时常在祠堂中玩耍，将这里当作游乐场所。人们之间的交往更加趋于外向型。宗祠早已脱下了神秘的

聚
艺术设计学科产教合作创新性人才培养模式实践

Polymerizing
Exploration – Practice of New Cultivating Mode to Combine Industry
with Education in Design Discipline

图 7 巢湖市烔炀镇曙光村古祠堂

面纱，威严感慢慢散去。只有在重大的节日时，村中的人们才会在宗祠中举办活动。原本的宗祠活动内容有祭祖敬祖、聚会议事、惩恶扬善、宗族联谊活动，而今更多的是祈求祖先保佑生意兴隆、家庭美满抑或是为了大家常年不在家，而借此机会一聚等。总之，活动的目的和宗法制度都发生了一些变化。例如传统的徽州宗祠，严禁让女子进入，而今很多都已经放松了要求，村内人们的行为更加开放。

3.1.3 精神文化需求

在西方，马斯洛对人的需求提出了一种按照迫切程度及各方面因素的互相制约来划分的需求层次理论学说（图 6）。其中各种需求互相关联，层层递进，由低层向高层需求逐阶发展。在乡村，人们满足了生理需求后，逐步对社交、尊重与自我实现有了更高的要求。

由于宗祠文化与年轻人思想无法连接，精神上又难以融入现代生活，再加上村内人员的流动，大多数传统的宗祠活动只有在重大的节日才会展开，更多的是注重其形式。常年外出打工的青年回来后往往通过现代休闲活动与亲朋好友相聚，以此增加彼此的感情。常年在家的妇女、老人由于情感上的孤寂，常常与左邻右舍互相倾诉，也会打打牌来打发时间。事实上，随着宗族文化的衰落，对经历传统文化知识断层的年轻一代影响并不大，但对于老人而言却是精神慰藉的消逝。传统乡村的儿童常年与泥土为伴，但随着知识的普及，经常与同伴一起分享仅有的读物，以此丰富他们的精神生活。

最近，从一份农村的精神文化需求研究——基于湖北五县（市、区）调查研究报告评价中得知，64.3% 的农村人民认为自己的精神文化生活不丰富，75% 的农村选择愿意参加公共文化活动，这反映出农村人们精神文化的缺失。

3.2 乡村现代生活模式对宗祠的影响

3.2.1 宗祠传统功能失去，闲弃废置

巢湖市烔炀镇曙光村，有一座建于明末清初的古祠堂，它是皖南徽派的建

图 8 巢湖市炯炀镇曙光村古祠堂

筑风格（图7）。这个数百年的宗祠近年来沦为私人打谷场所。平日里看去到处杂草丛生，枯木满地，现代化废旧机器乱堆乱积。由于它年久失修，柱子出现了裂纹，墙倾瓦碎，门窗摇摇欲坠（图8）。

由于传统文化传承已有一定程度的断层，再加上它与现代的生活融合度不高，现代的年轻人无法担任传承主体这一角色。而村里长者随着年龄增加、身体状况不佳、语言沟通等问题，使其没法很好地将宗祠这一传统文化再继续传承下去，很多祠堂都面临同样的问题——传统功能尽失，废置闲弃。

3.2.2 精神文化空间现代功能偏离方向

李氏宗祠位于广东省顺德区均安镇上村，是清代咸丰年间李文田探花家族的祠堂。平时，没有家族活动的时候，总有几位老人家在这里打牌。而传统意义上，祠堂是供设祖先牌位、举行祭祖活动的场所，也是教育子孙，推崇礼德的地方，打牌这样的活动不仅让祠堂的传统文化淡化，更使现代功能偏离方向，影响了下一代的价值观。

3.2.3 盲目开发，对宗祠地域性文化进一步破坏

温州市永嘉县岩头镇苍坡李氏大宗祠，目前作为旅游景点进行开发。但是在建设的过程中，为吸引游客屡次改变布局，成立了各种主题展览馆来发展第二产业，对宗祠的地域性文化进一步进行了破坏。其实，将宗祠建筑及其蕴含的文化精神作为旅游开发的亮点进行打造，以期吸引游客，让更多人走进祠堂、近距离了解祠堂文化，本也无可厚非。但是，以纯粹赢利为目的的商业活动，不仅会对祠堂建筑本身造成破坏，更是背离了祠堂功能转型的初衷，影响农村公共文化事业的和谐发展。

经济的飞速发展正在动摇并重构乡村社会，宗祠文化的传承面临着诸多困难。"文化转型"[2]近年来愈发成为学术界关注的一个重要概念。随着我国城市化进程的加速，乡村的城镇化发展已经不可逆转，宗祠的文化转型极具探讨价值。

聚
艺术设计学科产教合作创新性人才培养模式实践

Polymerizing
Exploration - Practice of New Cultivating Mode to Combine Industry
with Education in Design Discipline

第4章　重塑宗祠空间的当代价值与方法

4.1 重塑宗祠空间的当代价值

4.1.1 有利于促进建筑文物保护

宗祠是历史文化的载体，是村落发展变迁的记忆，它承载着整个乡村的文化积淀。只有使用的建筑才能很好的保存下去，对于它空间的重塑是对它的保护，也是对它在新时期的发展。

4.1.2 有利于延续优秀道德文化传统

传统宗祠都有族训家规，包括尊重长者、孝敬父母、尊重师长、崇尚俭朴、力求上进、节制奢靡、禁止赌博等伦理规范。宗祠是宗族共同的精神空间，也是族群道德约束的天然资源。如今，人们精神层面的负面影响越来越多，"公平、正义"观念淡化，传统的优秀伦理道德加速流失，虽然法制有所进步，但远未达到有效规范个体道德行为的程度。重塑宗祠空间有利于延续其优秀道德文化传统，在新时代引领人们思想的前进方向。

4.1.3 有利于丰富农村文化生活

"宗祠文化活动具有活态性、民间性、生活性及生态性。"[3] 在重塑宗族空间的过程中，要保留丰富多彩、充满时代特性的宗祠活动。空间设计中，更要考虑村内人们的积极文化需求，在功能设计上或保留，或利用，丰富活跃人们的精神文化生活。

4.1.4 有利于建立和谐社会

传统社会长期以来处理人与人之间的矛盾、问题一直秉持着"和为贵"的精神，这也正是宗祠文化中重要的精神内涵之一。该理念在我国倡导"构建社会主义和谐社会，大力推进和谐文化建设"的今天显得尤为重要。重塑宗族空间，有利于培养人们的和谐精神，促进形成解决社会矛盾的新认识、处理社会关系的新方法，有利于和谐社会的建设。

4.1.5 有利于发展现代旅游

祠堂，一座特殊的人文景观，本身具有文化价值、建筑美学价值，也具有一定的

图9、图10 海珠区的邓氏宗祠

人文旅游价值。重塑宗祠空间，将它与现代人生活拉近，有利于发展现代旅游事业，传播优秀传统文化，也可产生较大的经济效益。

4.2 重塑宗祠空间的方法

4.2.1 修旧如旧，保护及尊重其地域特色

我国优秀的文物建筑保护学家梁思成先生曾说："我是无齿之徒"，满堂为之愕然。[4] 他说"我的牙齿没有了，在美国装上了这副义齿，因为上了年纪故非略带些黄色，因此看不出是假牙，这就叫作修旧如旧"。祠堂按照"修旧如旧"的原则，此处"旧"非仿造之意，一方面需要考虑祠堂材料的使用，同时需要考虑活化为新的空间后与新材料的兼容性，管线的走向等问题。仿造的"旧"在视觉感官区别于原始建筑材料，更不用说现代工艺与古代工艺的差别化了。此时的"旧"突出祠堂建筑的历史文化，这是室内外建筑景观活化的基本要求。

广州海珠区的邓氏宗祠（图9，图10）在修复过程中遵循"修旧如旧"的原则，柱子和门全部使用坤甸木修补，共用坤甸木料30立方米。地面采用仿大阶砖水泥铺设，全祠檐雕均涂以赭色油漆恢复原貌。祠堂墙体使用仿青砖修复，小面积填补石灰，还原了祠堂的历史沧桑感。

4.2.2 基于传承宗祠的精神，进行空间功能置换

传统祠堂具有教育后代积极向上的作用。过去，有些宗祠开设私塾，对族内的子孙开设启蒙教育、孝道教育、法律教育、择业教育等一系列维护伦理道德、宗族制度、封建制度的教化课程与活动，来提高人们的文化水平、规范他们的言行，使他们更加融入社会，同时也完成了文化的传承。基于这样的传统，可取其精华，去其糟粕，将宗祠传统的核心功能进行置换，与公共文化服务体系相结合，延续其育人功能，将其改造成书院、展厅或纪念堂，通过展示杰出人物和辉煌事迹来增加人们对本土文化的认同感和归属感，为人们树立精神榜样，从而发挥其新时期的作用；传统祠堂还有凝聚宗亲，增强彼此感情的作用；通过一些传统仪式及活动，增加当代乡民对先人、传统

聚
艺术设计学科产教合作创新性人才培养模式实践

Polymerizing
Exploration - Practice of New Cultivating Mode to Combine Industry
with Education in Design Discipline

文化、自然的崇敬与敬畏。经过实地调查，以人的需求为出发点，延续这样的传统，将祠堂改造成为公共休闲活动空间，以此增加附近居民的交流，培养周边邻居情谊，也为未来的乡村旅游人们提供休憩空间。

4.2.3 注重空间的复合型功能设计及可持续利用

设计时，应具有与时俱进的观念，关注村民的生活习惯、不同人群的需求，进行空间划分，空间陈设也要符合当代人的审美及可持续利用的价值观。邓氏宗祠在设计之初就结合自身功能的定位，满足多功能展览，在祠堂室内增加可移动的展墙，为了展厅防潮，地面采用仿旧的大阶砖，同时也可防滑。设计师还在大阶砖上铺设一层硬胶质的可替换的塑胶垫，在后续的使用过程中追求到更高的使用价值。

4.2.4 空间适应现代生活方式，完善配套设施

现代人的生活方式与百年前定义的祠堂功能已截然不同，在祠堂空间改造的过程中应全面的满足现代人的需求。如卫生间，应设置功能现代且与祠堂风格相匹配的洁具，空间中应随着功能的变化而使用相应的材料、灯光、配套产品等，完善其配套设施。

总结与展望

本文从传统宗祠的功能、布局以及现代乡村生活结构的研究出发，以解决乡村人们的需求为目标，在社会学、宗教学以及空间美学的理论支持下，提出了重塑乡村宗祠空间的当代价值及设计方法。对于解决乡村人们的精神文化需求，绝不仅仅单靠这一方法能解决，但是希望通过论文的研究能够打破宗祠空间设计单一的方式，以便推动乡村多元化文化的发展。

至此本文的研究已接近尾声，由于能力及研究程度有限，在分析问题的视角和深度上还未能达到应有的高度，在未来的学习中，将会把此课题继续完善。

参考文献

[1] 信立祥. 论汉代的墓上祠堂及其画像 [M] . 北京：文物出版社，1987.

[2] 费孝通 . 关于文化自觉的一些自白 [M]// 费孝通 . 费孝通文集：第 16 集 . 北京：群言出版社 , 2004.

[3] 江广和 . 农村宗族体育文化的阐扬与发展 [J]. 体育科学研究 , 2011(3).

[4] 原美林 . 中国传统家族司法研究 [D]. 湘潭：湘潭大学 , 2012.

聚
艺术设计学科产教合作创新性人才培养模式实践

Polymerizing
Exploration – Practice of New Cultivating Mode to Combine Industry
with Education in Design Discipline

现代酒店设计中的『本土化』利用

——以林芝酒店设计为例 ◎李林泽

Study on the 『Localization』 of Modern Hotel Design
—— Taking the Design of Linzhi Hotel as An Example

摘要

在全球化的时代下，在建筑当中，酒店成了最独特的一种类型，并且还具有时代特征和不同地域的色彩。现如今，酒店具有其所需功能类型所应该具有的特征之外，还常常具有浓郁的其所在地不同风土民俗的特色，展示与传承着不同的地域传统文化，因此，地域传统文化与特色元素在酒店建筑规划与设计中就显得非常重要。本文探讨了酒店设计与酒店所在地域环境之间的关系，研究酒店"本土化"设计的特征，探索如何将"本土化"的设计手法融入现代酒店当中。

关键词

在地化　现代酒店　地域特征

第 1 章　　"本土化"与现代酒店

1.1 研究目的与意义

1.1.1 研究目的与意义

自 20 世纪以来，现代酒店的概念在国内开始起步，各种形式的酒店迅猛发展，随着近年酒店的数量不断增加，一些酒店没有固定的定位和个性的特点，在设计上往往都是千篇一律的形式，再加上现代流行文化的快速渗透，西渐东进使得地域文化极易被遗忘并且流失，设计师在设计现代酒店过程中往往缺乏对其本地文化本质进行深层的考究和定位，在设计上过于模式化并且缺乏创造力和特色。今天，大家渐渐注重文化的发展和设计的创新，设计与周围环境发生密切联系并且结合当地文化可以增加酒店的独特性，融入地域文化特色，创造属于酒店自身的风格和个性，才能满足人们的精髓和体验需求。

"本土化"所包含的地域性和人文性都与现代酒店的设计有着密切联系，它们之间相互促进、

聚
艺术设计学科产教合作创新性人才培养模式实践

Polymerizing
Exploration – Practice of New Cultivating Mode to Combine Industry
with Education in Design Discipline

相互契合。[1] "本土化"的设计手法应用于现代酒店设计之中能够使酒店融入地域环境之中，尊重地域性文化特征是符合酒店设计的发展趋势。"本土化"的现代酒店作为文化传播的媒介，在设计中体现民族性是对地域文脉的保护与发扬。

1.1.2 "本土化"设计理念相关研究

一个地区有自身的文化历史，在漫长的历史当中所形成的一系列建筑风貌还有文化形态以及社会习俗、生活方式等等方面的特征，便是其"本土化"的特征，这也是地域内文化沉淀的表现，每个地区也正是因为具有了这些特征才显现出本土独特的地域文化。通常"本土化"的设计手法运用于现代酒店设中，往往指室内外环境设计吸收了当地民族的民俗风格，将有地方风格的传统文化和民俗风情适当融入现代设计的一种潮流和趋势，呈现出独特的文化属性。在设计师设计酒店的同时也要谨慎陷入同质化的趋势，设计主体应该适当的所处区域的地方环境融合，能够被地域环境特色所接纳，尊重本土的地域文化。酒店拥有的独特性与个性化对于客人来说是有巨大吸引力的，这对酒店的经营也至关重要。要设计有个性以及特色无法复制的现代酒店应当认真考量和把握好对设计主体本身及周边环境。

1. "本土化"设计理念的含义及特点

"本土设计是一种现实的状态，一种现实的立场，一种现实的策略，一种现实的结局，一种现实的期盼；所谓本土设计，或者说中国当代建筑创作的现状，实际上有一种存在主义的判断。"——崔愷。"本土化"是地域上独有的环境、风土民俗、历史文化、人文等面向在本土区域中产生的民族性共识，本土设计的理念非常丰富而且涉及面也很广泛，与以前的地域主义、民族主义等都不相同，本土设计的理论更加多元和广泛。"本土化"设计需要设计师面对具体设计和场地运用当地的文化去解决问题，对生活方式和文化背景作数解读与理解。

"本土化"设计主要是从特定地域产生的建筑材料就地取材或者特定的生活圈，以及审美习性所造成的地域差异等。本地化就是"入乡随俗"，把现代酒店和酒店所在的特殊环境相结合，提高酒店空间设计的多样性，增加文化认同感，遵循以人为本。

2. 影响"本土化"设计理念的因素

我国的室内设计风格发展是对于传统与现代的追求，这构成了贯穿中国室内设计发展主线，传统与现代结合出各式各样的样式，体现了我国不同发展时期所呈现出来的不同形态。研究本土化设计与现代室内设计是中国室内设计的现代历史范围以及发展方向，也是中国现代酒店设计在人文风格以及民族风格方面的探索。

3. 国内外"本土化"设计理念的发展

国外许多优秀的设计师对于本土化、在地化设计创作探索提供了教材。在工业革命时期，社会的进步使人们创作了大量的地域性作品，19 世纪，美国理论家路易斯·芒福德提出了"地域风格"的思想，延续着当地和人文特色元素的现代主义建筑样式，便开始了"国际化"的建筑样式越来越具有普遍性。追溯历史，"包豪斯"的诞生在整个世界开始了现代主义设计体系，我国设计界也渐渐也学习到了吸收国外先进的设计理论体系和设计方法，室内空间设计飞速发展，各式各样的风格流派和设计手法也变得越来越多，人们开始关注现代室内空间，现阶段的民族传统风格逐渐变成了世界流行风格，也是很多设计师追求的目标，民族文化以及本土化设计的新发展也是当今设计师们共同追求的方向，运用传统的文化思想的味道结合今天的科学技术创造出的作品自然而然会产生新的民族文化和风格。各国的设计师开始结合自己本土文化色彩进行作品创作，日本建筑师在受到全球化的影响之时，立足于其古老的哲学思想，注重传统空间的发展创新，吸收了传统文化的精髓，扩展了其现代设计语言，逐渐找到了自己的道路。世界各地都有优秀的设计大师：贝聿铭、库哈斯、安藤忠雄、隈研吾等，他们的共同点都是对于城市和自然的认识，把自己的设计有效地结合在一起。

从历史建筑宗师梁思成到现在，我国本土也出现了年轻设计者与年轻的团队创作出很多有特色的作品，例如位于浙江的裸心小馆，设计师用传统材料与现代废弃材料共存来解读生态理念（图 1，图 2）；还有安徽铜陵山居，结合传统民居特色创造自然通透的现代居住体验；位于重庆市沙坪坝区陈家桥镇三河村的半山上虎溪土陶厂，传统窑厂与现代农家乐的结合，等等诸如此类的好设计。这些设计都具有社会价值和人文关怀，通过多元设计推动着中国文化的再生。

4. 现代酒店的概况与特点

如今酒店业是所在区域的重要组成部分，同时也是衡量所在区域经济结构水

图 1 裸心小馆 (1)

图 2 裸心小馆 (2)

聚
艺术设计学科产教合作创新性人才培养模式实践

Polymerizing
Exploration – Practice of New Cultivating Mode to Combine Industry
with Education in Design Discipline

平的参照标准之一。酒店设计理念代表了一种居住形式，为不同的居住者提供生活空间。[2] 酒店设计理念反映着顾客们的消费理念，其宗旨是满足顾客需求并且具有一定独特性，也要符合酒店服务标准，现代酒店的发展意味着酒店本身的改变，也意味着现代人们价值观的改变。现代酒店不再是旅行者们为了旅游或者商务而不得不去的地点，已经变成了客人期望体验去入住的地方，现代酒店具有的艺术性正在推动着人们观念认识发生慢慢的变化，改变着消费者的需求。现代酒店本身就应该作为一种承载文化特点的载体，通过科学和技术透彻的研究确定具体的特色元素和文化作为酒店主题，然后再在酒店建筑的创作设计当中通过空间规划、景观设计、建筑塑造、内部空间雕琢与装饰装修等手段来营造与演绎酒店风格和主题元素。

第 2 章　　"本土化"设计理念下现代酒店的设计研究

2.1 "本土化" 现代酒店的设计手法

现代酒店的规划布局需要考虑到空间范围、自然条件和人文条件以及社会条件等影响因素，"本土化"现代酒店在设计中需要主观的和感性的创作能力，杜绝绝对的理性，使建筑和室内营造出有地域传统特征元素的空间。每一个地区在漫长的历史时期中形成了各地独有的建筑空间形态，对"本土化"现代酒店具有价值参考。中国许多酒店在项目规划、设计风格与手法、材料乃至平面布置上都是那么相似，造成这种现象的原因有很多，有的是轻率的选择"拿来主义"，有的则是因为设计缺乏经验效仿现有的其他项目设计，照搬照抄没有考虑到是否适合此酒店的设计主题。但事实上，每家酒店所处地理环境和文化内容都是不同的，这种拿来主义和大量的照搬照抄是极不科学的。所以，优秀设计师一般在设计初期就做好了大量的预习功课，考察并且研究当地的历史文化、风土人情和人文特征，了解酒店管理公司的市场分析和定位等，只有这样，才能真正根据每个酒店的不同特点创造出拥有独特形象与特色的现代酒店设计。随着经济水平的提高和人们见闻的扩展，客人对入住酒店的要求已远远超出了基本的住宿、餐饮功能，除此之外，还对酒店的会议、商务、娱乐、健身及艺术氛围等功能与环境要素怀有更高的期望。[3] 但在酒店设计表达上，很多设计师重大堂设计，轻客房设计。这种现象是设计师没有考虑到以人为本。大堂设计固然重要，因为这关系到客人对酒店的第一印象和酒店口碑，但是客房的舒适性也是很重要的，客人的身体休验感也是很重要的，因此客房设计与客人的满意度乃至酒店的效益都有紧密的联系。在客房设计中，设计师应着重考虑软装材质的选择、家具及灯具的款式、整个室内环境颜色的营造、酒柜及衣柜的细节设计等，还应当根据酒店的不同定位还有不同的本土文化提供相应的功能性设施并且放置具有强烈艺术感染力的陈设小品在设计师视线范围之外的要素能够给客人带来不一般的惊喜体验。因此，具有独特色彩和细心挑选配饰、陈设品与硬装饰放在同等重要的层面上综合考虑，也可以营造出酒店整体环境。

1. 人文标志特征与酒店主题

不同地域的生活习惯和习俗以及建筑空间的表达都是不同的，在一定地域文化、生活习俗背景下的环境也不尽相同，在文化艺术体系中，酒店文化作为文化的一个独立分支，有较为完整的理论和技术体系，而酒店空间的设计也有相关的技术指标。特定的民族文化因为有丰富的民族文化和习惯，这种民族习惯使长期的社会文化、环境后睦、语言环境、饮食习惯等形成的。在世界文化的发展史中，每一个适合人类生存的地区都形成了自己独特的，与众不同的风格样式、习惯和生活方式，在地域性人文特征表达上大多使用情境设计，在这个环境中诠释动态环境以及静态环境的结合，加入地域文化符号表述，提高空间的视觉效果和经济价值，提取地域文化中的色彩符号、结构符号、形态符号、触觉符号、视觉符号等是常用的一种手段。

2. 自然环境特征与酒店主题

现代酒店的空间是建筑设计的创作主角，不同类型的环境空间和建筑空间对现代酒店空间设计特征也各不相同，不同地域不同环境对"本土化"酒店设计有着不同的影响因素，因此决定着"本土化"现代酒店对空间的不同规布局和设计方法，从而塑造出不同文化和不同地域特色的空间特征。营造蕴含着地域特色元素的空间环境是"本土化"现代酒店营造酒店氛围，也是展示并传承地域历史人文特色的重要手段，将营造空间氛围作为目的同时在设计酒店建筑空间时为各种不同空间位置、数量、规模充分考虑到设计细节。环境空间营造的功能先后次序主次关系是"本土化"现代酒店的内在灵魂。

2.2 "本土化"设计酒店的方法运用

"本土化"设计理念在设计酒店的过程中要理性思考，突破老的思想与现代叛逆的设计形式相结合，追求酒店设计的个性化，抛弃老套的设计思维，主张多样化的酒店形式，使人们入住酒店不仅可以满足基本的物质需求，并且可以体验到酒店的特点以及文化内涵，使酒店的发展更具有包容性和多样性。

聚
艺术设计学科产教合作创新性人才培养模式实践

Polymerizing
Exploration – Practice of New Cultivating Mode to Combine Industry
with Education in Design Discipline

1.时代性与"本土化"的统一，创新性与传承性的结合

世界在不停地变化，各种事物在不断地演变，全球化和多极化的趋势愈加明显，中国文化的崛起逐步影响这世界的文化艺术的发展，在这个地球村中不断地相互交流与理解，设计文化也进入了一个新的台阶，以中国文化为代表的东方元素在设计舞台上兴起，其艺术文化价值得到了世界的认可和肯定。

在世界文化的交流融合中，我们的传统文化艺术已经不是唯一的设计元素了，在当今室内空间设计中，艺术的主题变成了全球化，设计元素演变为你中有我我中有你的新局面，设计师在进行室内设计的过程当中则更加注重设计方法与设计手段。

2.设计技术与传统文化的相互妥协

在设计领域中，继承和创新在室内空间里面运用中国元素是有着民族意义的，在空间设计里充分挖掘我们中国文化元素所蕴含的特别艺术价值，在现代室内设计中是一种设计手段，西藏文化形成的文化风俗和符号以及宗教内容都可以运用在现代酒店设计当中，在材料的运用上也可以使用西藏传统材料，如边玛的枝干或者是帏布等，都是设计技术和传统文化的相互结合。

传统文化不仅仅是用单一的符号元素体现，而是对所在地的研究，西藏的文化气候以及民风民俗还有所常用的传统材料。之前所提到的晓辉设计工作室所设计的裸心小馆，设计师用传统材料与现代废弃材料共存来解读生态理念，并提出3个75%的生态设计观点即运用75%可持续再生材料、75%回收再利用材料、75%的当地工匠建造，建筑材料包括石、夯土、毛竹和钢龙骨，石头就地取材，夯土材料来自度假村所持有场地挖掘的泥土，遵循环保设计思路。

3.设计细节与"本土化"的融合

当代的室内空间设计中，设计师要考虑的是在东方文化空间行驶中如何运用中国元素并且体现出深厚的文化底蕴和意境，多技术手段和表现形式就这样应运而生，东西方的文化艺术交流也变得越发容易。"本土化"设计下现代酒店中的材料选择是通过设计细节体现"本土化"理念，在材料的运用上选择当地的传统材料结合现代材料来决定设计样式，将相关设计手段使用在设计主题当中，合理地使用传统材料再结合各种现代装饰技术达到更好的效果。

图 3 酒店建筑

第 3 章　林芝文化环境与酒店概况

3.1 地域特色与酒店概况

3.1.1 酒店设计背景情况

　　该建筑风格为简约欧式风格，有强烈的对称感，整体建筑线条简洁、外观宏伟，局部装饰为欧式古典元素。外立面色彩以温润的浅黄色为主要色调，建筑下立面采用褐色。局部配合金黄色，玻璃使用淡蓝色。总体来说，该建筑风格既保留了古典欧式的典雅与豪华，又适应现代生活的休闲与舒适（图 3）。

3.1.2 酒店设计宗旨与理念

　　以林芝当地特有的自然美景为背景，结合现在住宅市场需求，营造具有庄重大气、简洁典雅的简欧风情的现代住宅景观。从建筑的简欧风格中吸取灵感，使建筑与景观还有室内设计结合为整体，融入林芝藏区文化特色元素，与"在地化"设计理念融合为一体。

3.1.3 如何利用地域传统与特色文化

　　藏族传统建筑的种类分为几种：（1）宫殿建筑：宫殿建筑是藏式建筑最古老的形式之一，是藏族审美意识在自身文化长期熏陶下形成的，是内在心理和外在表现的一种综合反映。（2）寺院建筑：寺院建筑是藏族除民居以外的其他类型建筑中分布最广、规模最大、数量最多的建筑类型。由于藏族独特的社会历史文化，藏区的大量财力、物力耗费在寺院建筑上，因而这些建筑也最能反映出藏族建筑所取得的成就。（3）居民建筑：藏族居民根据生产方式可划为农区居民和牧区居民，农区居民是固定式的建筑，而牧区主要是活动的帐篷。藏族居民是将藏族建筑艺术推向辉煌最厚实的基础，也是促进藏族形成鲜明民族风格、艺术特点以及深厚的文化底蕴之所在。（4）[3]庄园建筑：常见的外墙门窗上挑出的小檐下悬挂红、蓝、白三色条形布幔，周围窗套为黑色、屋顶则用白、红、蓝、黄、绿五色布条装饰，在藏族的宗教色彩观念中，这五种颜色分别寓示云、火、天、土、水，以此来表达吉祥的愿望。

聚
艺术设计学科产教合作创新性人才培养模式实践

Polymerizing
Exploration – Practice of New Cultivating Mode to Combine Industry
with Education in Design Discipline

图 4 边玛枝（1）

图 5 边玛枝（2）

　　藏族传统建筑装饰大致包括：外墙装饰、墙檐装饰、柱头装饰和门窗装饰四大类别。外墙装饰色彩以红白两色为主，兼有少量的黑色和黄色。白色：赋予了吉祥、纯洁、神圣、正直、忠诚等。红色：具有英勇善战，充满斗志的含义。黑色：在藏族传统文化中象征着护法神，所以多用在门、窗、窗围等主要的出入部位，代表着护卫。黄色：许多大殿均以金顶装饰，也有的建筑外墙涂黄色装饰，一般来说黄色象征着权利和地位，所以也只有等级较高的建筑才能够使用黄色装饰。墙檐装饰应该是传统藏式建筑装饰中最具有地域特色和民族特点的装饰形式。传统藏式建筑的墙檐大都用"边玛墙"来进行装饰，边玛墙是用边玛的枝干去皮晾晒后用特殊的工艺制成（图4，图5），这种做法可以很好地减轻建筑物顶部的重量，最早的边玛墙是有其实用价值的，一是为了防偷盗，二是可以储存冬天烧的木材，三则是保护房屋不受雨水冲刷。

　　边玛墙慢慢演变成为当地特有的装饰形式，大都涂饰赭红色，代表权力的象征。有些边玛墙的上下沿都各有一圈白色的圆点，则是象征着在权力之上的日月星辰，体现了藏族人民对宇宙的敬畏，用来标识等级上的区别。在藏式建筑的室内装饰中柱头装饰是备受重视的，无论是庄重神圣的宗教建筑还是高大宏伟的宫殿建筑群和宗堡建筑群，甚至普通的平民百姓之家都尽可能地在柱头装饰上体现出庄重，华丽之感。在传统藏式装饰中占有很大比重的就数门窗装饰了。传统的藏式建筑中的窗一般比较小并且在窗与门的周围都有一圈用黑色涂饰的色彩，藏语称作"巴卡"，三面黑色"巴卡"包围着的正梯形门窗整齐的排列在建筑白色的外墙上，给人以很强的秩序感。藏式的门窗上部均装饰有短椽和飞子木挑出形成的檐口，称为"八苏"，窗户上挂着彩色织物织成的布帷，称为"香布"，每当微风吹过，"香布"随风摆动，动与静的对比更显出建筑本身的静谧与凝重。寺院建筑的门窗上一般还装饰有印着各种宗教符号，由牦牛编织成的帏布，它能起到遮阳的作用，避免门窗上辉煌的彩绘长期曝晒。藏式大门的装饰与窗饰相似，同样具有"巴卡"、"八苏"、"香布"的装饰形式（图6）。门扇则多用黄铜装饰，比如黄铜的如意头、角云子、门环等，门环上还要用五色哈达编织成金刚结装饰，藏式门框一般都有

图 6 纹样图案

聚
艺术设计学科产教合作创新性人才培养模式实践

Polymerizing
Exploration - Practice of New Cultivating Mode to Combine Industry
with Education in Design Discipline

多层的彩绘和木雕，做工繁复，精美华丽。

[4] 精致的细部装饰：绘有藏族民间纹样图案，除了佛教题材的圣兽之外，法论、动物、莲瓣、卷草等都是藏族民居建筑门上最常用的装饰图案。

3.2 "本土化"设计理念在林芝现代酒店中的应用

所在位置为林芝的现代酒店的"本土化"设计理念主要是探索一种现代与地域文化的结合的方法，酒店除了具有其所需功能类型所应该具有的特征之外，还常常具有浓郁的其所在地不同风土民俗的特色，展示与传承着不同的地域传统特色，因此，地域传统文化与地域特色元素在酒店建筑规划与设计中就显得更加重要。作为本土化的现代酒店，无论是作为城市的主要组成部分还是在自然风景区，在设计上都是酒店与环境的关系写照，当然，酒店设计理念是消费理念的反映，在满足顾客需求同时还要具有一定独特性，要符合酒店服务标准，反映现代酒店的消费趋势与酒店的品牌，现代酒店设计理念代表一种居住形式，是为不同的居住者提供生活空间。

3.2.1 "本土化"林芝现代酒店的设计策略

酒店的设计规划应该充分考虑地域历史文化以及周边环境所存在的条件，最大程度地保护所在空间的地域文化环境和自然环境，要使酒店与周边自然景观有交融的环境，尊重环境，提示周边的环境品质，使客人们不仅可以体验到文化特色同时还可以享受到休闲舒适和情绪。

3.2.2 林芝传统文化风貌特色的元素提取

"本土化"设计下林芝现代酒店中的材料选择，传统材料蕴含文化符号，使得很多人虽然很少用到传统材料制品但是对传统材料有着浓厚的情感，而现代工业设计拥有现代科学所带来的安全性，实用性和科学性，但是对于人们感情生活而言会显得单调乏味，传统材料与现代技术的结合就是情感和科学的体现。

在本土环境特点的情况下，酒店的设计理念要融入当地的历史文化脉络导航中，与历史文脉保持一定的连续性，将景观作为酒店设计的起始原点，与周边环境相互对话，这是地域历史文化的连续，在规划布局上的形态设计和材料的运用达到与林芝这座城市的协调，又与建筑相符合传承以及展示当地地域传统特色元素。在元素提取上可从文化、建筑、文字、色彩、经幡上提取来展示本土化特色元素。

第 4 章　展望与总结

随着物质文化的飞速发展，经济全球化全面到来，人们的精神文化和物质文化需求随之越来越高。顾客的自身素养、审美理念也开始上升到高要求高品质的层面，顾客的需求也变得更加注重个性化还有精神层面的体验。"在地化" 与现代酒店的结合在情感、艺术、设计理念上与生态化统一结合，也是设计现代酒店的发展方向，注重客人的体验感和归属感，尽可能地使在地化设计让客人在中国各地的酒店中感受别具一格的空间设计。本文通过对酒店以及在地性的研究，探究适合现代酒店在 "在地化" 中的体现，分析传统建筑和民风民俗以及材料使之融合，运用在现代酒店的新型环境中，在设计工艺和材料运用方面做到绿色环保，在设计理念上也要做出有民族特色的 "在地化" 设计，只有融入这些设计理念才可以使酒店有独特的魅力和个性，在情感和精神上与客人得到共鸣。

参考文献

[1] 赵逸飞 . 精品酒店设计 "在地化" 的研究和探索 [J]. 设计 ,2017(18):124–125.

[2] 张达 . 多重环境下的现代酒店 "在地" 设计理念探索与研究 [D]. 太原：太原理工大学 ,2016.

[3] 石鑫 . 设计酒店室内设计的创新性研究 [D]. 唐山：华北理工大学 ,2017.

[4] 田青 . 藏式建筑外墙布品装饰艺术研究 [D]. 苏州：苏州大学 ,2013.

聚
艺术设计学科产教合作创新性人才培养模式实践

Polymerizing
Exploration – Practice of New Cultivating Mode to Combine Industry
with Education in Design Discipline

节点设计在室内风格形成中的作用研究 ◎ 徐铭苑

Research on the Function of Node Design in Indoor Style Formation

摘要

节点设计作为设计创新的源泉，是在当代设计语境下对材料、技术及多元设计发展的呈现，其受到广泛的关注，并在设计中备受重视。

本文主要从四个方面进行展开研究，一是对节点和室内风格的定义进行诠释，法国蓬皮杜艺术中心是外露节点的典型代表，皮亚诺和罗杰斯用张扬的节点外露开启了高技派建筑与室内风格的先河。二是对节点的特征与属性进行划分探讨，节点通常作为第三媒介连接各部分构件，此时的节点具有实现材料连接、结构稳定等作用，当节点显露在外，就会成为形成室内风格的重要元素，由构造属性转换为艺术属性。三是对节点在室内风格形成中的作用进行具体研究，不同地区受到不同文化因素影响，室内节点式样也五花八门，这就导致了千差万别的室内风格。由此可以看出，节点是决定室内风格的一种标识。四是总结节点影响室内风格形成的方法，倡导以构造与装饰衔接的理念、合理的节点利用进行室内风格的定义，让室内风格回归建造的自然和低碳适度的本质，让节点设计再次引起大家的关注，彰显其价值，形成室内风格的不断出新。

关键词

节点设计 室内风格 作用研究

第 1 章 绪论

1.1 研究背景

离开菁菁校园到深圳校企联合培养研究生工作站，从单纯的学生成为一名公司的实习生。在短短的几个月时间里，提前感受到进入职场后所要担负的责任与使命。从学校的课业到深圳的工作我感受到最大的变化莫过于思维和意识的转换，实际的工作中不再单一追求设计上的形式感与

聚
艺术设计学科产教合作创新性人才培养模式实践

Polymerizing
Exploration - Practice of New Cultivating Mode to Combine Industry
with Education in Design Discipline

图 1 蓬皮杜艺术中心外观图

图 2 蓬皮杜艺术中心内景

图 3 住吉长屋（1）

图 4 住吉长屋（2）

科技感，更多的是在测量、试验、生产、施工、衔接、技术、制作中的一个落地研究，通过这些研究引起了我对节点的构造与细节的关注。

　　如今的建筑设计与室内设计处于相互分离的状态，建筑设计更注重"科学与结构"，室内设计偏重"审美功能"，二者缺少完美的衔接，导致各为一体。尤其部分过度的"二次装修"还会带来环境的污染和资源的浪费。

　　现代主义风格的建筑视新材料（钢筋、混凝土和玻璃）与新技术为主要基础构建。但近些年来技术取得了巨大的进步，特别是高铁、飞机、航天探索和通信的进步以及最近的计算机网络技术，基于对这些先进技术的设计被人们慢慢衍生为"现代高技派"。

　　而在建筑史上不得不提的一笔是法国巴黎蓬皮杜艺术中心的建筑物，其最大的特色就是节点外露，在其西边暗示了正在施工的建筑脚手架，而东边暗示了化工厂的管道，其内部空间没有任何固定的墙面、隔断和支柱，坦率地显示了头顶的设备管道、照明设备和通风管道系统，而这些设备管道过去是隐藏在结构之中的。仑佐·皮亚诺和理查德·罗杰斯的设计方案符合了多学科的应用，在增强可视性和透明性的原则下，其风格的主要特点是将所有的管道设于建筑外部，以增加内部空间，游客穿行其间自由无阻，内部空间可灵活多变，没有过多的装饰，利于各种活动的开展。在其建造之初，设计师就考虑到建筑和室内的有机结合，既节约了建造的成本，又使其形成独特的风格。建筑的楼板可以上下移动，楼梯及所有设备完全暴露，这些外露的节点不仅起到装饰作用，同时又是支撑整个建筑的核心受力点，突出强调现代科学技术同文化艺术的密切联系，是现代建筑中高技派最典型的代表作（图 1，图 2）。

　　位于日本大阪的住吉长屋，是当今最活跃、最具影响力的世界建筑大师安藤忠雄建造的第一座房子，同时也是他建筑哲学的奠基之作。他的设计概念和材料结合了国际现代主义和日本传统审美意识。建筑的框架结构凝聚了惯用的清水混凝土、铁玻璃、木材和石条。看似对称的平行中有着完美的曲线，留设出的室外中庭将四季变化引导至建筑空间内，他所设计的建筑是形式与生活的统一。长期

图 5 深圳万象天地细部图

图 6 万象天地电梯细部图

图 7 万象天地顶棚细部图

以来，尽管他使用的都是柱、墙、拱等简单的材料和构建，但这些低成本和低造价的元件经过他的不同设计规划与组合，又总是充满了动感与活力（图3，图4）。

对于建筑师和室内设计师而言，从资料搜集、构思、规划、整理、设计、施工到落地，最关键的还是节点设计。节点设计是否到位，将直接影响项目的品质和效果。相比当下的建筑和室内设计，二者完全脱离，室内外各成一体，外立面的建筑与内部的豪华装修格格不入，繁琐的设计所带来的是节点工艺的粗制滥造和高昂的人工费用，最终呈现的结果却不尽人意。

在深圳学习期间，我曾到万象天地做实地考察，它给人最强烈的感受是"纯粹"，没有过多复杂的人工设计，大部分是让材料在整体构造中说话，这其实就是对材料的一种充分的解放，以及对它品质上的一种释放。我们需要做的就如同安藤忠雄的设计一样，利用材料本身的属性，对其进行工艺上的加工。尤其是在工业革命与文明的背景下，材料自身的魅力与视觉冲击力对文化的体现更加淋漓尽致。石材、金属、玻璃、饰面板、软体的墙纸都需要连接在一起形成工艺节点。节点的设计实际还需要结合材料、工艺，来维系它的做法，它们相辅相成。而且节点的做法会随着时代的发展不断演变升级，所以"节点设计在室内风格形成中的作用研究"这一选题是为摆脱人们对外在形式的偏重，而对节点进行关注和重视，值得深入探究与思考（图5~图7）。

1.2 关于节点的定义

在新华字典（第11版）中，"节"是指植物学上，竹子或草木茎枝干间坚实结节的部分。名词：用于分段的事物或文章。量词中的含义为：物体的分段或两段之间连接的部分。"点"在几何学上指没有长、宽、厚而只有位置的几何图形；两线相交处或线段的两个端点。"节点"，在《现代汉语辞海》中解释为：桁架、框架等布局，构建、杆、梁、柱相互连接处、节点分为铰接、刚接、半刚接几种，铰接允许构建自由地迁移转变，刚接和半刚接则不然。在《中国古建筑术语》中，梁柱交汇区称之为"节点"。"节点"如同人体的关节，在身体的支配上起支撑作用。在室内设计中，除工艺如何做、空间形状的设计外，材料的品质也是反应节点细

聚
艺术设计学科产教合作创新性人才培养模式实践

Polymerizing
Exploration - Practice of New Cultivating Mode to Combine Industry
with Education in Design Discipline

节的一个重要部分。节点分为"隐蔽型节点"和"外露型节点"，它们常常作为第三媒介出现，是内部构造做法、工艺、材料及实施技术的直接表达和体现。

1.3 关于室内风格的定义

"室"指屋子，房间，亦指家。"内"指里面，与"外"相对。"室内"是指一所建筑物的内部。"风格"意为气度；作风，某一时期流行的一种艺术形式，建筑家、艺术家和设计师们在自己的创作实践中所展现出来的艺术特色。室内风格包含了新中式、新古典主义、美式田园 、法式田园、地中海式、巴洛克式、洛可可式、拜占庭式、哥特式、意大利文艺复兴式、古罗马式等。节点设计是室内风格形成中的重要元素。"室内风格"是通过不同的文化背景及不同的地域特色作为设计依据，再通过不同的设计元素和构件来营造一种独特的装饰风格。根据市场发展的规律来看，设计师们总结出"轻装修重装饰"的理念，让装修变得越来越简单，节点装饰上变得更加考究，这样就可以通过对节点的设计来体现出室内风格的变化，让室内风格变得更有内涵。

第 2 章　节点的特征与属性

2.1 节点的特征

节点分为两大类型，一类是功能性的，称之为"隐蔽型节点"，往往被材料遮盖而不可见；另一类则是构造与艺术明显相结合的"外露型节点"，它们更多的是通过精确地计算达到装饰和风格表现的目的。

隐蔽型节点重视的是关注其力学上的逻辑关系，而且要对构件支架的连接方式的物理性进行分析、归纳、总结，充分认识各种材料的特性，通过精湛的工艺做法将其嵌入材料之中。外露型节点与隐蔽型节点相比，最直观的特征是可见性与不可见性。其次外露型节点可以形成自身的标识，同时又形成独特的风格。

深圳宝安国际机场 T3 航站楼的设计特点就是由玻璃和钢建造的，曲面屋顶覆盖了整个机场，自然光线透过六边形的镂空天窗，弥漫在整个航站楼里。这种形状，建筑师称之为蜂窝形，其不仅反射在锃亮的瓷砖地面上，也反射在由福克萨斯特别为机场设计的不锈钢登机台和登机门上。

图 8 深圳宝安国际机场（1）

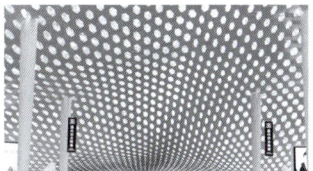

图 9 深圳宝安国际机场（2）

图 10 圣家族大教堂 (1)

图 11 圣家族大教堂 (2)

在大厅内圆柱形的柱子有序的排列，支撑着拱形的屋顶，沿途布置着像树墩一样的空调通风口，这些外露型节点在整个机场内不仅起支撑性作用，更多的是形成装饰作用，营造出现代简约又具有动感的室内风格。设计师充分调动设计元素与设计语言，将室内设计与外部建筑相互呼应，达到通风、采光、建筑的一体化，充分利用节点的设计形成风格的延续性（图8，图9）。

2.2 功能属性

"功能"意指事物或方法所发挥的有利作用：效能。"属性"是对象的性质与对象之间关系的统称。"功能属性"在节点的设计与运用之中，代表其自身所能产生的效用。

圣家族大教堂被称为"上帝的建筑"，它位于西班牙巴塞罗那市中心，教堂以哥特式和新艺术运动式风格为主，其主要特色是细长的线条、圆顶以及内部的节点构造。整体设计体现了大自然最美的一面，高迪以树枝、树干、叶片等为设计元素，室内没有直线和平面，而是以螺旋、锥形、双曲线、抛物线各种节点的变化组合而成，充满着神秘的气息。走进教堂，是空旷的大厅，高耸的立柱、变化多端的花式造型会给人以渺小、罪恶之感。被那白光感召的，除了生命还有灵魂。立柱在其中起着十分重要的支撑作用，每个分叉都是一个重要的节点，它并未像传统的立柱那样进行装饰，而是融入了自然界的雏形加以渲染使得其室内的风格营造释放出更大的作用以及表现的更加淋漓尽致（图10~图12）。

2.2.1 物与物的连接

物与物的连接是节点设计中最重要的构成形式，不论是建筑设计、景观设计还是室内设计，它们的构成体系都是由节点架构所组成，材料作为节点的物质载体，对于节点设计的实现和表达起至关重要的作用。每种材料都有其独特的物理属性和精神属性，构造属性是指材料的自身属性，如厚度、强度、耐腐蚀性、抗压度等；艺术属性是指材料的形式外观，如色泽、纹理、质感、透明度、传递的文化内涵和氛围的营造等。在这两个属性中，构造属性决定了材料的承重能力，以及在结构中所起的连接作用，如石材具有耐腐蚀和耐抗压性，大多数用于建筑物的建造、

聚
艺术设计学科产教合作创新性人才培养模式实践

Polymerizing
Exploration - Practice of New Cultivating Mode to Combine Industry
with Education in Design Discipline

图 12 圣家族大教堂 (3)

图 13 金贝尔艺术博物馆

道路的施工和台面的装饰，金属制品则具有可塑性和延展性，更多的是承受拉力的作用。不同的材料都有其独特的属性，节点的连接首先要尊重的是材料其本身的特点与属性，然后根据材料的特性来决定使用的位置和方法，在充分认识各种材料的特性情况下，掌握具体材料连接问题的处理方法，才可以对各种节点进行深入的研究和探讨。

节点即细部设计，位于美国德克萨斯州沃斯堡的金贝尔艺术博物馆是路易斯·康设计的，其被称为世界上最先进的艺术博物馆。它的外观建筑与内部的节点设计让人流连忘返：先从其简朴的外观建筑说起，它是由 16 个平行的拱券组合而成，自然界的光线透过拱券缓缓流入，使得混凝土的浇灌变得柔和，让整座建筑看起来简约而不繁重。其中最精彩的设计在于其内部的顶棚设计，格栅铝板的选材直接外露，让顶部变得更加有质感，这些铝板节点有序排列的同时也带来了一种不同的室内风格和感官体验，光线透过这些铝板的缝隙散射进来，避免了反射光线带来的黑暗效果，可谓艺术和技术的融合之作。

与路易斯·康一样，卡罗·斯卡帕一向注重节点的表现，大到建筑物的外观节点设计，小到室内的楼梯构建设计，无一不体现着追求细节的崇高精神。以布里昂家族墓地为例，斯卡帕运用轮廓线、边线等表现出建筑的立面元素是如何相互吸引与相互排斥，最后形成的凹凸感与光线配合形成独特的建筑装饰节点，并让其产生古典韵味。在奥利维蒂书屋中部是一座石质楼梯，踏步被分离成两种体系，其中一部分与墙面进行重构作为摆放饰品的台面，另一部分则发挥其本质的构造作用，这些节点的产生和设计充分体现了斯卡帕对细节的建构理念之深（图 13~图 15）。

隐蔽型节点最基本的功用就是彼此相互关联，使单独的构件连接起来，形成总体。比如在阿姆斯特丹 Ijburg 网球俱乐部的纸筒弯顶设计中，其主要的材质就是环保可再生的纸筒、钢连接节点以及外层的纤维织物。[1] 每一个节点都有六个方向的翼，连接来自六个方向的纸筒构件，然后垂直于节点连接外层纤维织物，

图 14 布里昂家族墓地

图 15 奥利维蒂书屋

图 16 图片源自《细节的延伸：节点在室内与
家具设计中的应用与实践》

通过这样的连接方式，完成了弯顶结构弧形面的连接（图 16）。

相互连接是节点最基本的功用，结构之间的连接方式不仅要充分了解不同材料的特质，同时还要特别注意对材料的衔接和收口的处理，只有实现了彼此相连，节点才能充分发挥其功能作用。

2.2.2 结构支撑受力的稳定性

"隐蔽型节点"是指在建筑及室内空间中材料间的连接关系，即构造。节点本身就是构架中的一部分，是构架中受力最集中的体现，对于整个构架体系的安全性起至关重要的作用。任何结构都超不出某种特定的尺度极限，一旦超出，结构就会因自身压力所引起的重力而坍塌，所以连接设计大多是以节点或细部构造表现出来。

2.3 审美属性

对于"外露型节点"来说所要具备的不再是单一的支撑属性，而是又包含着审美属性。随着时代的发展及变化，人们为了提高效率，发明了电灯、汽车、航拍机等高科技产品，其样式也随时间的推移进行更新换代，这正是因为人们的需求和认识在不断提高，所以才有了这些高性能产品的出现。

哥特式建筑的修建是由罗马式建筑发展而来的，为文艺复兴建筑所继承，其建筑风格从罗马式建筑的圆筒拱普遍改为尖肋拱顶，其推力作用于四个拱石之上，这样拱顶的高度和跨度不再受限制，可以建得又大又高。并且尖肋拱顶也具有"向上"的视觉暗示，表现了神秘、哀婉、崇高的强烈情感。在哥特式建筑中还有一种为平衡拱券对外墙推力的"飞扶壁"应运而生，它是在人的主观选择前提下，对节点进行评估再利用。由于对教堂的高度有了进一步的要求，飞扶壁的作用也大大增加，其不仅起到受力的作用，同时扶拱朵上反复的装饰雕刻也起到了审美的精神需求。这就是在达到功能性的前提下，充分展示和释放节点的审美属性，对于科技飞速发展的今天，我们一味追求事物的功能性与科技感，却忽略了功能要与审美相结合的本质属性，这是值得我们进行反思的（图 17，图 18）。

聚
艺术设计学科产教合作创新性人才培养模式实践

Polymerizing
Exploration – Practice of New Cultivating Mode to Combine Industry
with Education in Design Discipline

卡罗·斯卡帕对节点和接缝表现的可能性孜孜以求，是任何现代主义建筑都无法达到的，应该说斯卡帕对节点的精雕细琢设计是对我们这个只顾及自身利益而不管其他的非实用主义时代的一种讽刺。与室内的造型设计相比他考虑更多的是材料自身的属性。对于斯卡帕来说，节点并不仅仅是为了满足连接功能而设计的。相反，节点本身就是工艺品质的最终体现，需要精益求精地思考、研究与探索。在位于意大利的卡诺瓦石膏雕塑展览室中，屋顶的节点被消解，原本相连接的墙体与屋顶被割裂开来，替换成了透明的立体玻璃，从建筑外部看就像缺少了一个角部。阳光通过玻璃照入室内，使抹灰石膏墙体的基调发生了转变，它们看上去像是一个实体的有机造型。

图 17 巴黎近郊的圣德尼修道院（图片来源：百度）

第 3 章　节点对室内风格形成的作用

3.1 节点作为室内风格的要素

通常情况下，人们所理解的室内设计指的就是建筑内部的空间设计。不论是设计师还是客户，在室内设计的过程当中都会对其风格进行深入的规划和思考。[2]因此，设计师在进行室内设计的时候，不仅要考虑到设计的空间感、美感和实用度，还要考虑到室内设计的风格规划并将客户的需求，有效融合于设计之中才能让室内品质得到升华，最终达到淋漓尽致的效果。

在中国，每个朝代都有着不同的环境和文化背景，文化不同就会影响到室内空间设计风格的不同。例如，唐朝时期，社会经济处于发展阶段，国家对外交流广泛，室内设计风格也是大气磅礴，雍容华贵。而宋朝非常重视诗歌文赋，文人墨客也颇受欢迎，此时的室内空间风格则会融入更多的儒雅气息。

在欧洲，17~18 世纪巴洛克建筑是在意大利文艺复兴建筑基础上发展起来的一种建筑和装饰风格。其特点是造型无拘束，追求动态，装饰富丽堂皇、色彩强烈，常用穿插的曲面和椭圆形空间。巴洛克风格的兴起与罗马天主教及西欧国家君权

图 18 法国沙特尔大教堂

的加强有密切关系，或许是教会与宫廷需要表现动感与力量的艺术去表达对天主与君王的尊敬与权威，传达对抗议宗教分裂的不满及封建割据阻碍国家统一的不满。总之，它是为教权与君权的强化而服务的，于是应运而生。洛可可艺术，是 18 世纪产生于法国、盛行于路易十五统治时期的一种具有纤弱娇媚、华丽精巧、甜腻温柔、纷繁琐细等特点的艺术风格。洛可可风格是宫廷艺术，它起源于上层社会的需要，并逐步受到中国艺术的影响。这种风格从建筑的内部装饰拓展到家具、油画和雕塑领域。洛可可保留了巴洛克风格复杂的形象和精细的图纹，并逐步与大量其他的特征和元素相融合，其中就包括东方艺术和不对称组合等。

所以说，不同国家和地区受到不同文化与环境因素影响，其民族文化也会各不相同，室内设计的风格也变化多端。心理因素作用也是室内设计风格的一大影响因素。换言之，室内设计风格就是人们内心世界的写照，具有深层的含义。在营造舒适、美好的生活环境和品质方面，室内设计风格更是起到极其重要的作用。

正如中国传统审美追求的"神似"非"形似"一样，室内风格设计展现的独特文化内涵，真实反映了精神上的"意境美"。真正的意境美具有强烈的感染力，能够让人产生一种文化的归属感，同时对于室内的品质和氛围营造起到极大的帮助。室内风格的设计就是一种艺术设计，它是室内品质提升的关键点。

3.2 节点对室内风格形成的影响

室内设计中有很多细节的设计，作为室内设计的空间形象表达，构造与细部无疑是最能够体现设计概念方案表达的专业技术语言，施工图中呈现的构造节点就是语言发声的基础原音。在整套设计方案中占有非常重要的位置，而节点设计是反应装饰细节的一个重要的体现。节点设计是指对某个局部构造进行详细地描绘及说明，一般以节点图的形式来体现。节点图不但要表达设计师对装饰形式细节的要求，同时它也是内部构造做法、工艺、材料以及实施技术的直接表达和体现。[3] 室内装饰节点的大样图设计的是否到位，将直接影响室内风格的形成。

室内设计中的隐蔽型节点对平面图、立面图中一些无法明确表达其深度及内部构造的部分进行详细描述，通常有局部剖面图、节点详图、大样图等。例如，我在公司实习时所跟进的北京骏洋国际大厦项目，其室内的顶棚装饰装修的构造，需考虑龙骨的多种规格型号体系。根据吊顶面板重量、承重荷载等情况，合理选择适宜的龙骨。以暗藏灯槽的纸面石膏板顶棚为例，吊顶高低

聚
艺术设计学科产教合作创新性人才培养模式实践

Polymerizing
Exploration – Practice of New Cultivating Mode to Combine Industry
with Education in Design Discipline

图 19 骏洋大厦施工现场实拍图

图 20 骏洋大厦实拍图

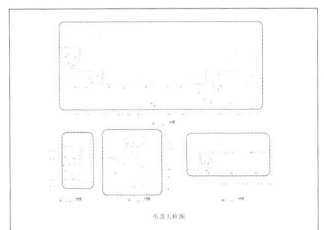

图 21 骏洋大厦吊顶大样图（1）

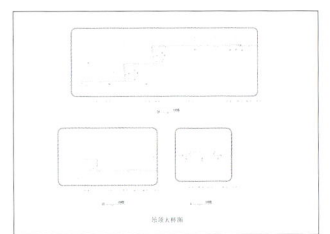

图 22 骏洋大厦吊顶大样图（2）

跨转折处、暗藏灯槽与造型处，均需采用金属骨架，并且要符合相关防火规范要求。暗藏灯槽竖向主龙骨超过一定限度时需加斜面支撑。当使用加强型龙骨与单层纸面石膏板构造时，阳角需选用 L 形预制造型板固定在 F 形龙骨上。采用 L 形预制造型板材时，立板高度不得大于 150 毫米。这些隐蔽型节点在室内风格的构造里不仅仅起结构支撑作用，更多的是对室内风格形成的安全问题做保障，同时精细的节点设计也是对室内设计风格的品质体现。在社会经济、科技飞速发展的今天，人们对土地资源的利用率逐渐提高，一座座高楼大厦拔地而起，室内设计的风格也多种多样，但是对于其节点的设计要求也随之攀升。弯曲粗糙的细节设计是经不起推敲的，只有对节点的细部进行不断思考和打磨，方能呈现出所要呈现的完美室内风格（图 19~ 图 22）。

在室内风格的形成中，"外露型节点"是一个不可忽视的存在。中国古建筑中，斗栱、栏杆、立柱、隔扇等，它们都是由木造的骨架，也可称之为"中式外露型节点"。这全部木造的结构法，也便是研究中国建筑室内设计的关键所在。这类木构架法与西方建筑构造的结构法，随着时间的推移，产生了不同的变化。希腊古代木构建筑由构架变成垒石，支重部分完全依赖"荷重墙"。而中国古建筑依旧在原来的台基、柱础和木构架上进行缓慢演变。

作为深圳的新地标性建筑，华润城万象天地是占地面积为 23 万平方米的大型商业空间，它不仅延续了其一贯的充满科技感而不失优雅的现代美学，更在整体空间的规划和营造上，带来了诸多前瞻性的创新设计。以人的感官舒适为原点，精确设计每一处细节的尺度。以其店铺建筑玻璃幕墙为例，它通过金属连接件及紧固件将玻璃支撑结构与面玻璃连成整体，成为建筑围护结构。玻璃的上方留出足够的安装空间；玻璃下方放置了橡胶垫块，使其不会直接落于金属材质上。这类施工简便造价低，玻璃面和金属框架构成了开阔的视野，使人赏心悦目，建筑物室内外空间达到最大程度的视觉交融。同时从墙面底部的收口来看，简洁的金属条框，既起到稳定墙面的作用，又达到了地面装饰和风格相统一的要求（图 23，图 24）。

图 23 华润城万象天地店铺细部图（1）

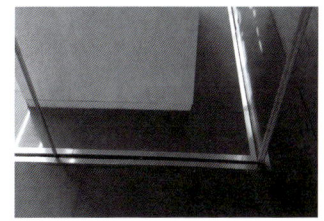

图 24 华润城万象天地店铺细部图（2）

3.3 节点作为室内风格的标识

把目光转移到现当代设计的年轻设计师们，虽然注意到对中国古建筑的传承与保护，但是却只尊崇中国建筑特殊外形的美丽，而常常忽视其构造上的实用价值。我们知道一座完善的建筑，必须具有三个要素：适用、坚固、美观。

梁思成曾概括中国传统建筑的九大特点：框架结构、斗栱、数模、标准构件和装配式施工，富有装饰性的屋顶、色彩、庭院式的组群、有规划的城市，以及山水画式的园林。这些研究无疑为"节点设计在室内风格形成中的作用"的探讨提供了可贵的基石。但是这些特征有许多仅停留在表面上的形式细节的纪录，很少深入挖掘产生这种形式细节的设计思想，很少由表及里地追踪传统中国人对节点形式的一般概念。

建筑是用材料组合而成的物体，主要解决人们的衣、食、住、行等实际的生活问题，但建筑上的美是不能脱离地域性、合理性、功能性和装饰性结构而独立存在的，能呈现平稳、舒适、自然的外象；能真实地袒露内部有机的、有公用的及全部的组织；毫不遮掩，不矫揉造作；能自然地发挥其所用材料的本质的特性；只设施雕饰于必需的构架部分，以求更和悦的轮廓，更协调的色彩；不勉强结构出多余的装饰物来增加华丽；不滥用曲线或色彩来求媚于庸俗；这些便是"中国建筑室内美"所包含的条件。

"斗栱"作为建筑的节点是屋顶与立柱间的过渡，中国构架中最显著且独有的标识。在中国建筑演变中，斗栱的变化极为丰富，其能够大部分地代表各时期室内建筑的技艺程度及风格。最早的斗栱，是梁思成在河北蓟县所发现的独乐寺的观音阁，其斗栱结构一望而知是有功用有机能的组织。与清式最简单的"一斗三升"比较，中间的一升亦未形成。直至北魏北齐如云刚天龙山石窟前门，是有斗栱像今日的一斗三升之制。从斗栱的"由大而小、由简而繁、由雄壮而纤巧、有结构的而装饰的、有阵结构的而成假刻的部分、分布由疏朗而繁密"即可判断具体朝代风格的斗栱。

"隔扇"是中国传统建筑中的装饰构件之一，是一种可以采光通风的轻便的门。

聚
艺术设计学科产教合作创新性人才培养模式实践

Polymerizing
Exploration – Practice of New Cultivating Mode to Combine Industry
with Education in Design Discipline

作为古代建筑最常用的门扇形式，唐代这种门已经出现，宋代以后大量采用，一般用于民间的装修。其通透部分被称为隔心，往往做出各种雕刻装饰。隔扇门可分为两大类别：（1）整个隔扇全部为隔心的形式，称为落地隔扇或落地明造。（2）隔心占据整个隔扇门上面的一段，而下部分为实心的裙板，则称为裙板隔扇。隔扇门的作用除空间划分及遮挡作用外，装饰与美化作用也非常重要。隔扇门的隔心雕刻题材很多，有几何纹、花草纹、鸟兽纹、人物故事纹、吉祥文字纹、菱花纹等。通过隔扇上的不同装饰图案，来作为室内设计的一种标识。

"立柱"是中国古代建筑中最重要的木构件之一，属大木作，在建筑物中起支撑桁架作用。立柱有不同的分类：按形状和断面分为圆柱、矩形柱、八角柱和凹棱柱等。按照功能和用途分为檐柱、金柱、中柱、山柱、童柱、角柱。在中国的柱式上通常没有过多的繁重装饰，对于西方柱式来说会更强调细节的雕琢，特别是柱头的装饰。随着时代的发展，西方在选材上也发生了巨大的变化，他们认为石材坚固耐久性高，并且不容易腐蚀致使他们逐渐放弃木材的使用，但石材也有其缺陷，它无法进行拉伸与延展，所以其构建的造型、比例和组合上就有了固定的做法，如：多立克式、爱奥尼式、科林斯式、罗马式。在现代室内设计风格中，为营造更浓厚的室内氛围，通常会选用这些柱式作为节点的装饰而不再局限于室外建筑的承重之用。

第 4 章　节点形成室内风格的方法

节点在室内风格形成中一直扮演着重要的角色，也是室内与建筑的重要设计对象，是设计师专业能力的体现。节点的丰富性和其所蕴含的潜力能够使设计师表现出材料、构造方式以及室内风格自身的美感。在 20 世纪以后的现当代设计中，由于材料和技术的发展以及设计本身的复杂程度日益提高，节点设计已经成为设计创新的重要来源。

"授之以鱼不如授之以渔"，节点的应用十分广泛，但是我们对于如何利用节点来营造室内风格的总结甚少。按类别分，隐蔽型节点是我们无法用肉眼直接观察到的，这并不影响其在室内风格中的氛围营造。在物质极大丰富的时代，我们开始慢慢追求精神境界的提高，所以"高品质＋精做工"的室内风格随之诞生。精细的做工就需要我们对决定风格品质的节点进行关注。

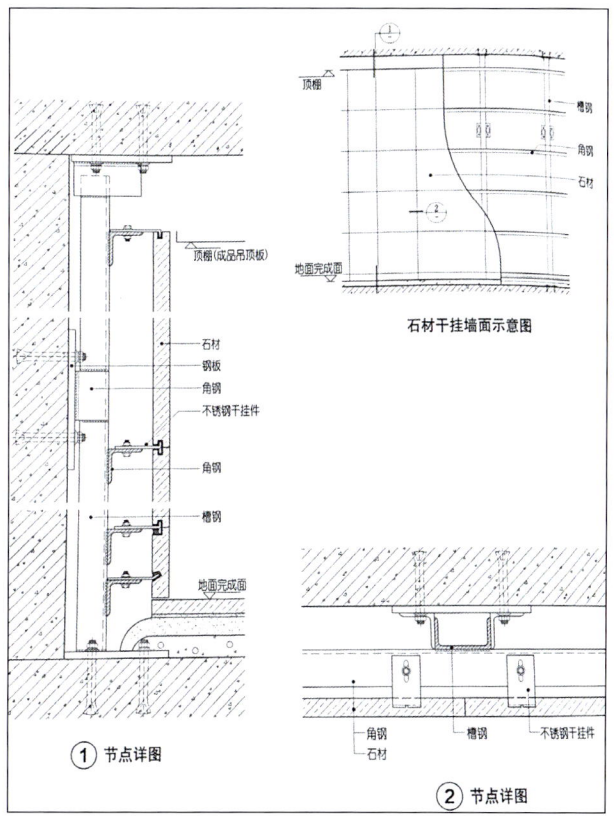

图 25 界点详图（图片来源：《室内设计师必知的 100 个节点》）

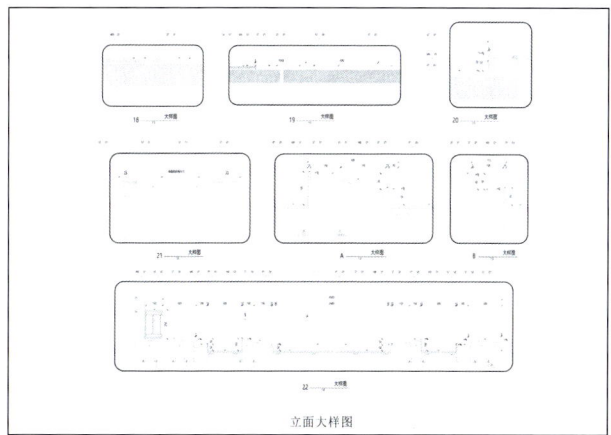

图 26 立面大样图（图片来源：《室内设计师必知的 100 个节点》）

聚
艺术设计学科产教合作创新性人才培养模式实践

Polymerizing
Exploration - Practice of New Cultivating Mode to Combine Industry
with Education in Design Discipline

隐蔽型节点，一是要对材料本身的要求极高，精致、环保、合理、耐用。二是需要思考工艺如何做才能更加简洁优美。在室内施工阶段，现场会因为湿作业而产生大量的粉尘，而且湿作业还会产生不可避免的人工误差。工业化生产出现后，传统意义上的建造慢慢退出历史舞台，"组装式构件"在行业内逐渐浮现。节点的装配可以减少对环境产生的负面影响。以石材饰面的墙体为例，早期的施工中，是将板材和墙体通过绑挂固定，然后灌入水泥砂浆使其与墙体连接。这种做法大大增加了施工的周期，工艺复杂消耗人力，且很难把握其平整度。现在我们只需干挂做法，通过在石材背面钻孔安装后切式锚栓固定吊挂件，与墙体或龙骨进行挂接。使每块石材都能独立安装，拆换时也非常方便，在板材背面安装连接件使锚固位置的选择更为自由，更为重要的是避免了湿作业带来的环境污染问题（图25，图26）。三是节点构造要与装饰相互衔接。在营造所需的室内风格时，我们往往注意到的是宏观上的总体效果，而忽略了决定成败的细节部分。如墙面边角的装饰设计，在贴砖时我们通常会在转折处的阴阳角采用45度的对拼方式，做收口处理，但是这种方式在打造室内风格的细节时会产生边角开裂、崩边甚至掉落的情况，所以在节点的设计上就会选择圆润的收边条进行处理，它不仅增加了装饰的效果，同时也消除了其中的安全隐患问题（图27~图29）。

外露型节点是可直观呈现于面前的，在一些大型空间中，为营造室内公共空间的氛围，使节点变得合理化，实现建筑整体的形式美，通常借助节点这种小尺度的构件让其与结构融为一体产生层次，最终使空间审美价值提高，美感增强。

外露型节点营造室内风格方法之一是对室内风格元素的提炼，然后将提炼后的元素作为室内设计的节点贯穿于整体之中。美秀美术馆是贝聿铭的作品之一，它位于日本滋贺县甲贺市。建筑家打破传统的创新风格，充分表现出设计者匠心独运的智慧。从建筑的外观上只能看到许多三角、棱形等玻璃的屋顶、其实那都是天窗。其顶棚结构的连接构建直接暴露，节点的立体交接没有采用常规球形做法，而是设计了一个多方向板式铸钢节点构件，从而保证了结构与屋顶面平行，取得简洁平整的效果，成为整体空间的主要表现元素，明亮舒展的空间就会超过人们

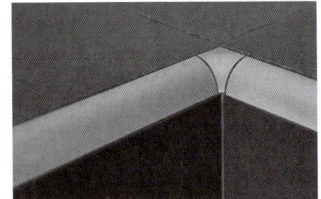

图 27 部收口图（1）

图 28 部收口图（2）

图 29 部收口图（3）

图 30 美秀美术馆

图 31 美秀美术馆内景

的预想为营造精致、洗练的造型风格，贝聿铭反复运用几何形，并把它们连接起来，充分利用了纹理、色彩、形状和光线，使通风、采光、建筑一体化，映照出美秀博物馆的美（图 30，图 31）。

在中国文化风靡全球的现今时代，中式元素与现代材质的巧妙兼柔，人们开始从纷乱的"摹仿"和"拷贝"中整理出头绪。节点对于新中式风格的营造起至关重要的作用。一是中国传统文化元素在当前时代背景下的演绎；二是通过对中国传统建筑中的节点进行研究分析与再造；三是对中国当代文化充分理解基础上的当代设计。

深圳回酒店，是亚太著名酒店设计师杨邦胜老师的力作。由于国人对中国文化有着特殊的情结和眷恋，所以当代东方精神是酒店设计风格的定位。不拘一格，打破传统，酒店内没有斗拱、窗花等常见的中式元素，也没有厚重繁复的中式家具，但是设计师把中国传统建筑中的外露节点进行现代化改造与加工，运用最简洁纯粹的设计手法，将中国东方文化的文化内涵，通过意境的营造传达。

当进入酒店的中餐厅"粤色"时，即可看到其天花使用木梁结构进行处理，极具岭南建筑特色。而中华宝贵的文化遗产——算盘，被设计师进行放大处理，巧妙地将传统元素运用在当代设计之中，通过创意组合取代传统中式屏风，分隔了空间又让空间有了疏密有致的关联。国际现代的家具，搭配抽象化的中式元素，在空间里相互呼应与融合，碰撞出独特的文化氛围（图 32，图 33）。

对传统节点的再运用。当我们选择打造新中式风格的室内设计时，就可以选用前文所提到的斗拱、立柱、隔扇等作为室内外露节点的一个氛围营造。但在此之前还是有一定的前提，那就是需要充分了解新中式古典美学的意境及其内涵，增加更为人性化的设计，而不仅仅是一种摆设，最终是要让这些外露节点在室内环境之中说话。科技飞速发展的时代，我们会接收到不同国家、不同地区的各种资讯，这些资讯会不断改变我们对文化的认识，这就会引起多元文化的冲突，所以要想营造出真正好的室内环境氛围和风格，就要像琚宾老师曾说过的，要将"当代性""文化性""艺术性"共融，共生。节点在其中的作用也是同样的。

聚
艺术设计学科产教合作创新性人才培养模式实践

Polymerizing
Exploration - Practice of New Cultivating Mode to Combine Industry
with Education in Design Discipline

图 32 深圳回酒店

图 33 深圳回酒店中餐厅

　　四是镂空艺术在室内设计中得到了迅速的发展和广泛的应用，作为室内风格形成的重要节点是不可忽略的。对于现代的镂空工艺来说，它是多种现代工艺材料和传统纹样元素相融合的产物。其不仅仅出现于古时候人们所喜爱与收藏的手把件之上，在我国的传统民居和建筑上也得到广泛的应用。由于木材的特点具有重量轻、弹性好、耐冲击、纹理色调丰富美观，易于雕刻加工等优点，所以在中国古代建筑的门、窗、隔扇、屏等重要节点上出现。18 世纪 60 年代随着工业革命的蓬勃发展，大量的工业生产代替了手工制造，镂空艺术也迎来了新的发展空间，人们开始尝试在不同材料上进行镂空艺术的创作。（1）玻璃镂空艺术，由于玻璃具有渐变可逆性、可溶性、易清理等属性，我们可以根据其物理属性对其进行用水或机器进行雕刻甚至用酸性液体对其进行腐蚀达到最终的虚实结合效果。在现代室内风格设计中，玻璃镂空的节点不在少数，它可以营造出通透、流动、光影的室内环境氛围。（2）金属镂空在现代室内设计中随处可见，尤其是当下非常流行的金属工业风格。金属板材的类别十分宽泛，如金、银、铜、铁、铝等，金属板可以通过切割、钻孔、焊接等工艺制作出各种镂空的效果用于室内的分割和空间的装饰。（3）有机材料的镂空。有机材料具有延展性高、可塑性强等特点，在室内设计中常用的有塑料、玻璃钢、亚克力等大部分为可再生利用的资源，环保、经济、适用，通过机器的裁切加工后，能够营造出不同的空间风格。综上所述，镂空艺术作为室内的重要节点形式，让室内风格变得更加灵活多样，内容也更加丰富，是彰显个性风格和精神需求中不可多得的节点设计要素。

第 5 章　结语

　　节点设计在室内风格形成中一直扮演着重要的角色，节点并不仅仅是为了满足连接功能而设计的。相反，节点本身就是工艺品质的最终体现，需要精雕细琢地推敲。用海德格尔的话来说，这是一种对事物"近在"的追求。对路易斯康来说，"对细节的考量"是合理赋予建筑物装饰风格的开端。对斯卡帕来说，在某些情况下他甚至会根据建造工艺的程序来设计细节。这一点不仅反映在他设计的简单结构形式中，也反映在朴素无华的节点上面。

本文的研究初衷并不是为了得到某种确定的设计标准来论定的结论，目的就是因为长期以来，人们对节点的关注和研究主要集中在建筑学领域。而室内设计中，对节点的关注有所欠缺。想要摆脱人们对外在形式的偏重，更加关注建构体系本身和设计内涵。[4] 所以，加强对节点本质的探讨，充分发挥节点在室内设计中的积极作用，使得功能、装饰、工艺做法等问题得到更好的解决，引起对节点的关注和重视，探寻其对室内设计风格中形成的作用研究，建立室内设计中节点与风格研究的新视角。

参考文献

[1] 王丽娜 . 细节的延伸：节点在室内与家具设计中的应用与实践 [D]. 苏州：苏州大学 ,2014.

[2] 邵泽武 . 论室内空间设计与室内设计风格 [J]. 城市建设理论研究 ,2015.

[3] 韩力炜，郭瑞勇 . 室内设计师必知的 100 个节点 [M]. 南京：江苏凤凰科学技术出版社 ,2017.

[4] 杨剑，庞大伟 . 镂空艺术在现代室内设计中的创新体现 [D]. 呼和浩特：内蒙古农业大学学报 ,2013.

聚
艺术设计学科产教合作创新性人才培养模式实践

Polymerizing
Exploration – Practice of New Cultivating Mode to Combine Industry
with Education in Design Discipline

主题性在精品酒店
体验中的贡献
——以传统民居主题
精品酒店为例 ◎ 张超

The Contribution of Theme in the Experience of Fine Hotel
——A Case Study of the Theme Fine Hotel in Traditional Houses

摘要

在全球一体化的影响下，国际酒店行业竞争日益激烈。面对五星级酒店市场相对饱和、产品同质化严重的现象，精品酒店以其独特设计及精良的服务和运营体系，在未来拥有着非常巨大的发展潜力和上升空间。

近几年国内酒店行业快速发展，涌现出了一大批所谓的"精品酒店"。那么该如何定义"精品酒店"？它又需要哪些标准来衡量？当今社会，酒店存在价值所发生的变化是什么？如何将一座城市的历史与文化融入酒店设计中？

课题研究不仅为了更好地推进精品酒店的主题性设计，更注重设计在酒店体验中如何触动使用者对在地文化再设计的认同。

精品酒店，体现了产品功能价值、文化艺术价值和人文关怀价值三者的和谐统一，并通过消费认同予以市场变现。精品酒店的消费群体往往崇尚设计感，注重生活品质，所以对酒店建筑进行原创设计就显得尤为重要。设计要如何体现出酒店想要对客人表达的理念与文化？如何让客户通过体验达到与设计师的共鸣？如何打破思维定式，找到原创的元素？如何通过主题定位去创造新颖的视觉效果和优美的建筑造型，形成精品酒店自身的品牌和文化价值？以及当今社会酒店的存在价值发生了怎样的变化？这些都是我们作为设计人应该思考的课题。我国的快速城镇化过程中，城镇建设日新月异，取得了巨大成就。但同时，伴随着全球化和现代主义风格的扩张，城镇的历史、地域风貌特征等逐渐消退，"城市体貌雷同"成为当前困扰我国城镇发展的一个瓶颈式难题。

我国传统村落民居是中华传统文化的重要载体，是中国建筑史的重要组成内容。而重庆因为其独特的地理及人文环境，造就了山地建筑这种独特的村落群。作为重庆乡村典型的民居建筑，它十分清晰地反映出当地居民的生活生产行为方式，以及地方特有的文化习俗。在这个以丘陵地形为主的城市里，人们依山而建，因地制宜，能熟练地运用吊脚楼、过街廊、粮仓等建筑形式，充分反映当地人的智慧与勤劳。随着传统民居研究的不断深入，研究成果日趋走向多元化，传统

聚
艺术设计学科产教合作创新性人才培养模式实践

Polymerizing
Exploration - Practice of New Cultivating Mode to Combine Industry
with Education in Design Discipline

民居的文化价值与广泛影响从建筑学、城市规划等学术范围逐渐扩展到文化研究者、城市建设管理工作者、城市居民等普遍关注的更广泛领域。在我国快速城镇化的背景下，如何将对传统民居的研究成果嫁接到城市精品酒店的建设中去，是当前面临的一个重要课题。

本论文主要是针对重庆当地传统民居建筑文化在主题性精品酒店发展中的应用，以重庆当地传统民居建筑文化为基础，以其特色的建筑形态和营造方式所承载的文脉与乡愁为切入点。除此之外，在传承与保护传统民居建筑的前提下，发展新技术，改良现存民居的不足，也是本次研究的一个目的所在。因此，需要对重庆传统民居的建筑形态和文化的当代重构进行研究，尝试从中找出对重庆传统民居行之有效的保护方法和发展方向，为未来现代化的主题精品酒店建设提供理论与实践的优良参考。而论文的主要内容分为以下几个部分：

第一部分：叙述选题起源、研究的主要内容和目的、国内在建设主题性精品酒店方面的研究现状及进展。

第二部分：针对重庆传统民居体现出的当地文化、建筑形态及其相关理论进行阐述。与当地的人文生活、空间布局、材料工艺等诸多方面相结合，表明其建筑形态特征和其历史文化的存在价值。

第三部分：指出重庆传统民居对主题性精品酒店建设的意义——它不仅使我们铭记过去的历史，也为未来的发展提供参考价值，更是在繁忙的都市生活中包含着一份浓浓的乡愁。它的多样性不仅体现在形式和功能上，更体现在其艺术价值、历史价值与文化价值等诸多方面。

第四部分：深入了解重庆传统民居的特征，对其装饰艺术、材料运用、造型艺术、色彩搭配、营造工艺等进行重点研究。

第五部分：对论文研究工作的归纳与总结，以及对在今后设计项目中的工作进行展望与期待。

伴随国家的进步，人民生活水平的提高，建筑文化也发生着翻天覆地的变化。有了主题性精品酒店市场的发展，整个社会的非家庭性住宿环境会变得更加丰富多彩。在努力的发展中，我们不断寻求先人的智慧工艺与未来的科技创新，并试图将两者进行糅合。因为其两者从本质上看，都是相互共通的，都属于人类在时代背景下的创造性活动。虽说中国的高速发展离不开科技的不断升级，但历史与人文对当代中国的影响，也同样广泛而深刻。这两者相互依存，且共同进退。

关键词

传统民居 精品酒店

第 1 章　绪论

1.1 研究缘起

改革开放以来，我国在快速城镇化的过程中，城市建设日新月异，成就巨大，极大改善了人民生活。但同时，在城市建设中，由于文化的全球化传播和现代主义风格的快速扩张，城镇的历史和传统急剧消退，城镇地域化特征逐渐被淡化消失，城镇的地域风貌特征逐渐被世界性的文化符号所取代。"由不同的国家、民族和历史形成的文化特色和独特的文化遗产正在迅速消失，在全球化的文明演进中，城市面貌和生活方式从没有像今天那么雷同和千篇一律（杨东平，1996）"，人们面临着"不知身在何处"的可怕境遇（Jason Hanly-Forde, George Homsy, etc. 1982）。当今建筑风貌的发展虽然给我们带来了物质上的便捷，却也给内心深处留下了一道道伤痕。我们既感慨着现代化建筑的功能性，同时也为在城市化发展中被破坏的历史文化建筑感到惋惜。追求物质生活的充实开始向追求精神境界的提升过渡，奔波在各个城市奋斗的人们对于故乡的思念和乡镇生活的向往越发浓烈。

随着国家一系列政策的指引，让我们把视线重新投入传统民居的保护与传承之中。在现代化的城市中，传统民居的老街道、老院子、老房子所代表的乡愁成为一种精神上的慰藉。因此，传统民居主题精品酒店可以为城镇生活带来更多体验。

我国传统村落民居是中华传统文化的重要载体，也是中国建筑史的重要组成内容。而重庆因为独特的地理及人文环境，造就了山地建筑这种独特的村落群。作为重庆乡村典型的民居建筑，它十分清晰地反映出当地居民的生活行为方式，以及地方特有的文化习俗。在这个以山地地形为主的城市里，人们依山而建，因地制宜，能熟练地运用吊脚楼、过街廊、粮仓等建筑形式，充分反映了当地人的智慧与勤劳。随着传统民居研究的不断深入，研究成果日趋多元化，传统民居的文化价值与广泛影响从建筑学、城市规划等学术范围逐渐扩展到文化研究者、城市建设与管理工

聚
艺术设计学科产教合作创新性人才培养模式实践

Polymerizing
Exploration‐Practice of New Cultivating Mode to Combine Industry
with Education in Design Discipline

作者、城市居民等普遍关注的更广泛领域。在我国快速城镇化背景下，如何将对传统民居的研究成果嫁接到城市精品酒店的建设中去，是当前面临的一个重要课题。

为此，我将故乡重庆的传统民居作为主题应用在精品酒店中产生的体验作为选题研究，以重庆当地传统民居建筑文化为基础，以其特色的建筑形态和营造方式所承载的文脉与乡愁为切入点，对重庆市兴隆镇的空间布局及当地的风土人情展开深度剖析，并进一步探讨主题精品酒店建设中的景观环境问题，希望在传统民居文化于城镇建设过程中的传承和应用中做出一点力所能及的探索。

1.2 研究目的

保护乡镇传统的建筑历史文化遗留，使得在当下的发展环境中传统民居和现代建筑能够相互融合、共同成长。这是一种历史传承的责任，也是我们为未来中国的建设布局起到的引导作用。新型传统民居村落的复生，是传承和保护历史的重要途径。为此，我们应适应当下的生活模式，运用新技术、新能源寻求更可行的设计策略。

基于此，论文的研究目的确定为：了解改革开放30余年乡镇建设呈现出的过程与变化，找出重庆独特传统民居风貌形成的重要原因，解析其特色建筑风貌影响下衍生出的建筑形式，深入了解每一种建筑形式的特征与风格，在理解的同时，讨论融入现代元素对乡镇建设的重要性。因地制宜才能更好地传承和发展，做到旧风貌与新技术的融合、古和今的融合正是当下需要的一条传承历史文化的重要途径。

1.3 研究意义

1.3.1 理论意义

传统民居文化赋予人们的不仅是建筑环境带来的感官上的冲击，同时有时代传承带来的文化思考。研究古建筑结构、材料装饰等是研究传统民居文化的有效途径，也可以展现出不同地域、不同民族的差异性与共同点，亦可以深刻探讨千百年来传统民居的发展形势，及相关的民俗风貌，同时也为主题性精品酒店带来多元的文化属性。

1.3.2 实践意义

研究传统民居的实践意义更是在于对当今现代化城市村镇建设作出指引。研究传统民居建筑，对发展有中国特色、有文脉传承的现代化文化具有现实意义。借鉴传统构造模式，运用现代材料与建造技术相结合，才是未来主题精品酒店的发展方向。

1.4 研究方法

论文采用的主要研究方法有文献研究法、实地调研法、比较研究法和案例研究法等。

文献研究方法

本文采取的是调查和文献调研相结合的方式，以文献研究的内容作为基础，以调查的手段进行研究，结合好两种形态的研究途径是进行课题研究的关键。

文献检索主要是对重庆传统民居营建工艺的相关著作进行深入了解和实际掌握，对当今传统民居传承与保护的研究成果进行探讨，收集重庆传统民居建筑风貌的文献和资料，运用比较新老建筑差异和地域性差异、整理各种类型的风貌特征、实际案例分析应用等研究的方法，从历史的角度对其主要的产生背景、文化形式特征、演变发展的过程及相关代表案例进行研究分析，寻求其发展的规律并得出有益结论，以帮助实践项目工作的开展。

1.5 相关概念的界定

1.5.1 传统民居建筑文化

吊脚楼、穿斗式、小青瓦、坡屋顶等是大多数人对于重庆传统民居建筑的认识。学者何智亚多年的研究考察将其概括为：兼收并蓄、海纳百川、因地制宜、灵活多变。重庆传统民居建筑文化的起源主要包括三个方面：江河环抱的自然形态、延绵起伏的地形环境和潮湿多雨的气候条件。地形地貌和气候条件造就了重庆传统民居建筑的依山就势、空间的实用性以及屋檐的尺度，具体表现形式为：吊脚、筑台、退坡、靠岩、出檐、出挑、重叠等。它是千百年来人们对环境和生活的认知与顺应，是当今研究古代建筑的重要窗口。

1.5.2 风貌设计

作为具有农村地域特色的旅游场所，传统民居的风貌设计主要是以文化为载体的形态内容，在设计中文化元素的表达，地域建筑的特色形态的结合，场地资源的利用，才能创造出最合适当下的传统民居建筑风貌。

聚
艺术设计学科产教合作创新性人才培养模式实践

Polymerizing
Exploration – Practice of New Cultivating Mode to Combine Industry
with Education in Design Discipline

第 2 章 传统民居文化的提取与分析

中国传统民居文化是中华民族五千年传统文化的组成部分，由我国民居建筑延伸出的人们衣、食、住、行等生活状况是我国传统社会政治、经济、礼制、生产力等社会状况的浓缩反映，集中体现了中国丰富深厚的传统文化、人文思想、民俗风貌、审美习惯、生活方式等，具有浓厚的中国传统庶民文化特色，也是民族文化与地域文化的典型代表。传统民居是不可再生的资源宝藏，具有极高的文化、科技、艺术、民俗、工艺、史学等多方面的研究价值，值得今天继续研究、传承和创新。中国传统民居文化鲜明地展现出典型的民族文化、乡土特色和生态特点。中国传统民居历史源远流长，它是传统文化的载体，是居住科学的代表，是社会学的活化石，是建筑艺术的结晶。

重庆极具地域性的传统民居反映了重庆当地悠久的历史文化背景，展现出了当代山城乡镇的风貌，是重庆独特的建筑形式，是由独特的空间布局以及人文风貌材料等相互融合形成的。重庆传统民居强调与当地自然环境相协调的发展模式，强调人与建筑、人与社会、人与自然的和谐共生。只有结合当今社会现代化的建设，传统文化才能得到更好的发展，重庆传统民居的发展正是适应了地理形势的变化，适应了时代的变化，而这也为主题精品酒店发展方向提供来自民间智慧的指引。

2.1 传统民居文化的价值分析

重庆因为所处的特殊地理环境，所以形成了独特的以吊脚楼建筑形态为主的传统民居风貌，主要包括院落、街道、廊道、穿斗式、台阶等繁多各色的要素，建筑形式风格鲜明，体现了当地的历史、文化、传统、民俗、技艺、生产方式等十分具有鲜明重庆特色的社会环境。

2.1.1 历史文化包含的价值

传统民居建筑包含的历史价值代表的是相关建筑发生的某些重要事件和典故，更重要的是这些事件中所包含的人物，它传达给我们的是某一个民族或是某一个区域所代表的传统文化和历史，它联系着古今，是我们沟通历史的桥梁，帮助我们回顾过去、汲取经验、展望未来，它们是人类历史长河中的见证者。

2.1.2 艺术理念包含的价值

传统民居建筑的造型，装饰材料，元素符号本身就是一座艺术的殿堂，所体现的文化可以作为艺术领域的信息和知识，是结合了不同历史时期的美，材料和造型的产物，有着极强的可塑性。

2.1.3 营造工艺包含的价值

传统的民居建筑结合着独特的地形形貌，最重要的是适应着当地人的生活方式。然而随着现代化的逐渐深入，对其传统观念和生活方式产生了严重的影响，各个阶层的职位也随着城市化发展而变化。主要体现在他们对传统民居居住形式的淡化、老一辈匠人的隐退、而新一辈向往着城市发展，使得各种形式的传统民居营造工艺在传承的环节出现了断层。某些传统制作方式逐渐消失，因此建造并完善一个传统民居建筑的传承与保护机制就变得尤为重要。

2.2 传统民居文化的保护现状

2.2.1 历史文化的保护

传统民居是在历史演变和发展的长河中展现出的具体表现形式，这对于历史文化的探究有着重要意义，在城市化快速发展的过程中，重庆不仅成为一座历史文化悠久的名城（袍哥文化、火锅文化、码头文化、忠孝仁义的农耕文化，都传递着整座城市的人情、价值观，更是新时代的乡愁符号），同时也反映着社会的价值风貌，精神形态。这些历史文化都是值得被保护和传承的。

2.2.2 地域形态的保护

传统民居集中反映了本土的地域概况，包含气候和地域特征等因素，充分适应了居民的生活环境和行为方式，从人与自然统一的角度来看，这也极大地尊重了所处环境的资源、气候变化以及各类自然条件。因地制宜、就地取材，这样才能突出特点，使建筑自身拥有本质性的特征。

重庆民居建筑吸收了历史文化的精髓，注重地理环境的应用以及传统文化的表达。传统民居建筑重视内在文化元素及其表达运用，同时也应当重视地域历史传承及习惯的文化形式与符号，这是反映其特色的重要方式与手段，这也是地域形态保护的重点。

第 3 章　传统民居元素与文化内涵

3.1 传统民居文化内涵分析

3.1.1 传统民居结构形制分析

聚
艺术设计学科产教合作创新性人才培养模式实践

Polymerizing
Exploration – Practice of New Cultivating Mode to Combine Industry
with Education in Design Discipline

中国传统民居院落的基本结构体系为木构架体系，传统中国的主要建筑结构部分也是木构架。中国地域宽广，植被茂密，很早就出现了木构建筑这种构造形式，经过千年的积累木构技术也发展得极为成熟。传统民居的构筑技术和建筑工艺都较为多样化，由于构造形式和材料选取的原因，木构架体系的民居院落都非常经济实用，分布也十分广泛。重庆地区资源丰富，盛产松、柏、楠等树木，是民间修建院落的主要结构用材。且重庆地处西南部丘陵地带，由各种岩石组成了坡面，起伏不算太大，坡度较为平缓，但地面崎岖不平坦，组成的部分主要是延绵不断地较为低矮的山丘，并且拥有丰富的喀纳斯地貌[1]。营造形式主要结合地形地貌采用穿斗式、吊脚楼、筑台、廊道等形式，所用的这些自然条件与结构形制的结合造就了重庆独有的传统民居风貌，这些显著的建筑风貌更是顺应了当地人民生活的需求和发展。

3.1.2 传统民居空间布局分析

（1）村落空间布局

《辞海》中记载"院"是指房屋围墙以内的空地，落脚点在于空地，院落由此而来，主要是一个包围或者半包围的相对独立、较为封闭的空间。重庆传统民居的院落错落有致（图1），大多呈现不规则的分布（图2），造型随意却不杂乱无章，彰显出自由与活力。而少数规则的民居院落则一般呈现出较为简单的几何形排列，形态严谨庄严。重庆传统民居院落形式的装饰风格较为古朴，颜色和材质的选取较为单一，装饰纹样大多数较为精简，体现了重庆人民较为豪放的性格。建筑通常围绕一个中心点规律建造，其中包含的每栋建筑形态并不复杂，但是丰富的形态构成了一个整体，院落的尺寸大小不一，分布的形态、周围的自然环境、光与影相结合，展现出一种浓郁的情怀。

除了拥有独特的形式感，重庆地区传统民居同时也展现出了一种居住形式，为研究古代人民的生活方式提供了历史依据。还可以通过一城市居住生活的对比得出，城市居住形态和发展的方向，它的建造工艺，防潮防腐，通风排水也是值得我们借鉴和传承的。

图 1 龚滩古镇院落

图 2 巴渝传统民居院落

图 3 街道形式

图 4 街道形式

（2）建筑空间布局

重庆传统民居的建筑形态主要体现为：吊脚楼依靠重庆的丘陵山式，巧妙运用了圆木、方木、竹条进行内部结构的架空构造，犹如枯石上的松树，展现出了顽强的生命力。借鉴北方四合院式的院落，结合了重庆的地域特性和气候条件演变而形成重庆传统民居形态。受气候影响多变的廊道不仅构成了独特的景观生态形式，更重要的是充分表达出了其功能性和实用性。因为丘陵山地地形的特征，创造出的穿梭在高差之间的过街楼，不仅造型优美，更是为整个道路交通创造了便利性。山地台院式民居、天井式民居等正是因此应运而生。从中表现出了强烈的地域人文情怀。

因此，重庆传统民居建筑外貌风格研究主要通过以下几个部分：院落形态、街道形态、建筑形态、吊脚楼的形式特征，以此为基点出发，发掘重庆传统民居的历史、工艺、文化和情怀。

街道巷子是传统民居里不可或缺的一部分，老街的记忆一直存在于心，街道的真正意义在于沟通和运输。重庆传统民居的街道主要采用石板路铺砌而成，由于其独特地域环境的影响，"爬坡上坎"一词在重庆人民的日常生活中尤为常见（图3，图4）。

3.1.3 传统民居建筑装饰及纹样分析

地域性和民族性的建筑装饰和纹样在设计工程中通常会遵循因地制宜的原则，重庆传统民居建筑同样如此，使用的是材料本身的构成形态以达到建筑装饰效果。通过对架梁方式、墙面材料、屋顶形态以及内部空间结构构造的提取来形成装饰纹样，正是传统民居装饰纹样的主要途径。如吊脚楼，并不像其他现代建筑一样将结构形态全部包裹起来，而是将其结构完全暴露于外部，充分展现这种构架方式在装饰立面上的作用，达到结构形态和艺术形式的完全统一。特别是山墙部分，更是利用穿斗构架将白色墙体凸显出来，除了主要的功能性外也达到了装饰纹样的效果。

另外，受少数民族文化的影响，虽然色彩朴素，但又十分的讲究。单纯质朴

聚
艺术设计学科产教合作创新性人才培养模式实践

Polymerizing
Exploration - Practice of New Cultivating Mode to Combine Industry
with Education in Design Discipline

图 5 吊脚楼形态

却不失精致，门窗上赋有象征意义的"卍"字符号，配以简单的花草图案，既朴素大方又不失文化寓意。

3.1.4 传统民居材料分析

从建筑材料来看，重庆传统民居材料的选择主要是以实用性和适宜性为主，主要以木材、石材、土等材料组成，通过对材料的不同特性进行加工，构建出符合当地地域文化特点的营造方式。因为重庆地处山地，气候易于树木和竹类生长，历史上森林资源一度十分丰富，并且竹木材料简便易得，这就为这种形式的传统民居提供了的物质基础。这种材质下的民居质感丰富多变，有协调统一，色彩朴实无华，外观轻巧通透，与自然融为一体，浑然天成。

3.1.5 传统民居营建工艺分析

从构造艺术的角度出发，传统形式由于缺乏设备，无固定施工团队，因而多为手工操作。中国传统民居建筑无论建筑的体量大小还是建筑风格的差异，都是由屋顶、屋身和台基组成，大部分为木构架的营造手法，主要将其分为三个类别：抬梁式、穿斗式、井干式。其中井干式运用较少，主要是由抬梁式和穿斗式占主导地位。因为此种建造方式的构造决定了屋顶是整个传统民居中最为突出的部分。重庆的传统民居主要采取的是穿斗式建筑，以及风格强烈的吊脚楼（图5），吊脚楼作为一种适应了山地地貌的特殊民居形式，在重庆拥有极高的开发和保护价值。从造型艺术的角度来说，吊脚楼的建筑形态多样，适应性极强，实用性极高。这些自成一体的建筑造型、材料和工艺不仅展现出了历史的记忆，同时也具有着巨大的社会价值、经济价值、研究价值，艺术价值和精神价值。

这一形态的建筑产生过程，揭示了穿斗式建筑的进化历程，同时也表明了中国各地历史文化之间的交融，在原有的基础上创新和延伸，深刻诠释了时代的进步。

第 4 章　传统民居文化对主题精品酒店的策略建构

4.1 传统民居文化对精品酒店策略建构

4.1.1 继承传统民居建筑文化的原则与创作手法

如何认识传统民居建筑元素？首先要对重庆本土的传统民居有基本认识，对其特征进行全面地分析整合，结合现代建筑元素与传统民居建筑形式相结合。因此如何做到给社会群体一个记忆点，让他们懂得去传承历史文化，记得这一份乡愁，就是整个村落形态建筑文化要表达的关键与核心。

在对传统村落民居建筑文化研究中适宜技术是重要内容，村落民居的用材是以所处地域的自然资源条件为对象，重庆地区是以木材、土、石材为基本建筑材料，上千年的中国传统村落民居都是依赖这些自然资源为建造材料，这也成为中国传统建筑的特点。由材料体现自身的构造特点，木构屋架、土烧瓦顶，土坯墙，砌白墙等，而由材料本身决定了相适应的加工技术：木材加工、石材加工、土材加工等，也由材料本身形成了屋架工艺技术、石材垒砌工艺技术和传统工艺技术。所以适应性技术是传统村落建筑的文化重要载体。

建筑元素的运用主要有两种方式：其一是运用建筑元素，进行变形和再设计，并加入现代建筑中，对传统的形态组合方式、屋顶空间形式可用这一类设计手法；其二是直接提取建筑元素，将其运用在现代建筑中，体现地域风貌，近现代建筑中的特色构件和细部装饰可采用这类设计方式；而重庆近现代建筑常用的结构材料，也是体现地域特征的一种元素，其运用方式选择以上两种皆可。本文通过案例列举的方式，对各系统元素的运用方式进行介绍。

4.1.2 传统民居文化传承的政策制定与引导

（1）民居文化传承的政策制定

保护传统民居建筑有很多种手法，有保护原样的修缮保护，也有再现风貌的传承保护。而再现风貌的传承保护则是正确地响应了发展旅游小镇和建设美丽乡村的政策，为更多的还未寻找到发展方向的乡镇指引道路，这也是一种为未来的历史传承做根基的保护形势，因为它可以采用现代的建筑材料和工艺技术传承传统民居的精神理念，传承了它的精髓，可以达到很好的传承与保护的效果。

聚
艺术设计学科产教合作创新性人才培养模式实践

Polymerizing
Exploration - Practice of New Cultivating Mode to Combine Industry
with Education in Design Discipline

图 6 吊脚楼立面形态

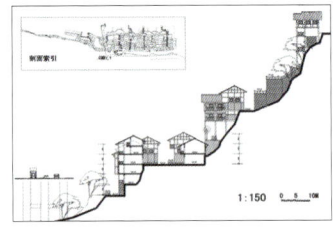

图 7 吊脚楼剖面形态

图 8 重庆洪崖洞

当地政府对于文化的传承充分结合了巴渝农耕轴的设计和巴渝地区传统山耕渔猎的农业生产模式，因地制宜地在地形的基础上划分区域，还原展示旧时农耕法则，合理开发设计参观动线，全面展现传统巴渝农耕文化以及传统民居建筑风貌。以历史文化风貌区为例，强调保护历史建筑的整体性。以区域风貌保护传承为核心，对各个院落街道的体量、密度、规模都做出了十分详细的规定，以此利于日常的管理和今后旅游小镇及美丽乡村建设的发展。同时，从规划上，对重点历史文化建筑进行了分类保护，将建筑分为保护建筑、一般历史建筑、保留历史建筑、应当拆除建筑和其他建筑五类，对每个建筑的保护、保存、改造和拆除的规划要求明确，以求最大限度地还原当地自然和人文景观风貌。

（2）增强当地民众的保护意识

树立新观念：树立正确的价值观念，加强力度宣传人对保护历史建筑的重要性，让群众深刻认知和了解到深深蕴藏在这些建筑里的历史文化，从而形成人民群众自发性的保护意识，只有聚集了群众的力量，保护与传承传统民居建筑才能长远的进行下去。

理解传统民居历史文化：传统民居建筑是中国传统文化的重要组成部分，是凝聚了先人智慧的具有极高价值的艺术成就，也是中华民族文化瑰宝中不可缺少的重要内容。对传统民居建筑进行修缮和保护，就是为了让它们的历史价值和艺术价值得到更好的保留和升华。为了能让这些记忆与文化更长久地保存，我们需要将传统工艺技术结合现代科学技术，在保护传统民居的同时运用现代高科技的方法和力量，使传统工艺技术能更好地修复到历史建筑原本的建筑形式与建筑结构的程度，能更好地解决传统营建工艺和传统材料缺陷上的问题。在整个传统民居的新建和修缮过程中，我们才能更好地了解家乡的历史，了解中华文明的博大精深。

4.2 传统民居形态组合的传承与应用

传统建筑的形态组合形式丰富多样，重庆地区的建筑院落，既沿袭了儒家文化"天圆地方"的中轴对称形态，又吸收了老子"象天法地"的思想，依据地形自由变化，出现了各种形式。这些组合形式有的因功能而增设，有的因地势而变化，现代建筑设计也可将其适应地形的方式运用其中。或将其干栏、吊脚等特色形态进行再设计。下面以"吊脚楼"在现代建筑中的运用为例说明形态组合元素的现代运用。重庆依托水运而兴，其临江地段地势陡峭，吊脚楼在重庆是被使用较广的建筑手法之一（图6）。

吊脚楼的结构形式采用的是穿斗式：选择一块相对平整的平台作为地基，在其上立柱架檩，搭建房屋骨架。在平台前方设长长的立柱，将其底部砍削成尖刺状或刃状，打入山体中。

完成桩础后，接着架设地梁，在立柱中上部设置卯眼，作为插入穿木之用。然后在穿木上架设横向檩木作为地梁，在地梁上铺设地板，地板后部与地基上的房屋木骨架连成一体，再在地板上搭建房屋骨架，形成伸出地基而悬于空中的房屋。吊脚楼这种巧妙的构造方法不仅扩大了居室的空间，桩础顶部砍削成尖刺状或刃状，打入山体中。完成桩础后，接着架设地梁，在立柱中形之间的矛盾（图7）。吊脚楼在楼梯与大门之间常设有过道或回廊，作为人们进入居室的过渡地带，可以放置雨具、遮阳具等小型工具，使得从户外回来的人们不至于将泥水带入室内，保持了居室的干净卫生。另外夏季人们还可以倚靠在回廊上休憩，眺望青山秀水的美丽江景。吊脚楼依据山体等高线错落有致地布置，建筑掩映在山体之中，一方面，建筑的附崖部分遮挡了一些难看的崖壁；另一方面，山林也为建筑创造了美丽的背景。吊脚楼使得城市在平面和立体上交错发展，形成了具有重庆本土特色的地域文化，并由此衍生出独特的人文精神。

重庆洪崖洞就是对吊脚楼这种传统设计手法的再运用。洪崖洞地处嘉陵江洪水侵蚀岸线，原有建筑老化严重，基础设施破旧不堪，卫生条件极差，安全状况也得不到保证。但洪崖洞地区北临解放碑沧白路，南接江滨路，交通相当便利，可谓四通八达，在此打造一个多功能性的商业步行街是一个不错的选择。该项目的首要任务是运用先进的科学技术对原有不理想的地貌进行改造，避免坠落、坍塌等潜在危险的发生（图8）。传统的巴渝建筑多是就地取材，大多是用木材建造而成。而现代的商业旅游空间多是大尺度的空间，这是人口膨胀的需要。木构建筑因受材料性能的限制，大多尺度较小，这就带来了尺度比例上的矛盾，所以设计就必须在形式和功能之间寻求平衡。建筑师们为了解决这一矛盾，采用的是仿古木石砖瓦材料。此外，高透性的玻璃也给游人们提供了很好的室内观景条件，建筑整体风貌透射出的既有现代质感的时尚，又有耐人寻味的民俗风味。

聚
艺术设计学科产教合作创新性人才培养模式实践

Polymerizing
Exploration – Practice of New Cultivating Mode to Combine Industry
with Education in Design Discipline

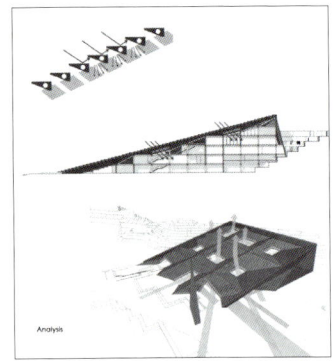

图 9 传统民居坡屋顶符号再设计与运用

图 10 再设计与利用

洪崖洞采用的是别具一格的"立体式空中步行街"的布局形式，通过分层筑台、吊脚、错叠、临崖等山地建筑手法将四条不同标高上的街道建筑有机地整合到一起，形成了最具层次与质感的城市景区商业中心。从江北眺望洪崖洞，犹如一幅重庆传统民俗风景画，建筑融入山体中，布局错落有致，形成了起伏多变的天际轮廓线，极大地美化了城市江景。

4.3 传统民居屋顶特征的传承与应用

重庆巴渝传统建筑和民国时期建筑的屋顶形式均以坡屋顶为主，其屋顶分为悬山、歇山、四坡顶、硬山四种，组合方式有平、趴、骑、穿、叠、勾、错、扭、围等。在现代建筑的屋顶设计中，因其体量、进深均与传统建筑迥异，不建议直接采用传统的坡屋顶形式，而应建议设计师将此屋顶形式作为元素运用到现代建筑设计中。以下用几个例子来说明屋顶空间的运用方式。

4.3.1 坡屋顶符号提炼再组合法

在云阳县市民活动中心（图 9）的设计中，建筑师汤桦本着尊重地域文脉的初衷，将当地的四合院空间进行了简化抽象变形等一系列的设计，屋面用连续不断的踏步代表民居中的瓦屋面，不仅在功能上取得一个良好的观景平台，而且在外形上具有传统四合院的神韵效果，最终获得了一种与原建筑相延续的趣味。为了处理屋顶覆盖下大空间采光问题，传统民间中天井概念的应用巧妙解决了该问题，同时又获得了良好的通风效果。

4.3.2 屋顶形态简化变形与分解重构法

形态简化变形与分解重构法是指在地域建筑的设计中不简单地运用形态，也不采用具体的符号创作，而是抓住基本屋顶空间形态进行简化变形与分解重构处理，从而达到既拥有传统建筑的韵律风味，又体现现代建筑的时代气息、节奏感与技术特征的程度。

在四川广安的邓小平故居陈列馆（图 10）设计中，设计者通过对传统民居的解构与重组，把双坡的传统建筑屋面，解构为的单坡屋顶，并从四个方向组合内外空间，从而产生既高低错落，又连成统一整体的独特形象。此外，设计者将当地提炼传统建筑中的细部符号元素（如穿斗构架、批檐等）及特有的艺术特征，加以从简运用，使建筑产生富有联想和创意的新鲜感，又渗透着时代特色和建筑技术进步的特征。

4.4 传统民居结构材料的传承与应用

传统民居的建筑风貌设计中，省去了过多的繁琐装饰，运用最本质的材料，恰当地将功能性的材料结构自然地达到装饰艺术效果，而且传统建筑材料的应用并不是从其他古镇直接照搬复制，而是运用现代的工艺技术构建更多种类丰富的木架结构，以及装饰文案。在现代旅游小镇和美丽乡村的建设中，合理地利用空间结构，注重建筑的实用性，是顺应时代发展的潮流。

结构材料的运用，重在表现其地域性。其表现方式可分为两个方面：一是在现代建筑设计中，运用地域性传统建筑材料，将传统建筑材料、质地表现在现代建筑元素中；二是运用不断出现的新材料来表现现代地域性建筑。

4.4.1 传统建筑材料的现代表现

将传统建筑材料运用到现代建筑的设计中，借用传统特色元素，延续历史文脉，这是传统元素的一种运用手法。以川军抗战馆为例。川军抗战馆（图11）位于四川省成都市建川博物馆内，是为纪念川军抗战而建的博物馆。该馆在主体结构单元体系处理上直接采用现浇钢筋混凝土的清水做法，在非主体的结构上则采用经过防腐处理的纯木结构，并用穿斗式构造形成斜坡屋架。在围护材料和造型元素的使用中，设计师最终将其对地域性的理解以一种内敛的简约方式小心地展现出来：在主体结构之间的填充墙体采用了川西庄园民居建筑中用得很多的青砖清水空斗墙，青砖的制作则通过对页岩砖的二次回烧而成。这样在外部实墙表面形成清晰的功能分界——起结构作用的混凝土与起围护作用的青砖。坡顶部分采用传统的木结构，门窗全部为木质方格构图。

图 11 传统元素运用

图 12 现代材料的传统展现

4.4.2 运用现代材料再现传统特色

传统民居的建筑色彩风格偏向素雅和淳朴，色彩的采用以深浅不一的木色以及抹灰的白墙为主，搭配浅色的石材、烧制的青砖与红砖进行点缀，色彩搭配较

聚
艺术设计学科产教合作创新性人才培养模式实践

Polymerizing
Exploration – Practice of New Cultivating Mode to Combine Industry
with Education in Design Discipline

图 13 天井在现代建筑中的运用

图 14 斗栱装饰运用

为统一，没有多余的故作华丽的色彩。色彩都取之于天然的材料，比如石材与木材。自然色彩的纯粹使得传统民居建筑更加贴近生活。在现代村落的营造过程中不需要为增加繁琐的装饰而装饰，尽量以材料本身的肌理、纹案、颜色去进行加工处理，才能达到传承传统建筑色彩风貌的目的。

由于经济、技术条件的发展，过去的有些建筑材料已不再适用于今天。在寻求地域性建筑的创作过程中，也可将新材料、新技术积极地注入地域传统文化系统之中，创造出具有地方场所感与认同感的新现代地域性建筑，来诠释和再现地域传统文化的精神内核。这样才能从根本上保证地域文化的生命力和价值，实现地域传统文化的可持续发展。

以重庆的四川美术学院雕塑系馆（图 12）为例。在其设计中，刘家琨在建筑材料色彩的使用上，采用了一种沉郁的红色作为建筑的整体色泽，从某种意义上体现了重庆人坚韧的性格和火爆的脾性。

所采用的红色，既不是面砖也不是涂料，而是在砂浆中掺入氧化铁所获得的特殊色彩和质感。建筑的另一种主要面材——铝板，也经过了特殊的处理——用酸腐蚀金属表面形成细腻丰富的质感。建筑材料的冰冷质感在这些处理下变得温暖和富有触感，这些对材料的特殊处理都使得建筑具有某种在此地存在的内在理由，或者说具有了某种地方性，很好地再现了地域特色。这也是建筑元素创新运用的一种方式。

4.5 传统民居特色构件的传承与应用

传统民居的构架方式，材料运用，工艺处理，装饰纹案等元素都是上千年的智慧和经验的总结，它包含了功能性、适用性、适宜性、地域性的特点。这些元素依然可以沿用至今，正好体现出了它的价值。对于现代设计方式的改变以及人对于生活形式的转变，或许可以通过分解重构等变形方式进行设计处理，探索一条新的传统民居发展的道路。

重庆建筑的地域性特色构件包括天井、骑楼、凉厅子、老虎窗、玫瑰窗、烟囱等，这些特色构件均可通过现代设计手段直接运用到新建筑中。在现代建筑的外部加上这些特色构件，可直接体现传统风貌，但需注意其形式和材质，应尽量与新建筑融合。

重庆传统建筑中，有各种天井的做法，是本地建筑一大特点。天井有利于建筑的采光、通风，尤其是在大体量建筑中，更为适合。现代建筑设计中，天井的运用较为普遍（图13），即在大体量建筑内设计天井作为采光方式，但这其中大多数却未将天井下空间有效利用。而将天井设计成玻璃封闭的天井形式，既保证了采光，又形成了较为开敞的内部空间，同时还能体现传统的建筑元素，不失为一种恰到好处的改良。

4.6 传统民居细部装饰的传承与应用

通过对重庆近现代建筑细部装饰的梳理，我们得出了一系列具有重庆特色的建筑装饰元素，这些元素均可直接运用到现代建筑中。通过设计师将其融进现代设计，使现代建筑更具风格。目前，这样的做法也很多，如典雅戴斯酒店（图14），即将传统元素中的额枋、斗栱及窗花运用到主立面设计和景观小品中。

针对重庆传统民居，我们观察与收集当地是如何在修缮与新建的过程中传承与体现出重庆传统民居的特点的，又是如何与现代生活相结合的，以及如何在漫长的历史岁月中发展前行的，更将其从古至今的变化进行分析对比，以及它的现在与将来能对国家的发展和城市的建设所带来的影响。建筑设计是否体现了整个群体在社会中存在的价值？当地政府以及当地居民甚至是到访游客能否有效地融入并保护历史建筑和传统技艺，实现新一代的传承？通过实地的探索与考察得出所需要解答的问题，为响应国家旅游小镇[3]与美丽乡村[4]政策的号召，找出制约其发展的因素，以更好地传承为宗旨跟随时代的脚步。

第5章 结论与展望

5.1 研究结论

传统村落民居在中国的建筑史上是不可或缺的一部分，越发繁忙的都市化生活让社会各界的人士都意识到传统形态下的生活的重要性，传统民居所承载的历史文化和情怀都是我们发扬中国文化、传承历史文明的关键。因此，我们必须了解产生这些鲜明的建筑形态所包含

聚
艺术设计学科产教合作创新性人才培养模式实践

Polymerizing
Exploration - Practice of New Cultivating Mode to Combine Industry
with Education in Design Discipline

的人文和地理背景，整理和汇集营建的工艺和手法，体会当地特有的生活方式，采集历史的碎片融入当代的生活。只有让历史活在当下，才能更好地传承其所包含的先人智慧，在未来的发展道路上使我们记住不忘初心，方得始终。

本文把重庆传统民居建筑的形态以及风貌对于发展主题精品酒店的借鉴意义作为本质内容进行探讨，主要将对重庆当地独特的历史文化思想、设计手法、营建工艺以及对当地人生活行为方式的体会作为出发点，深入地了解重庆传统民居。本次研究的实际性并不在于创造出一种固有的发展主题精品酒店的模式，仅是希望通过对重庆传统民居建筑的形态和风貌的进一步研究，试图引出当今社会人民生活精神层面上更深层次的东西，希望能引起更多人的关注和学习，引起社会对传统文化保护的重视，加强对主题精品酒店的建设，树立民族自信，建设更美好的家园，从而让社会参与到发现和解决问题的行列中来。

重庆作为中国版图中独树一帜的大山城，在这种背景下产生的民居有着极高的价值值得我们去研究和学习，同时在历史的长河中也产生了许多流传千年的古镇乡村。这些古镇的传统民居建筑风貌都散发着特有的艺术气息，不管现在还是将来，都有很多值得我们去探寻和深思的地方。因此，在保护这些历史建筑的同时，我们要努力地去传承这些历史文明和先人智慧的精髓和本质，并将此引入到主题精品酒店的建设中。

5.2 工作展望

我们在对待和发扬历史的心态上，不仅仅是要将重心放在关注历史在未来发展中的作用，更迫切的是要将我们当下的所做和所想著成今后的历史。促成新的主题精品酒店的诞生，研究中国各地本土文化，注重历史，传承和延续历史，将历史的精髓与现代化进程中的精品酒店建设紧密联系与结合，在未来的星河中创造新的历史。

新时代发展中涌现出的新技术、新文化、新的生活方式、新的元素符号、新的语言等都在不断地诞生，适应当下的历史才是真正的传承，我们所要做的不是照搬、复制和抄袭，而是要在传统文化本质的基础上使用当今社会更为实用的建筑材料、建筑形态、建筑体量等进行加工和处理。去其糟粕，取其精华，这才是当今中国文化的传承与发展所应真正提倡的。

新的时代正在高速发展，城市化进程中的现代大都市正在不断扩大，新旧文化的交融是社会发展的必然，如何处理好这些建筑与生态的和谐，始终是一个值得我们深思和研究的问题。人类的不断进步促成社会的不断洗礼，寻求正确的解决之道是我们每一个设计师都要去深思的。本文所提出的观点可能不尽全面，博大精深的中国传统文化中还有很大的空间值得去探寻和挖掘，而此篇仅希望能对主题性精品酒店的发展和建设贡献一点绵薄之力。

致谢

总体来说论文已经完稿一段时间了，回看这段写作时光，深觉工作站学习的短暂与美好，身为学生的我们也应当怀着一份对社会的责任与情感去学习。

如今看来，论文从刚开始的构思到反复地修改主题，整个过程虽然繁琐却也十分有趣。从一开始的满怀梦想到后来的放宽眼界，我总觉得自己所做的一切都要为社会着想，国家的繁荣昌盛才给了我们无需粥饭堪忧的学习机会，希望自己能对社会和国家的发展尽一份责任。

在此，首先要感谢我的父母、家人，我的所学所做都是离不开他们的鼓励与支持的，我们无论多么辛苦都是值得的。正因为如此，我们进入社会才能做得越来越好。

其次，要感谢我的老师们，我在硕士研究生阶段的进步与成长是离不开他们悉心指导的。老师带领我认识了设计师所能带来的一切美好，让我明白如何成为一名真正的设计师。郝老师带给我的不仅有专业上的指导，更教会了我很多为人处世的道理，为此我对导师表示真挚的感谢。

在最后，我还要感谢我的同学和朋友们，每一个好的朋友都是人生的一块基石，有了朋友之间的互相帮助才能成就更好的自己。感谢我们的相遇，感谢人生中的每一份真挚友谊。

参考文献

[1]Jason Hanly-Forde, George Homsy, etc. Transfer of Development Rights Programs.1982.

[2]Waterson R. The living house : an anthropology of architecture in South-East Asia[M]. Oxford University Press, 1990.

[3] 伯纳德·鲁道夫斯基. 没有建筑师的建筑 [M]. 天津：天津大学出版社，2011.

[4] 陈娟娟. 重庆传统民居所面临的问题及旅游价值 [J]. 中外企业家，2016（12）.

[5] 陈秋红；于法稳. 美丽乡村建设研究实践进展综述 [J]. 学习与实践，2014（06）.

[6] 陈卓. 重庆近代居住建筑研究 [D]. 重庆：重庆大学，2006.

[7] 戴彦. 巴蜀古镇历史文化遗产适应性保护研究 [D]. 重庆：重庆大学，2008.

[8] 戴志坚. 闽海系民居建筑与文化研究 [D]. 广州：华南理工大学，2000.

[9] 刁建新. 传统文化与现代建筑创新之关联研究 [D]. 天津：天津大学，2004.

[10] 高源. 西部湿热湿冷地区山地农村民居适宜性生态建筑模式研究 [D]. 西安：西安建筑科技大学，2014.

[11] 郭谦. 湘赣民系民居建筑与文化研究 [D]. 广州：华南理工大学，2002.

[12] 汉声杂志社. 楠溪江中游乡土建筑 [M]. 台北：汉声杂志社，1993.

[13] 何智亚. 四川古镇 [M]. 重庆：重庆出版社，2009.

[14] 何智亚. 重庆民居 [M]. 重庆：重庆出版社，2014.

图书在版编目（CIP）数据

聚 艺术设计学科产教合作创新性人才培养模式实践 / 赵宇等著 . —北京：中国建筑工业出版社，2018.6
ISBN 978-7-112-22337-4

Ⅰ. ①聚… Ⅱ. ①赵… Ⅲ. ①艺术—设计—产学合作—人才培养—研究—中国 Ⅳ. ① J06

中国版本图书馆 CIP 数据核字（2018）第 113637 号

本书为设计学专业研究生教育改革探索与实践的重要成果，成果内容分为不同的单元，每个单元均为校企双方老师与学生共同完成的实验课程成果。通过校企双方的导师公共对学生进行培养、教育，增加异地培养和校企培养的更多优选可能性。结合新的培养思路和目标要求，加强基础理论培养、提高设计能力和研究能力的培养。并通过企业导师制，培养学生对专业的认识和对职业的认知，逐渐提高学生自身的能力。书稿内容新颖，是艺术设计专业研究生培养中，较为创新的一次教学尝试，为未来专业培养模式的发展与改革具有重要的意义。本书适用于艺术设计、环境设计等相关设计学科的师生及从业爱好者阅读使用。

责任编辑：李东禧　唐　旭　张　华
书籍设计：汪宜康　孟　瑾
责任校对：李美娜

聚　艺术设计学科产教合作创新性人才培养模式实践

赵宇　潘召南　杨邦胜　等著

*

中国建筑工业出版社出版、发行（北京海淀三里河路9号）
各地新华书店、建筑书店经销
重庆奥博印务有限公司印制

*

开本：889×1194毫米　1/20　印张：15　字数：348千字
2018年6月第一版　　2018年6月第一次印刷
定价：**86.00**元
ISBN 978-7-112-22337-4
（32215）